中國學術思想 研究輯刊

二一編

林 慶 彰 主編

第 24 冊

唐君毅的儒教理論之研究

陳 振 崑 著

花木蘭文化出版社

國家圖書館出版品預行編目資料

唐君毅的儒教理論之研究／陳振崑 著 -- 初版 -- 新北市：花木
蘭文化出版社，2015〔民 104〕
目 4+242 面；19×26 公分
（中國學術思想研究輯刊 二一編：第 24 冊）
ISBN 978-986-404-064-3（精裝）
1. 唐君毅 2. 學術思想 3. 儒教
030.8   103027165

ISBN-978-986-404-064-3

9 789864 040643

中國學術思想研究輯刊
二一編　第二四冊　　　　　　　ISBN：978-986-404-064-3

唐君毅的儒教理論之研究

作　　者　陳振崑
主　　編　林慶彰
總 編 輯　杜潔祥
副總編輯　楊嘉樂
編　　輯　許郁翎
出　　版　花木蘭文化出版社
社　　長　高小娟
聯絡地址　235 新北市中和區中安街七二號十三樓
　　　　　電話：02-2923-1455／傳真：02-2923-1452
網　　址　http://www.huamulan.tw 信箱 hml 810518@gmail.com
印　　刷　普羅文化出版廣告事業
封面設計　劉開工作室
初　　版　2015 年 3 月
定　　價　二一編 27 冊（精裝）台幣 50,000 元

唐君毅的儒教理論之研究

陳振崑　著

作者簡介

陳振崑，曾任華梵大學哲學系主任，臺灣大學高等研究院短期訪問學人，元培科技大學通識中心主任。現職華梵大學哲學系副教授、中國哲學會秘書長。主要研究領域為宋明理學、現代新儒學及比較哲學。新近學術研究重心為「唐君毅與儒家宗教性的探索」與「程朱理學心統性情說的現代道德義涵」。

提　要

　　儒家宗教信仰之理論研究的重要性在於：（1）釐清儒學之道德意識與宗教意識的分際，還給儒家的宗教向度以本來面目；淨化儒學的哲學研究，參與於現代哲學作為一門嚴謹的專業學術之林。（2）界定儒家宗教信仰是何種形態的人文宗教？此種人文宗教如何可能？（3）使中國哲學人性論與天道論的研究，可以突破傳統格局，進而提升到宗教哲學的層次。（4）闡揚儒教寬容的宗教精神，促使現代人之宗教生活的開發，各大宗教衝突的溝通與化解，而有助於人類文化的發展。

　　基於以上的認識，本文主要的研究目標是藉著釐清道德意識與宗教意識的分際，探討唐君毅的儒家宗教理論是何種形態的人文宗教理論？且嘗試指出此種人文宗教理論的優越性與侷限性。

　　本文首先以理論與實踐的對比，界定儒學與儒教的辯證關係，並區分儒教實踐涵蓋宗教信仰、道德倫理與政治法制三個層面。劃分唐君毅之哲學體系的三個階段，指出其終極關懷所在。再界定宗教意識的本質要素，與論證道德意識與宗教意識的對比關係。繼之分析唐君毅的儒教理論與其終極理想。最後，在人性論方面建立唐君毅論人的三向度的主體性。在天道論方面論述天德流行的內在性與超越性。在天人合德論方面指出唐君毅所開啟的一條天路歷程，此歷程是人性可以感發性情，且透過禮樂孝道與三祭的宗教實踐，進而與天地合其德。

目次

第一章　導　論

第一節　論儒家的理論與實踐

一、從《論語》看「儒家」的本質

引言

在孔子所創立的儒家學派之前，已經有被稱爲「儒」的人。〔註1〕近代章太炎先生提出「儒有三科」的說法〔註2〕：(1)「達名之儒」泛稱：儒者是一種術士。在這個廣泛的界定之下，「儒」可以指稱一種以恭謙有禮爲處世的態度，而專門從事於主持禮儀的特殊團體。〔註3〕「儒」也可以泛稱諸如：「天文占候」、「本草」、「蓍龜」等等各種術士。(2)「類名之儒」則特別指稱儒者

〔註 1〕　參閱馬振鋒著，〈説「儒」〉，編入《儒佛道與傳統文化》，北京：中華書局，1993 年，頁 65～66。馬振鋒先生論證「儒家前的儒」與「儒家外的儒」。

〔註 2〕　章太炎《國故論衡》一書中，〈原儒〉一篇區分「儒有三科」是依據《墨子》區分「名」有三種：(1)「達名」接近「普遍概念」或「全稱概念」，例如：「物」泛指所有存在的事物。(2)「類名」接近「特稱概念」，例如：「馬」特指屬於馬這一類的事物。(3)「私名」接近「專有名詞」或「單稱概念」，例如：「赤兔馬」專指三國時代關雲長的坐騎。參閱趙吉惠著，〈本世紀學者關於「儒」的考證與辨析〉，《哲學與文化》第 21 卷第 10 期，1994 年 10 月。又勞思光著，《中國哲學史（一）》，香港新界：崇基書局，1980 年，頁 269～270。

〔註 3〕　參閱《説文解字注》：「儒，柔也。術士之稱。」許慎撰，段玉裁注，魯實先正補，臺北：黎明文化事業股份有限公司，1985 年，頁 370。段玉裁引鄭玄的解釋：「儒之言，優也，柔也。能安人，能服人。」可知「儒」的處世態度是謙恭有禮的。

爲以「禮樂射御書數」六藝教導人民的人。(3)「私名之儒」則專門指稱孔子所創立的儒家學派。〔註4〕

　　有關孔子的儒家學派的起源，到底是出自於術士、祝史（史官）、司徒（地官）、職業、還是殷遺民？則引起了歷史考據上不斷的爭論，這不僅牽涉到經典文獻的考證，也牽涉到甲骨文與帛書的解讀，而至今未有定論。陳來先生指出字源學在考證與解釋儒家思想之根源上的侷限性。〔註5〕筆者嘗試從儒家之開創者──孔子的思想架構的重建，以界定出儒家作爲儒家的本質。〔註6〕而對於儒家之本質，筆者不只是採取「核心觀」的思想方式；並且從「整體觀」的思想方式來探討。換言之，筆者不僅要探討出孔子思想中最爲核心、最爲重要的部份；還要爲孔子思想描繪出一個完整的整體。因爲只有我們同時把握住一個思想的核心與整體，才能避免我們的理解或詮釋趨向於偏離或狹隘。筆者認爲這個思想方式的考量，對於反省傳統中國哲學與文化的歷程及構劃未來的發展方向，具有關鍵性的意義。

（一）總說孔子之建立儒家學派

　　儒家學派的建立，始於孔子。筆者嘗試從孔子與其弟子的對話錄《論語》一書，描繪出孔子的一個思想面貌。孔子繼承了夏、商、周三代以來，主要是西周的禮樂文化的傳統。周公是他所最景仰的榜樣〔註7〕。堯、舜、禹、周文王、武王是他所推崇的古代君王。孔子開創了一個以六經典籍：《詩》、《書》、《禮》、《樂》、《易》、《春秋》爲基本教材〔註8〕；以「仁」、「義」〔註9〕與「禮」爲教學宗旨；以君子之道「仁者不憂、知者不惑、勇者不懼」

〔註4〕　參閱陳來著，《古代宗教與倫理──儒家思想的根源》，北京：生活、讀書、新知三聯書店，1996 年，頁 331～332。

〔註5〕　參閱陳來著，《古代宗教與倫理──儒家思想的根源》，頁 15。

〔註6〕　在重建孔子的思想架構與其思想根源的追溯上，存在著方法上的辯證循環，筆者限於學力著重於前者之探討。

〔註7〕　《論語》〈八佾〉10 章：「子曰：夏禮，吾能言之；杞不足徵也。殷禮，吾能言之；宋不足徵也。文獻不足故也。足，則吾能徵矣。」，15 章：「周監於二代，郁郁乎文哉！吾從周。」〈爲政〉23 章：「殷因於夏禮，所損益可知也。周因於殷禮，所損益可知也。其後繼周者，雖百世可知也。」又唐先生論孔子繼承三代文化與周代禮樂之盛。參閱《中國人文之發展》，頁 14～16。

〔註8〕　《史記‧孔子世家》：「孔子以詩書禮樂教弟子，蓋三千焉。」《漢書‧李尋傳贊》：「幽贊神明，通合天人之道者，莫著乎易、春秋。」劉向《七略》：「儒家者流……游文于六經之中。」

〔註9〕　指「君子喻於義；小人喻於利」。〈里仁〉17 章。

爲人格理想〔註10〕；以「爲政以德」作爲（爲政者的）「行政原理」，及以「正名」、「民無信不立」、「君君、臣臣、父父、子子」作爲（全民的）「政治原理」；以「德行，言語，政事，文學」爲教導學生的四個科目〔註11〕，培養著一種「志於道、據於德、依於仁、游於藝」〔註12〕之生活態度的教育學術團體。這便是「儒家」（Confucianist）的創始。《淮南子·要略》描述了孔子所創立的儒家：

> 孔子修成康之道，述周公之訓，以教七十子，使服其衣冠，修其篇籍，故儒者之學生焉。

其中指出周公對於孔子的思想有決定性的影響。孔子重視教育，組合了一個以特殊衣冠爲標榜的學派。而且他們重視古代典籍的研究與傳講。《漢書·藝文志》對於儒家的起源與內容做了更爲完整的描述：

> 儒家者流，蓋出于司徒之官，助人君順陰陽，明教化者也。游文于六經之中，留意于仁義之際，祖述堯舜，憲章文武，宗師仲尼，以重其言，于道最爲高。〔註13〕

這裡的描述所透漏出的消息，已經很接近《論語》中所呈現的儒家的面貌。特別是《漢書·藝文志》對於儒家的思想精義——「仁、義」已經有了描述性的把握。

（二）以「禮」、「仁」爲表裡的人文主義

孔子勉勵弟子子夏：「女（汝）爲君子儒，無爲小人儒。」〔註14〕表達出孔子除舊佈新的開創氣概，及其對弟子的期許。孔子「人能弘道；非道弘人」的志趣與態度，規定了中國哲學與文化之人文主義的顯著特徵。〔註15〕「禮」是他所繼承周代文化的主要內涵，但是他用「仁」與「義」給予了創造性的傳承，不僅使「禮樂文化」重新有了更充實豐盈的精神內涵，更建立了以「仁」爲中心，涵蓋著其它德行的人格典型。〔註16〕

〔註10〕《論語》〈憲問〉29章。
〔註11〕同上，〈先進〉3章：「德行：顏淵、閔子騫、冉伯牛、仲弓；言語：宰我、子貢；政事：冉有、季路；文學：子游、子夏。」
〔註12〕參閱前書，〈述而〉6章。
〔註13〕轉引自陳來著，《古代宗教與倫理》，頁329。
〔註14〕參閱前書，〈雍冶〉12章。
〔註15〕參見陳榮捷著，《中國哲學論集》，臺北，中央研究院中國文哲研究所，1994年，頁48。
〔註16〕張祥浩先生重視孔子的綜攝精神，指出「仁」雖然不是孔子所創造，卻是他

孔子沒有給「仁」一個普遍而抽象的概念界定。他回答弟子問仁，是具體地針對弟子的修養情境而給予不同的、肯定的指點。〔註17〕相反地，「仁」作為一個人格修養的全德，他又不輕易稱許別人與自己為仁。〔註18〕因此，孔子所提出的「仁」的義涵，具有了既肯定又否定的超越性質，涵蓋了既平實又高遠的真實的人生意境。

（三）「祭神如神在」的鬼神觀

雖然孔子「不語怪力亂神」〔註19〕，以「未能事人，焉能事鬼？未知生，焉知死？」〔註20〕回答季路事鬼神和死亡的問題。還有他生病時，對於向鬼神祈禱的建議，〔註21〕似乎都表現出「敬鬼神而遠之」〔註22〕的理性態度。但是他卻重視祭禮，也熱心參加祭禮。〔註23〕正因為他對於鬼神的這種看似模擬兩可的態度，使得他的鬼神觀成為後代學者的一個懸題。

首先我們可以肯定的是：一個人不向鬼神祈求福祉，並不能就判定他不相信鬼神的存在。因為以孔子「憂道不憂貧」的生命情調，個人的福祉並不是他所最關心的事項。再者，鬼神是不是客觀存在也不是他所關心的知識問題。以孔子「知之為知之，不知為不知」的態度，他從來沒有在理性認知層

所綜攝。參閱張祥浩著，《唐君毅思想研究》，天津：天津人民出版社，1994年，頁429。

〔註17〕 《論語》〈顏淵〉1～3、22章。〈子路〉19、27章。〈陽貨〉6章。〈雍冶〉28章。

〔註18〕 參閱前書，〈公冶長〉5、8～10章。〈述而〉34章。又筆者認為：「君子」與「仁」的意境不同，君子只是立志於仁而已，並不即是仁。

〔註19〕 同上，〈述而〉21章。

〔註20〕 《論語》〈先進〉11章。

〔註21〕 同上，〈述而〉35章：「子疾病，子路請禱。」子曰：「有諸？」子路對曰：「有之：『誄曰：禱爾于上下神祇。』」子曰：「丘之禱久矣！」又〈八佾〉13章：「王孫賈問曰：『與其媚於奧，寧媚於灶』；何謂也？」子曰：「不然！獲罪於天，無所禱也。」
筆者認為孔子在人與神的關係上，看重人生活中的存心與實踐之能契合於神，卻不重視祈求於神的外在形式。李震神父在指出孔子對於宗教信仰有其不同於流俗的看法時說：「宗教合一是一種持續性的，崇高的及終極性的關係，也是一種生活的情境，有其合理的基礎，也不乏神祕的成份。」引自李震著，《人與上帝──中西無神主義探討》（卷六），臺北：輔仁大學出版社，1997年，頁15。

〔註22〕 同上，〈雍也〉6章。

〔註23〕 同上，〈為政〉2章：「生，事之以禮。死，葬之以禮，祭之以禮。」〈八佾〉15章：「子入太廟每事問。……」17章：「賜也！爾愛其羊，我愛其禮！」

面肯定或否定鬼神的客觀存在。他認爲鬼神的存在，其關鍵在於鬼神成爲人的祭祀對象時，人的內心是否有眞實的虔誠！《論語・八佾》十二章：「祭如在。祭神如神在。子曰：『吾不與祭，如不祭。』」朱熹集註引用二程的解說，已指出孔子重視祭祀時之「孝」與「敬」的誠意。〔註24〕如果沒有這個誠意，則就如同未曾祭祀一般。〔註25〕

筆者認爲，在這裡孔子不僅透露了祭祀之禮的本質在於人的內心的虔誠，因爲一個人即使行了祭禮，如果欠缺了虔誠，那就與沒有行祭禮沒有什麼兩樣；在這裡也透露了另一層意義，即鬼神的存在是要人以敬虔的誠心去感應或感通的。〔註26〕有了精誠所至的敬虔，才能感應到鬼神超越理性認知之上的存在。而這種存在不是人以言語可以和沒有過這種感應經驗的人談論的。

（四）「天」的信仰，及作為使命的「天命」與限制的「命」

孔子對「天」、「天命」、與「命」的看法與態度和鬼神截然不同。〔註27〕孔子對於「天」與「天命」的重視，甚至是「天人合一」的思想形態，已成爲現代學者的一般共識。但對於孔子所信奉的「天」和「天命」之意含的界定則存在著分歧。〔註28〕

筆者認爲，孔子對於「天」的體會，雖然不像基督宗教之信仰人格神的

〔註24〕有關朱子的宗教熱誠，請參閱陳榮捷著，《朱學論集》，〈朱子之宗教實踐〉，臺北：台灣學生書局，1982年。

〔註25〕朱子引程子曰：「祭，祭先祖也。祭神，祭外神也。祭先祖於孝；祭神主於敬。愚謂此門人記孔子祭祀之誠意。與，去聲。又記孔子之言以明之。言己當祭之時，或有故不得與，而使他人攝之，則不得致其如在之誠。故雖已祭，而此心缺然，如未嘗祭也。」

〔註26〕杜維明先生描述祭祀時靈魂回來的眞實感。參閱《儒學第三期發展的前景問題》，臺北：聯經出版事業公司，1989年，頁184。

〔註27〕參閱劉述先著，〈論孔子思想中隱涵的「天人合一」一貫之道——一個當代新儒家的闡釋〉，第四屆當代新儒學國際學術會議論文，頁2。

〔註28〕項退結先生指出：主張或不反對孔子的天爲位格神的學者有馮友蘭、錢穆、李鏡池、傅斯年、楊寬、漢學家衛禮賢、德效騫、史華慈等；持反對意見的學者有勞思光、顧理雅等。參閱項退結著，《中國哲學之路》，臺北：東大圖書公司，頁88。其他學者也有不同意見。例如：唐君毅，〈中國哲學之原始精神——孔子之繼往開來與繼天道以立人道〉，《中國文化之精神價值》；〈孔子之仁道〉、《中國哲學原論——原道篇》；李杜，〈孔子的天、道、與天道〉、《中西哲學中的天道與上帝》；牟宗三《心體與性體》；傅佩榮，〈原始儒家的天論〉，《儒道天論發微》等等。

崇拜那樣，常常進行人與神在聖靈、意義、與能力的交流與對話，並注重祈禱、懺悔、崇拜等宗教儀式。可是孔子對於上天之偉大的讚嘆、對天充滿了敬意、以上天爲知己、與在時窮之際對於上天的呼喚，〔註29〕諸多眞性情的自然流露所表現出對於上天的情感，實在令人無法接受這只是孔子對於大自然的寄情，或只是孔子自吟自唱的情緒宣洩而已。

再者，對於「天命」的敬畏明顯地正是孔子的信仰所在。〔註30〕筆者認爲當一個人正奮勉其主觀的意志而有所作爲時，如果遭遇到客觀環境的抗拒或不可預測的外在阻力時（命）〔註31〕，其意志的主體便產生了對於自身有限性的自覺。〔註32〕這個意志主體自身之有限性的自覺，並不等於所謂的「命運」。〔註33〕只有當意志主體甘心屈就於其自身的有限性之限制（命），而放棄了向上探尋超越之道的努力時，才淪爲「命運」的限定。相反的，要是意志的主體面對其自身的有限性時，能向上更求超越之道，以致有所感通於無限的精神力量的扶持。這時，「天命」便成爲意志主體的背後之積極的力量根源與堅固的後盾，足以支持意志主體面對阻力的抗拒，繼續堅持在客觀現實處境之下所應該堅持的理想（義）。此時「天命」成爲人甘心樂意、生死與共的使命。〔註34〕孔子一生能以「知其不可爲而爲之」的積極精神周遊列國，不得志時退而授徒講學，汲汲終世而不知老之將至，便是根源於他懷抱著來自於「天命」，並具現於現實世界的使命感。

（五）倫理的建構

孔子倫理道德的理論建構，是以人倫之間眞實情感（如父慈子孝、兄友弟恭）的感通爲基礎，推而及於天地、自然、器物，無不順乎其仁義之道。「孝」、「悌」、「忠」、「信」諸德行的培育，是以「義利之辨」爲內涵；以「忠

〔註29〕 《論語》「惟天爲大！惟堯則之！」〈雍也〉「天厭之！天厭之！」〈述而〉「天生德於予，桓魋其如予何？」〈子罕〉「天之將喪斯文也！」〈憲問〉「知我者其天乎！」〈陽貨〉「天何言哉？四時行焉，百物生焉，天何言哉？」

〔註30〕 同上，〈季氏〉「君子有三畏：畏天命、畏大人、畏聖人之言。小人未知天命而不畏也。」又參閱唐君毅著，《中國哲學原論——原道篇》，頁117。

〔註31〕 參閱李杜著，《中西哲學思想中的天道與上帝》，臺北：聯經出版事業公司，1978年，頁62。

〔註32〕 《論語》，〈爲政〉：「五十而知天命」。

〔註33〕 參閱《原道篇》，頁123。

〔註34〕 參閱前書，頁121。又參閱杜維明著，《儒學第三期發展的前景問題》，臺北：聯經出版事業公司，1989年，頁183。

恕之道」爲規矩；以「禮樂文化」爲園地，期求實現一個有眞感情（仁）、有眞價值（義）、有高尙文化（禮）的人文化成的世界。

再者，孔子與學生互道志向時，道出「老者安之、朋友信之、少者懷之」〔註35〕的心願，描繪出一幅平實而寓意深遠的社會倫理的理想藍圖。這是孔子的心願，也是今日我們社會關懷的方向。

司馬談《論六家要旨》雖然站在不同的立場，批評孔子「知其不可爲而爲之」的人生態度，但是也不得不肯定儒家在倫常關係上的貢獻：

> 儒者博而寡要，勞而少功，是以其事難盡從，然其序君臣之禮，列夫婦幼長之別，不可易也。

（六）爲政的理想

孔子以古聖先王的志業，作爲他的政治理想。然而王道的理想無法實現，退而著述講學，卻更建立了文化的理想與人格的典型。

作爲一個政治家，他更體驗出「爲政以德」〔註36〕是最爲重要的行政原理。在君主政治制度下，爲政之道的基本在於爲政者的以身作則。爲政者德行的自我要求，可以使沒有制衡力量的權力免於腐化，也可以使沒有知識與自治能力的百姓受到教化的文化提升。但是，就像孔子所自己說的：「已矣乎！吾未見好德如好色者也。」〔註37〕「我未見好仁者，惡不仁者。」〔註38〕期待爲政者的道德的自我要求，終將遭到人性與歷史事實的挫敗。這也使得「爲政以德」只能成爲一個「爲政者」的行政原理，卻不能成爲一個「全民的」的政治原理。

孔子所建立的另一個更有價值的行政原理是「庶矣、富之、教之」〔註39〕的施政次序。一個國家的治理，有了人口之後，要建設經濟的富足，然後培養高尙的教育與文化。這是多麼實在的理想主義！

另外還有幾個行政原理，也可以作爲政治原理，諸如：「民無信不立」〔註40〕指出一個政治團體或國家的穩固成立，建立在一個人與人之間保有互

〔註35〕　《論語》〈公冶長〉30章。
〔註36〕　同上，〈爲政〉1章。
〔註37〕　《論語》〈衛靈公〉13章。（其它「道之以德」，「無爲而治」、「其身正」、「君子之德風小人之德草」各章皆明此意。）
〔註38〕　同上，〈里仁〉7章。
〔註39〕　同上，〈子路〉9章。
〔註40〕　同上，〈顏淵〉7章。

信，特別是統治者與被統治者之間權力的交託與承擔具有信心的保證；「君君、臣臣、父父、子子」〔註41〕指出一個政治團體或國家的穩固成立，建立在其組成份子都能負擔其本身的權責，權責層次分明使得團體有秩序，組成份子有規矩可循，行政有效率；「正名」〔註42〕是一個最基本的政治原理。它指出一個政治團體或國家的穩固成立，與一切行政事功、公共事務的推動，都必須立基在合理性與合法性的基礎上。有了合理性與合法性的客觀原則，全體的組成份子對外才能保有其合理合法的權力與地位；對內才能據此自我要求與互相監督個人的權責與利益。有名無實或有實無名，都不是國家長治久安之計。以上這些行政原理或政治原理，在現代仍然有其客觀的普遍意義與價值。

（七）「儒家」的本質界定

筆者認為以上從《論語》所展現的儒家的本質〔註43〕，即孔子所建立之儒家的思想理念、行為典範與目標理想的根基，是既深遠又開闊的。因此，從廣義上看，後世的人只要秉承孔子的理想與宗旨作為信念，來做人（立德），做事（立功），或做學問文章（立言），即可稱之為「儒者」或「儒家型人格」。如「儒醫」、「儒相」、「儒將」。「儒家學者」則專指秉承孔子信念，繼續做哲學反省和思想研究的哲學家或思想家。他們或者有所取於孔子的某一方面，或者有所進於孔子的另一方面，孔子的親炙弟子即有特質趨向的不同（如子游、子夏、子張、曾子等），〔註44〕何況孟子、荀子與後代儒者的差異。可知，儒門有其既寬廣又弘深的局面，不宜因後人的偏見使它陷於偏離

〔註41〕 同上，〈顏淵〉11章。

〔註42〕 同上，〈子路〉3章。

〔註43〕 「本質」（Essence）乃是一件事物之所以是該事物的基本理由。參閱曾仰如著，《十大哲學問題之探微》，臺北：輔仁大學出版社，1991年，頁174。儒家作為儒家，具有一些能夠清楚的描述它本身，並足與其它學派，如：墨家相區別的特殊性質。但是儒家所指涉的對象太廣泛，且歷史與思想的變遷發展，讓我們無法掌握一個確定不移與固定不變的嚴格意義的本質界定。但是即使如此，我們仍然可以為儒家建立一個「描述性」的本質界定，以作為思想概念之進行的運用，與「本質主義者」毫無關聯。

〔註44〕 高專誠先生依據對於韓非子：「儒分為八」的考察，分別從「為學的不同入門途徑」、「因材施教之教法的不同啟發」、「孔學的難點與不足」、「孔門先進、後進的差別」、「對孔子人格的不同理解」等等潛在的因素，分析孔子弟子的分化發展。參閱高專誠著，《孔子‧孔子弟子》，太原：山西人民出版社，1991年，頁46～60。

或狹隘的境地。

二、「儒學」與「儒教」的討論

（一）李杜論「儒學」與「儒教」

李杜先生對於儒學與儒教的區別，主要表述在中國傳統歷史的追溯，與現代中國之文化開創的理論建構兩方面。在中國歷史的追溯上，傳統儒學是由天道形而上的問題，與倫理、政治問題相結合而成立的。〔註45〕而傳統的儒教則具有「與宗教信仰相結合的宗教性儒教」，及「與君主政治相結合的文教性儒教」兩種形態。〔註46〕

再者，在理論的建構上，他從宗教、哲學與科學三學科之屬性的區別為基礎，〔註47〕論述現代儒學作為「人的學問」，應該能表現出一個人的生命整體，即包含了自然生命、道德生命、藝術生命、政治生命與宗教形上生命等各種要求之人的生命整體，並且以此建立起相應於人的生命整體之各種要求的學統。〔註48〕現代的儒教，則應該建立為一個宗教性及文教性的儒教。李杜先生說：

> 儒學若不限於現實的一般教化的表現上，實可如佛教或基督教一
> 樣，獨立於政治之外，立根於社會大眾，建立為一宗教性的儒教，
> 上承孔子、孟子、荀子、易傳、大學與中庸神性義的天道觀，建立
> 一神性的宗教形而上學，而盡其宗教、道德、社會文化教育的功
> 能，既對人的宗教要求有所肯定與滿足，亦對人的道德行為社會文
> 化的教育有所倡導與輔助，對現實的政治可產生某種制衡的功用，
> 對社會現存的因過份迷信而產生的弊害，亦可盡去除潔淨的功

〔註45〕 參閱李杜著，《二十世紀的中國哲學》，臺北：藍燈文化事業股份有限公司，
1995 年，頁 200～2。

〔註46〕 參閱前書，頁 211。又〈儒學與儒教〉，第四屆當代新儒學國際學術會議論文，
在 10 頁。李杜先生說：「漢武帝用董仲舒罷黜百家獨尊儒術之議，乃由原來
僅是一私家之學而成為與君主政制相結合的儒教。」在 16 頁，李杜先生引述
詩經的話：「上天之載，無聲無臭，儀形文王，萬邦作孚。」引據論證「上天」
指的是神性義的天帝。

〔註47〕 參閱前書，頁 206～207。宗教屬於人的精神之超越性的嚮往；哲學屬於語言、
概念、邏輯、與數學之分析及對問題的直覺；科學則屬於表現為形成概念關
係之形式科學與實證檢驗之經驗科學。

〔註48〕 參閱前書，頁 1～2。又參閱〈唐君毅先生與台灣儒學〉，《哲學與文化》第24
卷第 8 期，1997 年 8 月，頁 711～713。

能，……〔註49〕

筆者認爲李杜先生對於現代儒學與儒教的理想，一方面受到了唐先生之重視宗教精神的態度，與所顯揚之儒教理念的影響；一方面來自他本身在中西哲學傳統，與現代學術思潮方面的學養。他對於「現代儒學」的觀念，有清晰而周全的見解；但是在「現代儒教」的界定上則較欠缺宗教信仰之爲宗教信仰之本質性的把握。

（二）傅偉勳之分辨「儒教」、「儒家」與「儒學」

傅偉勳先生首先區別「廣義的儒教」與「狹義的儒教」。「廣義的儒教」指被日本〔註50〕、韓國或其他東亞國家（如印尼）〔註51〕所慣常使用，而包括了儒家傳統的義理、教誨、與習俗禮儀。

「狹義的儒教」（Confucion teachings），才是傅偉勳先生要用來與「儒家」、「儒學」相分辨的主要論述對象。他援引「大傳統」（The Great Tradition）與「小傳統」（The Little Traditon）的概念，區別了「具有偉大思想文化體系的儒家傳統」與「庸俗的宗教」的不同；也區別了「儒者精英」與「無有創造性思想文化貢獻的一大半沈默群眾」的不同。〔註52〕他對於狹義的儒教（或孔教）的界定是：

專指帶有民俗宗教意味（如祖先崇拜、祭天掃墓、日常禮俗、生活

〔註49〕 參閱前書，頁 211～212。

〔註50〕 在日本，儒教與佛教並稱，是從近世（江戶時代）後期到現在通用的名稱。日本學者子安宣邦界定儒教爲「包括儒學的學術體系，且作爲「社會教說」來發展的文化、思想體系」。子安宣邦提出一個很重要的觀念：他認爲以「儒學」來回顧過去的文化思想所完成的「儒學史」或「中國哲學史」爲了符合近代西方哲學的專業學術要求，以致長期以來被拘限在一再重複構成的抽象又固定的儒學文本內部中。現在則相反方向要從「儒教」的社會空間的教說立場，來取代「儒學」的文本內部的理論構成。這是剛好與傅偉勳相反向的研究路線發展，頗具啓發性。參見子安宣邦著，〈從當今日本質問儒教〉，《第一屆台灣儒學研究國際學術研討會論文集（上)》，國立成功大學中國文學系主編，1997 年，頁 393～395。

〔註51〕 印尼的學者也以「儒教」代替「儒家」。例如筆者手邊的四篇印尼學者的文章：陳克興著，〈簡論儒學的宗教性〉；哈克蘇、Ｔ・Ｔ・茵哥著，〈神性之信仰乃儒學倫理道德之精髓〉；鍾成康著，〈我的信仰是儒教〉：拉西約著，〈儒教在印尼〉（編入《儒學與二十世紀》，頁 1013～1059）都更重視其信仰的層面。

〔註52〕 參閱傅偉勳著，〈現代儒學發展課題試論〉，《佛學思想的現代探索》，臺北：東大圖書公司，1995 年，頁 25。

習慣之類）的小傳統而言，並不帶有高度的哲理反思或我所常說的
「批判的繼承與創造的發展」精神。〔註53〕

　　我們可以很清楚的看出傅偉勳先生對這種現實生活中的儒教概念充滿了
來自「儒者精英」的鄙視意味。「儒家」（Confucianism）的概念，在傅偉勳先
生的界定裡是較為嚴謹地指謂孔孟荀等古典儒家、宋明理學、現代新儒家，
及其所創造出來的高度思想與文化。傅偉勳先生認為在擺開道統的考量下，
也可以把董仲舒所代表的秦漢儒家；陳亮、葉適所代表的功利派；與清代戴
震等人的思想包含在儒家裡面。可知「儒家」是指以繼承孔孟荀哲學為信念
的哲學家或思想家和他們所創造出的思想文化，而成其為道統。

　　「儒學」（Confucion learning or studies）則指在內容上有關儒家，儒教及
其典籍的一切學術性研究。在形式上較具客觀性（指相對於儒家之把傳統的
繼承與開創當成主觀的信念或信仰），諸如經學、禮學、史學、考據之學、及
義理之學，而可成其為學統。〔註54〕

　　筆者認為傅偉勳先生以簡單的二分法運用大小傳統的概念來論述「儒
家、儒學」與「儒教」的關係，不僅自限在理論的框架中，也未能呼應人類
學、民俗學或民族學已成為專門學科而日漸受到重視的現代學術發展潮流。
但他對於「儒家」與「儒學」的分辨「主觀信念」與「客觀研究」的想法，
則具有重要的釐清價值。可惜他的「儒家」概念太過狹隘，特指儒家的哲學
思想的傳承，而只涵蓋了儒家哲學思想的內涵而已。

（三）杜維明論「儒家傳統」與「儒教中國」

　　杜維明先生之分辨「儒家傳統」與「儒教中國」，源於列文森（Joseph
Levenson，1920～1969）《儒教中國及其現代命運》（Confucian China and Its
Modern Fate）一書之判定儒教中國的沒落已成不可回復的命運。因此，杜維
明先生要去蕪存菁地從儒教中國腐敗沒落的現實處境中，描畫出儒家之理想
價值的傳統來。杜維明先生所界定「儒教中國」是指：

　　　以政治化的儒家倫理為主導思想的中國傳統封建社會的意識形態，
　　　及其在現代文化中各種曲折的表現。〔註55〕

〔註53〕引前書，頁26。
〔註54〕參閱前書，頁26～27。
〔註55〕參閱杜維明著，《儒學第三期發展的前景問題》，臺北：聯經出版事業公司，
　　　　1989年，頁296～7。

　　因此，儒教中國的政治與社會現象是屬於社會之風俗習慣的層面。而「儒家傳統」則是指歷代儒者，諸如：孔子、孟子、荀子、董仲舒、周敦頤、張載、程顥、程頤、朱熹、陸象山、許衡、吳澄、王陽明、劉宗周、王夫之、黃宗羲、顧炎武、戴震等通過自覺反思，並批判地創造人文價值所塑造。〔註 56〕杜維明先生進一步論述儒家傳統與儒教中國的互動關係。他認為儒家傳統雖然是中國學術思想的主流，但是也只是中國民族文化的構成要素之一，因此與儒教中國之間存在著「既排斥又吸收既抗爭又融合的長期過程」。〔註 57〕

　　筆者認為杜維明先生的「儒學傳統」與「儒教中國」的區分，和傅偉勳先生之論大傳統與小傳統的說法相類似。但是傅偉勳先生則純粹從儒家的哲學思想與學術的理論價值上著眼；而杜維明先生則較能扣緊現實社會條件，及洞悉現實處境與理想價值之間的互動、分合關係〔註 58〕。再者，杜維明先生「儒家傳統」與「儒教中國」的對比，使得「儒教」概念跟著「儒教中國」之現實政治、社會意義的遭受貶抑，而不再存在正面的價值意涵，足以包含儒家宗教信仰的精神超越層面，這是這一組對比概念的最大缺陷所在。

三、以「理論」與「實踐」的分判，論「儒學」與「儒教」

（一）「理論」與「實踐」的分判

　　筆者嘗試用「理論」（reason）與「實踐」（praxis）的對比來論述「儒學」與「儒教」的關係。中國哲學的發展過程中，在儒家哲學的傳統方面，例如：《中庸》之「尊德性」與「道問學」的對比；〔註 59〕又如朱子之並重「即物

〔註 56〕　參閱前書，頁 299。

〔註 57〕　參閱前書，頁 301～302。又杜維明先生以「道」、「學」、「政」論述儒家的三個方面。「道」是儒家的基礎理論；「學」是儒家的學統；「政」是儒家的實踐。而儒家的實踐包含了經濟、政治、社會、文化四個層面。參閱《儒學發展的宏觀透視》，臺北：正中書局，1997 年，頁 146。

〔註 58〕　杜維明先生「儒家傳統」的說法受到了蕭萐父先生的質疑。蕭萐父先生〈傳統、儒家、倫理異化〉一文指出中國傳統文化的多元性與流動性。儒家雖然有其「顯學」的歷史階段，但不足以成為中國文化傳統的主流。而且儒家的傳統或道統之說，只是論者習用的名詞而已。他論證儒家內部發展的雜多與分歧，認為道統之說不符合歷史發展的真實。此文編入《儒學發展的宏觀透視》，頁 124～126。

〔註 59〕　《中庸》〈二十七章〉：「故君子尊德性而道問學，致廣大而盡精微，極高明而道中庸。」引自朱子《四書集註》，啟明書局，頁 39。

窮理以致知」與「居敬涵養此心之虛靈明覺」；又如陽明之論「知」與「行」合一，都隱含著「理論」與「實踐」的對比意涵。在中國佛學的傳統方面，例如華嚴宗法藏「五教十宗」的判教論之分辨「宗」與「教」，也隱含著「理論」與「實踐」的對比意涵：「宗」是立教所根據的根本義理；「教」是佛法教人如何修行的實踐工夫與體證程度。〔註60〕

　　筆者在此主要從西方哲學的發展過程中，「實踐」概念之不斷具體實現而釋放出其動力的過程，來掌握並且深化「理論」與「實踐」的對比意涵。

　　早在亞里斯多德（Aristotle，B. C. 384～322）的《尼可馬安倫理學》〈第六卷〉中，亞里斯多德一開始便區分「科學」（science）與「實踐智慧」（practical wisdom）的不同特性。科學的性質在於成立認識作用的知識，而科學知識的對象是必然的、不變的事物。且科學知識可透過教導而學習，由已知的事物開始透過演繹（induction）或歸納（deduction）的思惟方法，追求普遍原理與個別事物之間的關連。〔註61〕

　　實踐智慧的性質在於人的實現活動的能力。人的實現活動不是必然的、不變的。而且這活動是以活動本身的善為目的；不同於技藝（art）的製造活動是以其他的事物作為目的。再者，實踐的實現活動不僅關係著普遍的原理，也關係著活動的特殊情況。因為實踐智慧所處理的是特殊情況的事。因此，亞里斯多德強調有時經驗比知識更為重要。有時候沒有知識的人做起事來比空有知識的人更為成功。總之我們不僅需要認識的知識；也需要行為的實踐智慧。〔註62〕

　　再者，更重要的是，亞里斯多德全書的主旨在論證柏拉圖的「善」理型不是人生追求的對象；而是在現實政治中實現的「幸福」（happiness）。〔註63〕因此，在亞理斯多德的實在論哲學裡，「倫理學」與「政治學」相對於「形上學」或「知識論」而呈現出實踐理性的性質。

　　多瑪斯、阿奎那（St. Thomas Aquinas，1227～1274）則從人的「理智」與「意志」的相互關連，把「理論」與「實踐」的關係追溯到人類的心靈作用上。他從對象的純粹程度論證了「理智的能力高於意志的能力」，因為理智

〔註60〕 參閱《中國哲學原論——原道篇（三）》（v16, 1973），頁274。
〔註61〕 參閱 Aristotle' *Nicomachean Ethics*, in *The Complete Works of Aristotle (vol.1)*, ed. Jonathan Barnes, Princeton: Princeton University Press, 1984, p1799。
〔註62〕 參閱前書，頁1802。
〔註63〕 參閱前書，頁1730～1732。

的對象（可欲求的善之觀念）比意志的對象（可欲求的善）更爲單純而高級。
〔註64〕他從活動目的所引起的動機，論證了「理智之最先地推動意志」，因爲
意志的推動必須以理智的理解爲前導。且理智的對象關連於普遍的目的，而
意志的對象則只關連於特殊的目的。〔註65〕阿奎那作爲亞理斯多德的詮釋者
及主智主義傳統在中古時代的代表，他把理論與實踐的課題特別發揮於道德
行爲的領域。他主張理智與意志兩者互相推動，且理智的認識作用帶領著意
志的決定，共同形成道德的行爲。

康德（Immanuel Kant，1724～1804）的意見，把「實踐」當成「理論」
的應用，或者是特指：在先驗的道德哲學中，依據道德法則，即人的意志
爲自己訂立法則的自律原則，以表現道德主體之意志自由的「實踐」義涵。
〔註66〕因此，我們要在這個「實踐」義涵的基礎上，理解康德所作「理論理
性」之知識建構與「實踐理性」之道德行爲的分辨。

黑格爾（Friedrich Hegel，1770～1831）認爲康德所指的「道德」（Moralität）
意義的實踐，只是「主觀的意志」，還不是眞正的實踐；黑格爾指出：「倫理」
（Sittlichkeit）意義的實踐，才是在外在現實（諸如：家庭、社會、國家、乃
至世界史）中取得歷史實在性的原則。〔註67〕

馬克斯（Karl Marx，1818～1883）批判黑格爾的實踐概念仍然停留在抽
象的意識層面。〔註68〕他以「社會勞動」（social labor）的基本結構，作爲進

〔註64〕 多瑪斯之論證理智的能力高於意志，是從相對面與絕對面兩方面得到結論：
理智的對象比意志的對象更爲單純（simple）與絕對（absolute），因爲意志
的對象是「可欲求的善」，理智的對象則是這可欲求的善之觀念。而事物愈
是單純、抽象，便愈是高尚而高級。因此絕對地說，理智的對象比意志的
對象更爲高級，理智的能力也就高於意志的能力。參見 St. Thomas Aquinas'
The Summa Theologica, Question 82, in *Basic Writings of St. Thomas Aquinas
(vol.2)* ed. by Andon C. Pegis, New York: Random House, 1945, pp780~781。

〔註65〕 多瑪斯之論證理智最先地推動意志，是從「目的」與「結果」看活動的動機：
從目的看活動的動機，可知已被理智認識的善才能成爲意志的對象。例如道
德行爲的完成是始於理智的認識善與惡。而且關連於「普遍的目的」之行動
力量最後推動著關連於「特殊的目的」之行動力量。因此，結論是理智最先
於所有其它的力量。參見前引書，頁 782～783。

〔註66〕 參閱李明輝著，〈當前儒家之實踐問題〉，《儒學與現代意識》，臺北：文津出
版社，1991 年，頁 27～28。

〔註67〕 參閱前書，頁 30～31。

〔註68〕 參閱 Karl Lowith, *from Hegel to Nietzsche: the revolution in nineteenth-century
thought*, trans. by David E. Green, New York-Chicago-San Francisco: Holt,
Rinehart and Winston, pp94-95。

行諸如經濟、政治、社會等客觀活動的「人」與其客觀環境——「自然」之間的綜合。因此，實踐應該表現為人的經濟、政治、與社會等真實生活的現實改造。〔註69〕

　　最後，哈伯馬斯（Jürgen Habermas，1929～）揚棄了把實踐當成思辨理性之應用的錯誤看法。他洞察出在人所創造出的科技社會中，理性的觀念被窄化成經驗科學中純粹技術性（technical）控制的工具，更反過來宰制人在社會、政治生活中的實踐性（practical）活動。〔註70〕這使得理性與實踐之間應該存在著的辯證關係被破壞無遺。

　　哈伯馬斯於是進行了一番把人的理性從科技宰制中重新釋放出來的工作。他分析知識的構成，建立在人的三種認知趣向（interests）上，因此也就成立了三種學科。它們是技術性（Technical）的認知志趣成立了經驗分析性的學科；實踐性（practical）的認知志趣成立了歷史詮釋性的學科；解放性的（emancipatory）的認知志趣成立了批判反省性的學科。〔註71〕

　　從此，理性不再只是侷限在科技技術中經驗分析的運作而已。理性對於人的社會、文化的實踐，可以展開重新創造性的詮釋。理性更可以以其批判反省的趣向，進行種種扭曲人性的意識形態與權力結構的批判。只有理性與實踐存在著真實的辯證關係，理性才不會淪落為純粹的幻想；實踐才不會偏離或拘限人性。

（二）「儒學」與「儒教」的分判

　　筆者認為儒學與中國甚至世界文化的前途的思考，不能仍然主觀地埋首在主觀意識裡。也就是對於它們的反省不能停留在經典的文本結構裡；而是要以分析、詮釋、批判的理性，在傳統與現代，還有主觀觀念與客觀環境中的辯證互動關係中，尋求最合理性的意義與價值，及最適切的實踐途徑。

　　儒家的學問是成己成物之學，具備了學術理論與生活實踐的兩個側面。

〔註69〕 參閱 Jürgen Habermas, *Knowledge and Human Interests*, trans. by Jeremy J. Shapiro, Boston: Beacon Press, pp30-31。

〔註70〕 參閱 Jürgen Habermas, *Theory and Practice*, Trans. by John Viertel, Boston: Beacon Press, 1973, p269~272, 281~282。

〔註71〕 參閱 Jürgen Habermas, *Knowledge and Human Interests*, trans. by Jeremy J. Shapiro, Boston: Beacon Press, pp308~311。並參閱黃瑞祺著，《批判理論與現代社會學》，臺北：巨流圖書公司，1986年，頁371～378。

現在我們從理論與實踐的辯證關連來重新審視儒學與儒教的傳統發展與現代建構，當有一番開創嶄新局面的視野。

儒家的思想與其在社會政治中的生活實踐，存在著理論與實踐之間的異化現象，如鄭志明先生所指出：

> 當儒家思想被政治體制或社會控制所吸收與轉化時，其價值運作雖然類似儒家的觀念系統，卻已非原來的儒家思想，尤其當它成為社會群體的宰制力量時，已異化為一種萬民必須遵從的權威主體，把儒家思想神聖化，形成了社會群體的崇拜活動，與宗教儀式功能頗為類似。……從董仲舒以後，類似道德取向的儒家崇拜，逐漸成為集體認可的社會規範，形成了誤把儒家崇拜視為儒家教誨的俗世社會。〔註72〕

由此可見，批判反省的理性在儒教的生活實踐中的重要性。而傳統與現代之間價值與意義的的轉折更有其重新詮釋與釐清的必要。歷代儒家學者們的哲學理論（如天道論、人性論）與宗教、政治、社會、經濟、教育、文藝等學術思想文章，經過因革損益地研究發展，已然形成一門具有歷史傳承的獨立學術領域。在現代學術專業分科與整合的要求之下，儒家哲學理論的研究與發展（如「先秦古典儒家哲學」、「宋明理學」、「儒家的社會哲學」等）只是儒學中一個最重要的部門而已。舉凡人的生活世界的整體，都包含在它所應包含的領域中。這是筆者所界定之「儒學」（Confucian studies）的義涵。

就生活實踐言，歷代儒家之明宗立教，在宗教信仰、道德修養、倫理規範與政治法制各層面，都產生著決定性的影響，已然塑造了儒家文化獨特的文化特性與民族性，例如：重視「傳宗接代」、「孝順」，期待「聖君賢相」等。而未來儒家的生活實踐更要涵蓋人的生活世界的整體，〔註73〕充分運用理性之分析、詮釋與批判的能力，重新恢復儒學與儒教之間理論與實踐之辯證的

〔註72〕 引自鄭志明著，《中國意識與宗教》，〈第七章　儒家崇拜與儒家社會〉，頁81～82。

〔註73〕 蕭宏恩先生援引新士林哲學家的看法：把人看成一個整體。而且人在存有的絕對秩序中與絕對者必然有所關連。因此，人的活動必須企求一個整全的整體，以普遍性的觀點關心人的終極關懷，使得人的活動不得被分割於不同的秩序中。參閱蕭宏恩著，《孔子之言「天」之問題——超驗方法與「天」》，臺北：輔仁大學哲學研究所博士論文，1994年，頁38～39。

活力，以培養合理合法的經濟、社會、政治生活；充實人的道德、藝術、宗教與哲學諸精神價值，實現一個「天」、「地」、「人」相和諧的生活世界，是爲筆者所界定之廣義的「儒教」（Confucian praxis）。而狹義的儒教則特指「儒家的宗教信仰」（Religion of Confucianist）。

第二節 論「儒家宗教信仰」之理論研究的重要性

一、宗教謎題

首先我們來看唐君毅先生（1909～1978）所指出宗教在人類東西方的歷史文化發展中所呈現出的三個令人困惑的矛盾謎題：

1. 爲什麼本來都以愛人敬人爲教義的宗教，卻反而導致人類的互相爭鬥與互相殘殺？
2. 爲什麼現代世界中最初以反一切宗教迷信爲號召而標榜科學唯物主義的共產主義政經制度，最後卻又變成最排他的變相的宗教？
3. 既然宗教這般地導致人類的相爭相殘，爲什麼不能乾脆廢除一切宗教？〔註74〕

唐先生另外還提出幾個令人困擾的宗教問題：

4. 以愛人敬人爲教義的宗教信徒爲什麼不能眞正的敬愛異教徒？如果一個宗教徒平等的敬愛異教徒的爲人，甚至敬愛異教徒所信仰的對象，那麼是否便違背了本身的信仰？
5. 國家可不可以透過多數的決定，在憲法上規定某一個宗教爲國教，並判定其他宗教爲「邪教異端」而加以貶抑或禁止？不然的話，是否便淪爲容讓所謂的「異端邪教」繼續引導更多的人陷於邪惡？

〔註74〕 筆者認爲：這三個謎題應該分屬於兩個不同層面的問題。首先，第一、二個謎題是屬於實踐的層面，我們可以從人類歷史的發展過程中藉此凸顯出人性之理想與現實之間的落差。雖然每一個具體的歷史事件，如十字軍東征，中國共產黨解放後之獨裁政權等背後都有其特殊的文化背景與社會條件。但是我們如果從較抽象而普遍的角度，把這樣的困境看成是人性中我們「想做卻做不到；想不做卻做了」的内在矛盾本性，則也可在理論的人性論中來討論這個問題。第三個謎題則屬於理論的問題。筆者的看法是：人性的宗教需要與超越的向度，終究不應該因爲歷史的偶然事件而被完全的抹殺。參閱《人文精神之重建》，頁 101。（v8, p458）

6. 在這種情境下「宗教寬容」如何可能？

二、宗教課題的深度

唐先生指出宗教課題的深度，超越了科學的方法技術，和哲學的理性思辨在原則上所能加以解決的範圍。然而，這些課題卻仍然以終極關懷的深度深叩世人的心靈：

1. 人心內在的痛苦煩惱與罪惡的根源何在？如何消除？

2. 身體之有限性和精神之無限性所產生的巨大差距，如何化解？（二元論的主張是錯誤的。然而身心如何協調於這變化多端的精神世界與現象世界中？）

3. 靈魂的生滅和死亡的問題。（死亡是身體和靈魂的分離，還是兩者同歸幻滅？若是前者，靈魂可往何處去？是天國、地獄或輪迴？若是後者，心靈如何安頓其安身立命之道？）

4. 人類面臨毀滅的威脅，世界中過去所實現的生命價值，德性價值等如何永久保存？保存在人的社會中？或是保存在人的歷史文化？這其間的永恆性何在？

5. 由社會正義所追溯來的絕對正義是否存在？（人們在現實社會中所受到種種不平的冤屈，是不是存在著最後的審判可以主持正義以賞善罰惡？如果沒有最後的審判，那麼善人受苦難，惡人享洪福的公理或天理何在？至善的圓滿與幸福的追求，最後德福能一致的保證何在？）

6. 在現實世界中常相對反與相對斥之不同種類的價值，如何實現其絕對融合的超越理想？

7. 人是否能自覺到自己生命、理性、能力的有限性，而開啟其超越向上的宗教向度？還是對自我的仁心本性的實踐，對自我意志與理性的能力有絕對的自信？

8. 宇宙是生生不息的流行，或是即將面對終結的「末世」？

9. 心靈修養與精神嚮往的最高境界，必由「可思議境」，翻升到「不可思議境」，而這個超越道德、哲學的宗教境界是如何地存在著？其客觀性何在？

10. 「存有」之最後的根基：「上帝」或「道」是否存在？或是只有「虛無」？如何存在？與宇宙人生的關係如何？

　　這些宗教課題不僅是科學所無所置喙的領域，也超越了人類之理性思辨的範圍。除非我們要求人性本身之超越的精神價值有其圓滿與悠久的向度。否則，我們便無法接觸到這些宗教課題的深度。

三、宗教價值的肯定

　　雖然宗教的種種問題困擾著我們，但是，宗教仍有其不可泯滅的價值。唐先生在〈宗教信仰與現代中國文化〉（1956 年 12 月）〔註75〕一文中，首先從純哲學理論、人生需要與社會文化的發展三個方面，極力的肯定宗教的價值。唐先生提醒我們：當我們衡量宗教之價值時，不應該從要求符合現實世界的情境作爲標準；而應該以信仰的內容是否純淨及其自發的要求是否能充量實現其內在的價值爲標準。〔註76〕因此，我們對於宗教的本質與內在價值應先求一周全而融貫的理解。

　　再者，唐先生指出：這些宗教問題都是原本於人的超越性而產生。宗教精神的內在價值在於肯定人的心靈的超越性。人的心靈不僅能超越科學所已知的現實世界或經驗世界。〔註77〕當我們的心靈面對生命中的痛苦與煩惱時，必然要求超越原有不完滿的生命，而追求另一個幸福與德性兼備的生命。即使我們的生命已是幸福美善，仍然希望原有的幸福美善能永久持續下去，並且能普遍化客觀化於他人。因此，只要我們有著這個希望與追求，則我們必然面對生命中諸多有限性與個體性的限制，不得不去要求超越。而這追求自我超越的意識，很自然地會使我們不得不去嚮往一個永恆客觀普遍的精神生命，以從事宗教信仰的實現。〔註78〕

　　如果用人的理性對於這些宗教課題進行純理性的思索，則成爲形上學的思索。而純理性的形上學思索不能代替人的宗教信仰，因爲唯有在宗教信仰中才能安頓這從事形上學思索的人其內在的心靈與生命。

　　以上所提出的這些問題讓我們了解到宗教作為文化的一個重要的環節，是需要我們去探討其中的奧妙的。但是，如果我們對於宗教的本性或本質要素，不能從宗教哲學的層面，建立一個一貫的理論觀點，則不論是在宗教理論的分析研究或宗教現象的認識描述上，很難具備一個穩固的立足點。

〔註75〕收入唐君毅全集卷六《中國人文精神之發展》。
〔註76〕參閱《中國人文精神之發展》，頁 340。
〔註77〕參閱《中國人文精神之發展》，頁 337。
〔註78〕參閱《中國文化之精神價值》，頁 431。

四、儒家宗教信仰之理論研究的重要性

狹義的「儒教」（Religion of Confucianist）特指儒家的宗教信仰具體實踐，諸如：宗祠、族譜、掃墓等宗教行為，是屬於「宗教現象學」的研究領域。儒家的宗教信仰之理論研究，諸如：敬天、祭祖、重視傳宗接代等觀念，則屬於宗教哲學的研究對象。儒家宗教信仰之理論研究的重要性在於：

1. 釐清儒學中道德與宗教的分際，及哲學理論與宗教理論的關係，還儒教的宗教向度以本來面目；同時可淨化儒學的哲學研究，早日參與於現代哲學作為一門嚴謹的專業學術之中。

2. 儒教理論的探討可以界定儒教是什麼型態的人文宗教？這種人文宗教是否可能？更使中國哲學人性論與天道論的研究，可以突破傳統以來的格局，而提升到宗教哲學的層次。

3. 闡揚儒教之宗教精神，可促使現代人之宗教生活的開發，與各大宗教間之衝突的化解。而有助於人類文化的提升與世界局勢的和平。

第三節　本文的研究目標、研究方法與章節的安排

一、研究目標：探討以道德意識為中心的人文宗教——「儒家宗教」是否可能？

本文的研究目標，嘗試從唐先生的哲學體系與終極關懷之中，以天人關係作為主軸，釐清概念，建立觀點，整理建構出其儒家宗教理念的輪廓。其中就(1)道德意識與宗教意識的分辨；(2)人性的主體性、超越性；(3)天道的超越性、內在性，將有較深入的討論。特別是唐先生「人道即天道，人德即天德」的最後結論，筆者將援引宗教哲學上不同的思考方式或論點，探討唐先生儒教理念是什麼形態的「人文宗教」？這種「人文宗教」是否可能成立？

二、研究方法：宗教哲學之概念分析、命題檢驗與論證檢驗

宗教的研究依照研究方法與研究對象的考慮，一般可以區分為三個研究方向：

（一）宗教歷史的研究

宗教歷史學者把宗教看成一種文化現象，探討某一種宗教團體的活動在

時代環境的變遷中的源起、擴張、衰落及被其他宗教所取代的歷史發展。

（二）宗教心理學的研究

宗教心理學家研究信仰作爲一種精神活動的各種性質，諸如：懺悔、皈依、崇拜⋯⋯等等。他們也探討宗教信徒的心理現象與其他現象的關連，與宗教信徒內在的，個人的心靈狀態，和他們思考、情感與行爲的不同形式。

（三）宗教哲學的研究

宗教哲學最主要的工作是批判地檢驗宗教信念（beliefs）被接受或拒絕的各種可能性。這種哲學的檢驗工作包含了四個層面：(1)分析辨別概念的意義與檢驗信念的邏輯推演。(2)檢驗宗教命題（propotion）是否有穩固的基礎，且宗教命題與宗教命題之間是否有相互的融貫性。(3)檢驗宗教信念的確信是否建立在事實的證據上，還有這些事實的證據是否得到恰當的評價？(4)最後檢驗信念的論證（通常作爲宗教之重要教義）是否由建立在事實證據的正確前提，恰當地推論出公平有效的結論。〔註79〕

宗教哲學的理論。其所要探討的課題包含：「上帝」意指什麼形態的存有？這種存有是否眞實的存在？人與上帝具有什麼性質的關係？人如何理性地展望其未來世俗的或超越世俗的命運，特別是在死亡之上如何希望其個人生命的延續？人的本性是不是只是因果法則所決定中的一個環節，還是具有某種含意上的自由？如果人有自由的話，是什麼含意上的自由？人的自由與其他的宗教問題、倫理問題、心理問題有什麼關連？宗教和道德的理想、義務的關係是什麼？面對當代的社會問題，諸如：和平與戰爭；資本主義與社會主義；民主制度與獨裁制度之間的爭端，宗教信仰具有什麼樣的意義與重要性？〔註80〕

因此，在本文中我們將以宗教哲學的方法，探討儒家宗教信仰理論中的基本問題：(1)基本理論：儒教的宗教意識是什麼宗教意識？與道德意識如何區別？宗教信仰與哲學信念、道德實踐如何區別與結合？儒教與宗教的衝突之化解有何關係？(2)人性論：人性的善惡？罪惡的根源？生命與死亡的意義？生命如何不朽？絕對的正義是否存在？人的主體性與超越性何在？(3)

〔註79〕 參閱 Edwin A. Burtt' *Types of Religious Philosophy*, New York-London: Harper & Brothers, 1939, p3~8。

〔註80〕 參閱前書，頁8。

天道論：天道的涵義爲何？人如何體認天道？天人有何關係？天人如何合
一？天的超越性和內在性何在？等課題。

三、章節的安排

第一章　導　論

1. 論「儒家」的理論與實踐：筆者從「儒家」之本質的界定，並且在比
較學者的看法之後，嘗試提出以「理論」與「實踐」的對比，界定「儒
學」與「儒教」的關係。

2. 論「儒家宗教信仰」之理論研究的重要性：筆者介紹唐先生所提出的
種種宗教課題的深度有其超越理性思惟的向度。並指出儒家宗教信仰
之理論研究的重要性在於：釐清儒學中道德與宗教的分際、判定儒家
人文宗教是否可能？與闡揚儒教的宗教精神 3.研究目標：指出本文的
主旨在於以宗教意識與道德意識的分判，探討以道德爲中心的人文宗
教——儒教如何可能？研究方法：筆者嘗試以宗教哲學的概念分析、
命題與論證的檢驗，探討唐先生的儒教理念與天人合德的理論。

第二章　唐君毅的哲學探索與終極關懷

1. 唐君毅之思想分期的討論：首先就唐先生一生思想的發展階段，討論
「兩期四階段說」存在著一些問題。特別就《道德自我之建立》，《文
化意識與道德理性》，《生命存在與心靈境界》三書所存在之思想方式
的轉變來討論。

2. 由博而約劃分唐君毅思想歷程的不同層次與階段：把唐先生一生的學
術著作所代表的思想領域，按照不同的層次加以整理而出，期望在探
討唐先生之宗教觀念之前，對於他的整個思想體系與基本信念能先有
一個由博而約的輪廓：(1)中西哲學文化的比較會通。(2)新儒學的「返
本開新」。(3)哲學體系的建立：①道德哲學的階段、②文化哲學的階
段、③心靈哲學的階段。(4)唐君毅的終極關懷：①道德自我的自覺、
②宗教意識的覺醒、③判教的辯證綜合。

第三章　論宗教意識與道德意識的對比關係

1. 唐君毅對於虛假的宗教意識之批判：先介紹唐先生對於虛假的宗教意
識之批判：(1)變形意識的批判(2)集合意識的批判(3)世俗功利意識的
批判。

2. 宗教意識的本質之討論：筆者先介紹唐先生與田立克兩種宗教意識的描述性界定，以把握宗教意識的外在形式；再接著比較唐先生、史萊馬赫、奧陀、布伯、田立克、印順對於宗教意識的界定，以擬定出宗教意識的四個本質要素：(1)解脫意識(2)虛己意識(3)超我意識(4)崇拜皈依意識，以作為宗教意識的內在義涵。

3. 論道德意識與宗教意識的對比：在把握宗教意識的本質之後，筆者從唐先生對於宗教意識與道德意識的對比分析著手，進一步以「主體性」與「超主體性」的對比，從多方面論證道德意識與宗教意識的差異所在。

4. 道德意識與宗教意識的關係：最後，筆者先介紹唐先生所論述：(1)宗教意識中隱含著道德意識(2)宗教意識所依之道德意識是最深刻的道德意識，筆者更進一步嘗試論證：因為①道德意識沒有真正的虛己意識②道德意識沒有真正的皈依崇拜意識，所以道德意識不能成為真正的宗教意識。

第四章　論儒教理論在儒家傳統上的思想傳承

1. 周初時代的立基：筆者追溯唐先生儒教理論天人關係的義理：從《詩經》、《書經》、《國語》、《左傳》追溯儒教之天帝崇拜與祖宗崇拜傳統的根基，以及人道主義的奠基。

2. 先秦時代的開創：把握孔子、孟子（荀子）、《中庸》、《易傳》、與《禮記》之天命與人性對稱，繼天道以盡人道，盡人性以知天命、三才之道、禮樂之道等為唐先生所承繼之思想。

3. 宋明時期的發展：把握明道（橫渠）、象山（朱子）、陽明、船山之天心與本心合一，由本心之見天心、天理與人欲對稱，以人德齊天德之氣化流行等決定性之思想所對唐先生的影響。

第五章　論唐君毅之儒教理論的形成與人文宗教的理想

1. 唐君毅的儒教理念：筆者綜合唐君毅對於儒教理念的論述，(1)首先從「宗」、「教」的字義上，界定儒家宗教的義涵。(2)再從宗教的描述性界定，以論述儒教為一安身立命之道。(3)最後從儒教之三祭：祭天地、祭祖先、祭聖賢也論儒教之宗教精神。

2. 論唐君毅儒教理論乃道德、哲學、宗教融合的結晶：筆者論證唐先生

的儒教理論乃哲學的思辯、道德的實踐、宗教的嚮往三者融合所構成：(1)哲學的思辯分析唐先生儒教理論中所受康德的道德哲學、黑格爾的絕對唯心論與辯證法與佛教華嚴宗的判教理論。(2)道德的體驗論述宋明心性之學，特別是象山陽明的心學所給於唐先生決定性的影響。(3)宗教的嚮往：分析唐先生對於佛教廣大悲憫的體認、基督宗教〔註81〕謙卑虛己的博愛情操與儒教本心本性的自證。

3. 唐君毅之「人文宗教」的理想：(1)以道德爲中心的人文主義：筆者從論述唐先生所揭櫫的人文主義是具有宗教精神的人文主義，探討人文主義與宗教精神、唯物主義的同異。再以馬里坦所論「完整的人文主義」(Integral Humanism) 做對比，論述唐君毅的人文主義是以道德爲中心的人文主義。(2)論「天地人三才之道」的宗教理想：筆者藉著探討唐先生所揭櫫之儒教可以作爲宗教精神之融合的基礎，進而肯定唐先生所揭櫫之三教融合以通天地人三才之道的終極理想。

第六章　唐君毅的天人合德論

1. 唐君毅論人的「主體性」與「超越性」：(1)建立人的主體性：①自我主體向內以道德意識作爲文化意識的主導，兩者有互動關係。②自我主體向外以道德理性作爲文化創造的主體。（在這小節中筆者嘗試以「合理性」(resonnableness) 與道德理性做對比，希望能有助於釐清且豐富道德理性的義涵。）③自我主體向上以「生命靈覺」作爲人的主體性：筆者在介紹了「生命靈覺」的辯證特性與其可能陷溺的特性之後，嘗試進一步探索生命靈覺是否蘊藏更豐盈圓滿的意義與動力？(2)人的超越性：筆者嘗試從虛無的超越（精神價值的創造）、孤獨的超越（性情之超越的感通）、苦難的超越（苦難之積極價值的肯定）、罪惡的超越（超越的信心與絕對正義的要求）、死亡的超越（論死亡的正面價值），及闡發唐先生對於人的超越性的肯定與嚮往，之後筆者再嘗試探討生命與死亡之更深刻的意義。

2. 論天德流行的「內在性」與「超越性」：(1)論天德流行的超越性：從「天命與人性的分與合」與「超忘隔離與破空而出的創生性」論述天德流行的超越性。(2)從「本心即天心，人德即天德」與「仁心仁性

〔註81〕 本文以「基督宗教」(Christianity) 涵蓋「天主教」(Roman Catholicism) 與「基督教」(Protestantism)。

不爲我所私有，既內在又超越於我」論述天德流行的內在性。(3)從「天地乾坤具高明、博厚之德」論證「儒教的天道是既超越又內在的天道」。

3. 論「天人合德」的理想、從論天人合德的四個理論根據：(1)「心體本虛觀」、「能知所知不離觀」、「活動化之情意觀」、「功用化之身體觀」，探討認識論上的理論基礎。(2)再繼而闡發唐先生承繼儒家心性之學所標舉「性情形上學」的進路：良知仁心的道德實踐、無限心量之超越的感通與超越的信心等。(3)闡發唐先生所開啓之一條人的天路歷程：「內盡性命以成己」與「外奉天命以應務成物」兩者相輔相成的盡性立命之道。(4)最後再從生活世界中「禮樂」、「孝道」與「三祭」的宗教實踐，探尋唐先生所指出的天人合德的理想之實踐之道。

第七章 結論：論儒教理論作為一種人文宗教的局限性

1. 論儒教理論是以道德意識爲中心的人文宗教理論：筆者根據道德意識與宗教意識之本質的分辨，論證儒教理論所呈現的宗教意識是以道德意識爲中心，不是源於虛己意識而生發皈依崇拜意識的宗教意識。

2. 論儒教理論對於人的有限性的認識不夠透徹：唐先生探討罪惡的根源，最後追溯於「生命靈覺的可能陷溺」，筆者嘗試進而探問爲何「生命靈覺」會陷溺？並從「惡」與「罪」的區別，論證儒教理論對於人的有限性——「罪」的認識不夠透徹。

3. 論儒教理論未能開顯天道超越的豐沛動力：筆者嘗試從唐先生本身所揭櫫之「天地人三才之道」之宏闊高深的理想，及援引《易傳》所論「生生之德」、《老子》所論「玄德之慈」與基督宗教思想家們所論「上帝的大愛」，論證唐先生的儒教理論所闡揚的天道是被架空的天道，也就是既沒有言說也沒有行動的天道，未能開顯天道超越的豐沛動力。

第二章　唐君毅的哲學探索與　　終極關懷

第一節　唐君毅之思想歷程的討論

一、李杜「兩期四階段說」的討論

　　李杜先生在《唐君毅先生的哲學》一書自序中，對於唐先生一生的思想作了一個系統的了解與分期。李杜說：

> 經過一再思考後，我決定將他的思想分別為兩期。前期為他三十歲〔註1〕以前未成熟的思想，後期則為三十歲以後建立了中心觀念的思想。於後期中再分別為四階段：(1)中心觀念的肯定與開展；(2)對中西文化與人文精神的論述；(3)對中國傳統哲學的考論；(4)心通九境論系統的建立。依中心觀念上說，後期的思想大致上沒有改變。所說的四階段的不同只是就中心觀念的開展與依此觀念而來的對中西文化與學術思想的論述，以及由此進而建立一心通九境論的

〔註1〕　唐先生三十歲，若照新曆算法即西元 1938 年左右。李杜先生是根據唐先生《中國文化之精神價值》（1953）一書之自序（1951）中，唐先生自述十年前（1941）自己的一個大變遷。他自省地以源於「中西思想之大本大原」的「中心觀念」是否被清楚認識為分判的標準。而唐先生思想的轉變，表現在從 1941 年起唐先生開始陸續發表的單篇文章，後來編入《人生之體驗》（1944），《道德自我之建立》（1944）兩書。可知「三十歲」是大概的說法。精確的說應該是三十三歲。

系統上說的。〔註2〕

筆者認為李杜的「兩期四階段」的分法，大致上是依照唐先生對自己的著作之分類而來。唐先生在《中國文化之精神價值》一書之〈十版自序〉（1978）中，把自己的著作區分為四類：(1)「泛論人生文化道德理性之關係之著。」如《人生之體驗》、《道德自我之建立》、《心物與人生》及《文化意識與道德理性》等。(2)「表示個人對哲學信念之理解及對中西哲學之評論之著。」如《哲學概論》及《生命存在與心靈境界》二書。(3)「評論中西文化、重建人文精神、人文學術，以疏通當前時代之社會政治問題之一般性論文。」這些論文編成了《人文精神之重建》、《中國人文精神之發展》、《中華人文與當今世界》三書。(4)「專論中國哲學史中之哲學問題，如心、理、性命、天道、人道之著。」如《中國哲學原論》。〔註3〕

筆者認為，雖然李杜先生已標舉出《生命存在與心靈境界》一書，所呈現的特殊意義，而以「心通九境論系統」代表另一個不同的階段。但對於整個兩期四階段的說法，筆者仍將嘗試提出幾個問題來探討。

二、思想方法之轉變的關鍵性

（一）前後兩期以唐先生「中心觀念」的建立與否為判準。這是學者們的共識。在這一個關鍵的轉變上，唐先生自己曾經有一番覺今是而昨非的反省。唐先生自認為在這之前，對於西方理想主義或唯心論的形上學，和東方佛家之唯識論與孟子陸王所謂天人合德之本心或良知無所領悟。而《道德自我之建立》與《人生之體驗》諸書之作，代表他的思想有了新的進展：即對於人的道德生活，可以依據其內在的「心之本體」與「道德自我」的呈現，而表現出人生超越向上之精神活動，有了真切的會悟。〔註4〕

對於唐先生的這個轉變，黃振華先生在〈唐君毅先生與現代中國〉（1978）一文中，有更深入的分析。他認為唐先生思想的轉變表現了兩個意義：第一個意義是唐先生從此認定哲學的最高境界是實踐的，即道德的，而非理論的。這使得唐先生的思想從新實在論轉變到實踐的道德哲學之研究。第二個意義是唐先生發現中國哲學具有極高的價值。因為中國哲學的根本精神即是實踐

〔註2〕 李杜，《唐君毅先生的哲學》，自序，臺北：臺灣學生書局，（1982）1989年，頁3～4。

〔註3〕 《中國文化之精神價值》，10版自序，1978年。

〔註4〕 《中國文化之精神價值》，自序，頁2。

的與道德的。〔註5〕

　　（二）李杜先生把後期分四階段主要是依照唐先生著作內容的性質分屬四個不同的研究領域來區分的。再者，如果我們依照時間的先後來區分，把這些著作的初版年份前後相對照，並比較唐先生單篇文章之著作年表〔註6〕，則可發現唐先生一生思想的進程，大致上也是按照這四個階段，而把心血投注在這四個不同的研究領域。

　　但是筆者認爲：李杜先生沒有把唐先生自己建立起的思想體系從其一般的學術著作中區別出來，只是平舖地依照唐先生著作的性質，再大致上配合時間的進程來劃分爲「四個階段」。

　　（三）《道德自我之建立》（1944）、《文化意識與道德理性》（1958）與《生命存在與心靈境界》（1976）三書的寫作風格與思想方式實有很大的不同發展。唐先生曾經反省其早期的著作《人生之體驗》與《道德自我之建立》兩書，雖然「行文皆極幼稚而樸實」，但卻難得的具有不能復得的一種「面對宇宙人生之眞理之原始性」。並以《生命存在與心靈境界》一書之規模，並不出於前二書所規定者之外。唐先生謙稱可以此作爲自己思想「無大進步」的證明，亦同時證明宇宙人生中實有若干歷久而彌新的眞理。〔註7〕

　　但是筆者認爲《生命存在與心靈境界》一書之思想方式的表現有其關鍵性的轉變，絕不只是前者所謂中心觀念之大致上沒有改變的開展而已。李杜先生已經看出這一個關鍵點，但是還沒有把他所發現的唐先生由《生命存在與心靈境界》一書所不同於以往之思想方式的轉變，表現在唐先生之思想發展的分期上。他在〈唐君毅先生與台灣儒學〉（1997）一文中已經很清楚的指出唐先生之思想方式由「核心觀方式」（以道德自我爲中心）改爲「整體觀方式」（以生命存在爲一先在的整體）的轉變而道出他的心得。李杜先生說：

　　　　中國傳統哲學雖特別重視道德，但不能以其只是人的「道德自我」
　　　　的表現，而應以其爲整個人性的表現，亦即整個人的生命存在的表
　　　　現。〔註8〕

〔註5〕　參閱《紀念集》（v30, 1991），頁140～141。
〔註6〕　參閱《年譜・著述年表・先人著述》（v29, 1986）。
〔註7〕　〈生命存在與心靈境界後序——當前時代之問題，本書之思想背景之形成即哲學之教化的意義〉參見《生命存在與心靈境界（下）》，頁479。
〔註8〕　引自〈唐君毅與台灣儒學〉，《哲學與文化》第24卷第8期，1997年8月，頁718。

筆者認為這是蘊藏在唐先生的思想中的一個很重要的轉變。筆者以唐先生思考方式之轉變，再大致配合思想發展之進程，劃分了唐先生自己的哲學體系發展的三個階段。

（四）盧升法先生指出：從判教說，唐先生在《生命存在與心靈世界》一書中所取法於佛教而進於佛教者可歸為四點：

> （一）以統一的標準把各種說法納於一系統（這一標準在佛教為佛說，在唐君毅為人類生命），別同異、定位序，並以自家為本位，置系統之最層。氣魄恢闊可視為「泛宗教」之判教。（二）「天德流行境」即是現代新儒家的代名，作為最高圓滿之教，實統攝了人類文化的全體，昭示了世界文化的歸趨。（三）即道德即宗教的實踐性。（四）明確了圓教精神的主導者（本體）在人之心靈主體而不是客觀精神（包括一主宰神）。新宗教精神直接依靠人的注重于「人與精神之貫通」中，在人倫、人文世界中體現天心，置人間于天上。〔註9〕

筆者認為唐先生的《生命存在與心靈境界》一書的思想方式確實受到佛學的思辨方法的深刻影響。特別是佛教天臺宗、華嚴宗的判教方法，及「體」、「用」、「相」三分的思惟方式，與心靈境界的層次劃分等，都決定性地建構了「心通九境論」的邏輯結構。但是唐先生「心通九境論」的思想體系究竟還有綜攝了其它的，來自於儒家心性之學、近代德國唯心論與基督宗教的宗教思想等質素，而與佛教的唯心論有所不同。

第二節　由博而約，劃分唐君毅思想歷程的不同層次與階段

一、中西哲學文化的比較會通與新儒學的「返本開新」

唐君毅先生一生學術思想的發展，可約略從「博」與「約」兩個角度來看：

（一）從博的方面，進行中西印三大哲學思想與文化層面的比較會通

唐先生進行了中、西、印三大哲學思想與文化層面的比較會通。他曾自

〔註9〕引自盧升法著，《佛學與現代新儒家》，瀋陽：遼寧大學出版社，1994年，頁447。

述經歷一次思想態度的大轉變。這個轉變是建立在對於宇宙人生之真理的普遍永恆性之肯定上。既然真理是普遍永恆的，因此應該是人人所能見的，我們今天發現所謂的新真理，應該早已為古人所發現。這樣的反省與覺醒，促使他盡除驕矜自是、狂妄自大的心態，對於其它各種不同的學說觀點都能虛懷若谷地採取同情的理解，而儘量地闡發其所內涵正面積極的價值意義。〔註10〕

　　在思想方法上，他兼取各種型態之辯證法（特別是佛教華嚴，天台之判教方法和黑格爾的辯證法）給予分析與綜合，而展現其能容乃大，博大精深的思想世界。唐先生說：

> 然吾亦自謂賴吾之超越的感情，使吾有種種超越的會悟。其中之會悟之一，為吾以世間除無意義之文字之集結，與自相矛盾之語，及說經驗事實而顯違事實之語之外，一切說不同義理之語，吾不可在一觀點之下成立。若分其言之種類層位，而次序對學者之問題，而當機說之，無不可使人得益，而亦皆無不可說為最勝。由此而吾乃有會於中國佛家之判教之論，於佛經之一一說為最勝之義，而似相異相反之言，莫不可會而通之，以見其義之未嘗相礙。〔註11〕

這方面主要呈現於《中西哲學思想比較論文集》（1941），《哲學概論》（1961），《人文精神之重建（1975）》，《中華人文與當今世界（上下）》（1975），《中華人文與當今世界補編（上下）》（1986），《哲學論集》（1990）諸著作。

（二）從約的方面看儒學的返本與開新

　　唐先生在會通中、西、印哲學文化之間，他對於儒教信仰與儒學理念自有其一貫的堅持與抱負，終其一生奉獻心力於新儒學的「返本」（即闡揚傳統儒學可大可久的真精神所在）；與「開新」（即在中、西、印哲學文化的比較會通下，促使儒學的生機有別開生面的新發展）。這方面主要呈現在《中國文化之精神價值》（1953），《中國人文精神之發展》（1957），《中國文化與世界》（1958），《中國哲學原論（六卷）》（1966～1975），《說中華民族之花果飄零》（1974）諸著作。

〔註10〕參閱《生命存在與心靈境界（下）》，頁478。
〔註11〕參閱前書，頁481。

二、哲學體系的建立

作爲一個儒家型的學者與思想家，唐先生在闡揚理想的人文主義之文化傳統的同時，更建構其自己的哲學體系。他的哲學體系有其一貫的宗旨，其發展大致可分爲三個階段，筆者主要以思考方式之轉變，再大致配合思想發展之進程，來劃分這三個階段。

（一）道德哲學的階段

實踐的道德哲學比人生哲學更能精確地標舉出此階段之思想特點。〔註12〕《道德自我之建立》（1944）一書，則是此階段之代表作。全書分爲：(1)道德之實踐；(2)世界之肯定；(3)精神之表現。乃計畫撰寫人生之書十部中之三部。唐先生稟承孔孟陸王心學之性善論，運用一種存在主義式的感發自省筆調，主觀地思索個人如何在現實生活之拘限中，建立其道德自我以爲主宰。他以當下一念之自反自覺，即道德自覺爲中心，使用「體用說」的模式由體顯用。肯定「心之本體」爲一精神實在，是道德自我的根源，也是現實世界的根源。而罪惡只是一念之陷溺，即一念超拔之無限精神，爲有限之現實事物所拘束。故罪惡本身並不是眞實的存在。

唐先生在《道德自我之建立》一書的自序（1943）中交代了寫作此書的思想來源：

> 著者思想之來源，在西方則取資於諸理想主義者，如康德、菲希特、
>
> 黑格爾等爲多，然根本精神則爲東土先哲之教。〔註13〕

賴賢宗先生依據唐先生的自序，追溯《道德自我之建立》一書中「道德的實踐」、「世界的肯定」、「精神的表現」三部的形成，是結合了一個中西合璧的「平行結構」所形成之「應然」、「意識」、「存有」三個面向的三部曲：即結合了西方理想主義中康德的「自律倫理學」、菲希特的「能動性的主體哲學」與黑格爾的「絕對精神在世界中的表現」；以及中哲宋明儒心性論中，朱子的主「心統性情」、「居敬窮理」的理學、陽明「致良知」的心學與劉戢山的「誠意說」及「氣論」。〔註14〕

〔註12〕 參閱黃振華著，〈唐君毅先生與現代中國〉，收入《紀念集》（v30, 1991），頁140～141。

〔註13〕 引自《道德自我之建立》（v1, 1944），自序，頁2。

〔註14〕 參閱賴宗賢著，〈唐君毅早期哲學與德意志觀念論〉，《鵝湖學誌》第十八期，臺北，1996年6月，頁58～60、73。

（二）文化哲學的階段

《文化意識與道德理性》（1958）是唐君毅這階段的代表作。他指出寫作這本書的目的是：一方面爲中國與西方之文化理想的融通，建立一個理論的基礎，一方面建構一個文化哲學的系統，並給予自然主義、唯物主義與功利主義的文化觀一個徹底的否定，以確保人文世界之長存不墜。〔註15〕再者，唐先生認爲一切的文化活動都自覺或不自覺的表現出一道德價值；相反的，一切的文化活動也都自覺或不自覺的依傍著道德意識的支持。因此，唐先生標舉出這本書的宗旨是：

> 「人類一切的文化活動，均統屬於一個道德自我或精神自我、超越自我，而爲其分殊之表現。」「道德自我是一，是本，是涵攝一切文化理想的。文化活動是多，是末，是成就文明之現實的。道德之實踐，內在於個人人格。文化之表現，則在超越個人之客觀社會。」
> 〔註16〕

筆者認爲唐先生這階段的思想，仍然是以「體用說」的模式，以「道德理性」爲體，「文化活動」爲用，「由體顯用」並「攝用歸體」〔註17〕。但已不再是主觀之道德意識的興感之作，〔註18〕而是在思考方式上借助於西哲康德之道德哲學與批判方法之深入釐清整個文化體系中，科學知識、道德、宗教、藝術、政治、法律諸不同學術領域之界限，於諸學術領域，都能虛心地予以專業的理解。並借助於黑格爾辯證法的綜合方法，認爲不同之文化領域，乃同一精神自我（唐先生用「道德理性」代替黑格爾的「絕對精神」），本身所展現的客觀表現。

（三）「生命＝心靈哲學」的階段

《生命存在與心靈境界（上、下）》（1976）兩冊，是這階段的代表作。筆者認爲這是唐先生思想進程的一個很大的轉變。在這個轉變中，唐先生放棄了以道德自我爲先存在，並作爲中心之「核心觀」的思考方式；改以人的

〔註15〕參閱《文化意識與道德理性》，頁 5。

〔註16〕參閱前書，頁 6。

〔註17〕唐先生說：「西方哲人之論文化，則是先肯定社會文化之爲一客觀存在之對象而反溯其所以形成之根據。本書之作法正是如此。」參閱前書，頁 9。

〔註18〕唐先生說：「此書之直重反省吾人之文化意識中所表現之普遍理性者」「我之此書，只是橫面的論各種文化活動之道德理性基礎。」「我此書則重在言理，且較重系統的。」參閱前書，頁 11～12。

生命存在是一個已然存在的整體，而與人的心靈同時存在且一一對應，即改取整體觀的思想方式。他劃分「客觀境」、「主觀境」、「超主客觀境」三個境界，每個境界再採用「體」、「相」、「用」三分的思想方式，精心建構了「心靈境界」與「生命存在」一一對應而層層上升的「心通九境論」：(1)萬物散殊境＝客觀個體界（體）；(2)依類成化境＝客觀種類界（相）；(3)功能序運境＝客觀因果（目的手段）界（用）；(4)感覺互攝境＝主觀時空（心身關係）界（體）；(5)觀照虛凌境＝主觀意義界（相）；(6)道德實踐境＝主觀德性界（用）；(7)歸向一神境＝超主客觀一神界（體）；(8)我法二空境＝超主客觀一眞法界（相）；(9)盡性立命境＝超主客觀性命界（用）。

在唐先生這個「生命存在＝心靈境界」的思想體系裡，人的心靈世界呈現爲一個有層次的整體。因著心靈之橫觀內外、順觀前後、與縱觀上下的不同向度，足以感通含藏萬有的存有；足以含攝義蘊豐盛的文化創造；足以會通廣博精深的學術思想。以下筆者分爲四個子題來探討這個思想體系的形成：

1. 整體觀的思想方式

首先，我們看李杜先生對於《生命存在與心靈境界》的評論。他在《二十世紀的中國哲學》一書中指出一個重要的發現：

> 此論以整個生命存在爲先在，不以「道德自我」爲先在，亦不客觀化、普遍化、實體化、絕對化人的心靈，然後依此而建立系統的哲學，如黑格爾絕對化其「絕對的心靈」之所爲，……而是由人的生命存在以說人不同的心靈活動。〔註19〕

筆者認爲這是唐先生思想進程的一個很大的轉變。在這個轉變中，唐先生放棄了以道德自我爲先在、爲中心之「核心觀」的思考方式；而改以人的生命存在是一個已然存在的整體，即整體觀的思想方式。這個轉變已由李杜先生所指出：

> 唐先生由中國傳統哲學的考論而來的認識，以及後來對西方哲學和印度哲學的進一步的了解，即改變了他原先試圖由「道德自我」或「道德理性」以建立一哲學系統的想法，而進而要由整個人的心靈的活動上去建立一更大的哲學系統。此即是「生命存在與心靈境界」

〔註19〕 李杜《二十世紀的中國哲學》，臺北：藍燈文化事業股份有限公司，1995年，頁39～40。

一書所要建立的。〔註 20〕

李先生並舉出諸多以「道德自我」為核心之思想方式的限制，諸如：（1）人不是純道德的動物。（2）人的思想不完全由道德問題所引起。（3）道德自我並不獨立存在，而與人之生命存在之其他方面相關連。（4）人的心靈活動除了道德活動之外還有其他種種活動。他以這些理由來肯定唐先生不再完全以道德自我為中心去解釋中國傳統的哲學，以及整個人類的學術思想的思想方式的大轉變。〔註 21〕

但是筆者認為遺憾的是，李先生雖然發現了唐先生這個思想方式的大轉變，卻不夠重視它。因此，李先生在劃分唐先生的「後期」思想之四個階段時，竟然認為：

> 依中心觀念上說，後期的思想大致上沒有改變。所說的四階段的不
> 同只是就中心觀念的開展與依此觀念而來的對中西文化與學術思想
> 的論述，以及由此進而建立一心通九境論的系統上說的。〔註 22〕

這個輕忽是理解唐先生之思想體系的進程中一個很大損失。筆者認為，唐先生表現在《生命存在與心靈境界》一書中思想方式的轉變，不僅使得唐先生自己的思想格局，突破了原先的以道德為中心的狹隘，而超越了同時代的新儒家思想家，更在中國哲學史的發展上有其關鍵性的意義。

早在《中國哲學原論——原性篇》（1968）一書中，唐先生已經有了整體觀的構思了。唐先生說：

> 吾意中國文字中之有此一合「生」與「心」所成之「性」字，即象
> 徵中國思想之自始把穩一「即心靈與生命之一整體以言性」之大方
> 向；故形物之性，神靈之性，皆非其所先也。〔註 23〕

> 由佛學至宋明儒以至清儒之學，與當今時賢之承中國言性之傳統，
> 所為之論，以及吾個人昔年由文化意識與道德理性，以論人之所
> 以能創造人文之性雖千門萬戶，各自出入；其用意之大方向，仍
> 是要面對生命心靈之一整體，而其全部之思想義理，皆未不可歸
> 攝在此一「從心從生之性字」所涵之義之內，而更無一絲一毫之漏

〔註 20〕 李杜《唐君毅先生的哲學》，臺北：臺灣學生書局，（1982）1989 年，頁 57。

〔註 21〕 參閱前書，頁 58。

〔註 22〕 參閱前書，自序，頁 3～4。

〔註 23〕 參閱《中西哲學思想比較論文集》，自序，頁 11。

淺也。〔註24〕

實者，《文化意識與道德理性》一書之各篇文章完成於 1947～1952 年間，在這當中我們實在找不出唐先生有整體觀的思想方式。全書各篇文章都以道德理性爲基礎、爲核心。如果人的所有文化活動可以作爲一個整體，則這整體性並未受到太大的重視。全書仍然以道德理性爲核心，而側重各個文化領域與其基礎，即道德理性的關係。因此，唐先生之重視整體性的思想方式是後來的事。

2. 生命存在與心靈境界的對應

李杜先生認爲《生命存在與心靈境界》一書對於心靈的了解，唐先生雖然將人類的學術都歸本於人的心靈，以心靈統攝一切，並超越於其所統攝者之上。但是，他並不是只重視心靈而忽視外物；也不是只由心靈反省的理解以建立哲學的體系，而不關心經驗的探求。因此，並不是一種「先驗的唯心論」。〔註25〕李杜先生指出：

> 唐先生並不主張萬物或自然世界由心靈所置定，或爲心靈所客觀化，或爲心靈所創生，而是主心靈與世界並存，世界爲心靈所了解而成其不同的觀照的境界，而成就不同的知識。他的書名「生命存在與心靈境界」，即有以生命存在與心靈活動並存之義，而以此爲他的書的先在概念。〔註26〕

3. 「客觀」、「主觀」、「超主客觀」三境界，與「體」、「相」、「用」三分的思想邏輯

唐先生採用心靈活動「橫觀內外」、「順觀前後」、與「縱觀上下」的三個向度，即「客觀」，「主觀」與「超主客觀」的三個心靈境界，與「體」、「相」、「用」三分的思想邏輯，互相融合以建構其心靈境界與生命存在一一對應，而層層上升的九個境界。最後約之於「心靈」與其「境界」之一貫通的仁心的感通。〔註27〕

首先，唐先生在「心通九境論」中，依據心靈活動之「橫觀其內外關係」、「順觀其前後關係」、「縱觀其上下關係」之三個向度，而先分爲「客觀」、「主

〔註24〕 參閱前書，頁 15。
〔註25〕 參閱李杜著，《唐君毅先生的哲學》，頁 116～117。
〔註26〕 參閱前書，頁 118。
〔註27〕 參閱前書，頁 277～313。

觀」與「超主客觀」三個境界。唐先生說：

> 故人之觀其生命存在與心靈、及其所對之世界或境界初必視其所對
> 之世界或境界，爲一客觀存在之世界；次乃視此客觀存在之世界，
> 屬於一主觀之心靈；再次乃謂有一超主觀心靈與世界，統於此主客
> 之上、或更超於主客之分別之外，以通貫此主與客、心靈與其世
> 界。此即吾人之論生命存在與心靈之境界，所以開爲次第九重而
> 說，其中之初三爲客觀境，次三爲主觀境，後三爲超主客觀境之故
> 也。〔註28〕

再者，唐先生提出「體」、「相」、「用」三分的思想模式。他援引斯賓諾
沙（Baruch de Spinoza，1632～1677）的形上學，所謂「實體」（substance）即
是「體」、「屬性」（attribute）即是「相」，「樣式」（mode）即是屬性的表現爲
「用」。基督神學中，聖父上帝是「體」、聖子即道是「相」〔註29〕、聖靈是
「用」。印度勝論以「實」爲「體」、以「德」爲「相」、以「業」爲「用」。
中國魏晉玄學之言「體用」、「本跡」。「跡」即是「相」。宋儒言「體用」或
「體性」，「性」即是「相」。〔註30〕唐先生對「相」的界定是「相貌、性質」
〔註31〕。在「體相之分」中的「相」，是哲學的語詞「共相」，即「普遍概念」
的意思。「相」也是一個充滿意義的「理念」或「理想」。

在「心通九境論」的「客觀境」中的第二境，即「依類成化境」依萬物
個體之不同的「性相性質」，而界定不同的「類」，每一個體依其「類」而成
其變化。〔註32〕「主觀境」中的第二境，即「觀照虛凌境」乃開闢一爲純粹
的觀照心所可直覺理解的純粹「形相」、純粹「意義」的境界。〔註33〕「超主
客觀境界」中的第二境，即「我法兩空境」，即破除我法兩空、主客對待，並
從種種不同執障中超拔而出的般若「智慧」。〔註34〕可知，「相」作爲「形相、
性質」，相對於「體」與「用」，是側重於心靈活動中純粹思辨的觀念、意義
與智慧的理解、觀照與體悟。

〔註28〕引自《生命存在與心靈境界（下）》（v24, 1976），頁259。
〔註29〕更精確的說，基督神學以「道成肉身」的耶穌基督爲聖子。
〔註30〕參閱《生命存在與心靈境界（上）》（v23, 1976），頁42。
〔註31〕參閱《生命存在與心靈境界（下）》，頁319。
〔註32〕參閱前書，頁260。
〔註33〕參閱前書，頁262。
〔註34〕參閱前書，頁264～265。

　　唐先生用比喻與舉例來說明「體」、「相」、「用」的關係，是相互為用，也是相依而立。在日常語言中，我們用名詞來表示「體」、用形容詞來表示「相」、用動詞來表示「用」。例如：「生命」一詞，可作為名詞表示「生命之體」，可作為動詞表示「生命活動」，也可作為形容詞表示「生命現象」。這「生命之體」是「生命活動」與「生命現象」的「體」；這「生命活動」是「生命之體」與「生命現象」的「用」；這「生命現象」是「生命之體」與「生命活動」的「相」。三者相互為用，又相依而立。〔註35〕

　　唐先生以「體」、「相」、「用」三分的思想模式，來審視這心靈境界與生命存在的關聯，他指出：心靈活動蘊含了一個趨向於實現的動力，這動力是一種「能力」，一種「用」。再由這種「能力」、「用」之源源不斷，可推證其既有根源，而有其心靈的主體，即是「體」，先儒名之為「本心」、「本性」。此「體」、此「用」所生發出一必然趨向於實現之理想時，此理想便顯現為一種「呼召」或「命令」的「形式」，這「形式」是超越於一切可能的心靈活動之上的兼含普遍性與具體性的「相貌」，是一個充滿意義的「理念」或「理想」，即為「相」。〔註36〕

　　筆者認為：唐先生「心通九境論」的形成雖然有所取法於天台、華嚴之判教理論的開闊胸襟與綜合的攝取精神，但是其中主要的思想邏輯，並非來自於佛教天台、華嚴的判教思想。〔註37〕因為「心通九境論」中的思想邏輯與佛教天台、華嚴的思想方式並不屬於相同的類型。天台宗的思想以「中」統合「假有」與「性空」兩偏而成。乃是以「絕對」統合「相對」的思想方式，是「以一統二以成三」的思想邏輯。因此天台宗有「三法」、「三諦」、「三觀」的教義；華嚴宗的思想主張「相即相入」、「相澈相攝」，是兩兩對開，由相對之相反相涵中呈現「絕對」，是「以二相涵相攝以見一」的思想邏輯。因此華嚴宗有「四法界」、「六相」、「十玄」的教義。〔註38〕

　　從表面上看，唐先生「超主客觀境界」統合「客觀境界」與「主觀境界」的思想方式，似乎與天台宗以絕對的「中」統合相對的「假有」與「性空」

〔註35〕　參閱《生命存在與心靈境界（上）》（v23, 1976），頁42。
〔註36〕　參閱《生命存在與心靈境界（下）》（v24, 1976），頁493。
〔註37〕　參閱盧升法著，《佛學與現代新儒家》，瀋陽：遼寧大學出版社，1994年，頁436。
〔註38〕　參閱《中國哲學原論——原道篇（三）》（v16, 1973），頁325。又《哲學論集》（v18, 1990），頁823。

的思想方式相類似，而有所不同。天台宗運用「開權顯實」的方法，因此「三諦圓融」之中，「假有」與「性空」只是權說，「中道」才是唯一真實的觀照境界。而唐先生的三個境界，則是在同一個心靈活動之不同向度的感通之下，所形成的三個雖有分層並列，卻都真實存在的境界。

再者，筆者認爲唐先生「體」、「相」、「用」三分的思想邏輯，與明道對同一「道」，以「體」、「理」（相）、「用」三分，而有「天道」、「天理」與「天神」三者的不同理解最爲相似。明道說：

上天之載之無聲無臭，其體即易，其理即道，其用即神〔註39〕

明道以易道生生不息的變化，有其眞實無妄的本體，即其「天道」之「體」；這易道之生生不息的變化，有其陰陽、柔剛、仁義諸原理，可爲天地、萬物與人所體認遵循，即其「天理」之「相」；易道之生生不息的變化，有其變化莫測的神明奧妙，即其「天神」之「用」。

證之唐先生對於「心通九境論」的整體論述，首先從消極的一面看，他攝取了佛家「權實」、「判教」之說，與道家言「虛無」的論述方式。他說：

至吾知所以怯疑迷之道，則要在歸于如實觀疑迷，而知其疑迷之本性空。欲知疑迷本性空，非另立一說以破疑迷者之所執，而在將疑迷所由成之成份，一一還其本位之眞。……此則得力于佛家之論述之道，亦得力于道家之言虛無之義。〔註40〕

唐先生在世間繁多道理之間，要破除疑迷而歸返於眞實的道理。他攝取了天台「開權顯實」的思想方式，即佛爲使不同根器之眾生依序理解佛法，而有種種方便的說法（權說），以引導眾生歸向最後究竟的眞理（實說）。〔註41〕還有天台、華嚴的判教理論，依前後、深淺、高下劃分佛教諸多義理的層位、次序，以釐清並綜攝眾多似乎互相衝突而各有其盛義的教義在一個圓融並蓄的思想體系之中。這「開權顯實」與判教理論的思想方式對於唐先生九境的形成有很大的幫助。

再者，從積極的一面看，唐先生「心通九境論」的形成，其精神主要乃是由黑格爾的「辯證法」與《易傳》之「分陰分陽，迭用柔剛」思想邏輯而

〔註39〕 轉引自《中國哲學原論——原教篇》，頁146。

〔註40〕 引自《生命存在與心靈境界（上）》（v23, 1976），頁56。

〔註41〕 參閱《中國哲學原論——原道篇（三）》（v16, 1973），頁143～144。

來。唐先生說：

> 至吾正面的貫通九境之道，則要在知一境之顯為一境，即隱另一境
> 于其中，而可本顯以知隱，亦可更本隱而再顯之。由此而可次序將
> 諸境一一轉出而說出，以成其依序以升進之說。此則頗得力于西哲
> 之言辯證法者。而九境之所以成，與其貫通之所以有，乃在人之生
> 命心靈活動，有一伸一屈以成進退，一開一闔以成出入，一消一息
> 以成升降。則吾之思此九境，亦當自有其伸屈、開闔等，以往來于
> 其間。……如易經言「分陰分陽，迭用柔剛」，「而變通以趣時」，期
> 在以圓而神之樞，運轉、吐納諸方以智之義。如以心靈活動之羅盤，
> 會洛書之九宮之方以歸一，而合于河圖之十以成圓。此則得力於中
> 土之易教，而兼以之為運思述義行文之道者也。〔註42〕

唐先生有時用儒家「執兩用中」的中道思想，來描繪這心靈的活動中思
想進境之隱顯相依、更迭進昇的關係：

> 依此儒家所言之執兩用中之義，則此中固有統兩端以使兩端俱有俱
> 立之意，此兩端亦可有相對而相澈相泯之義。然此儒者之所重之用
> 中之道，則要在使兩端之相繼而次序為用，而使此伸彼屈，此屈彼
> 伸，此顯彼隱，此隱彼顯，以運轉而不窮。此中之用，則要在為此
> 兩端之運轉之一中樞，而兩端不必俱立俱有，亦不必俱泯俱空，亦
> 不必合空有為中；而以此空彼有，此有彼空，使彼此之兩端，一立
> 一泯，一空一有，而轉運不窮，如一圓環。〔註43〕

4. 「超越的唯心論」與「德性的唯心論」

李杜先生以「德性的唯心論」稱呼唐先生的思想體系：

> 此一對道德心靈的重視，近似於康德的首出道德理性的精神，亦為
> 東方尤其為儒家精神的歸向所在，而亦為唐先生一早即把握到的主
> 要觀念。他的一生的學問雖有不同的開展，其心通九境論的系統更
> 是綜括了東西學術思想中多方面的見解而建立，但他的核心所在與
> 歸向所在，則並不離他早年的領悟與嚮往。〔註44〕

筆者認為如果從「核心觀」的思想方式來看，唐先生確實不改其原先最

〔註42〕 引自《生命存在與心靈境界（上）》（v23, 1976），頁 56。
〔註43〕 引自《生命存在與心靈境界（下）》，頁 361。
〔註44〕 參閱李杜著，《唐君毅先生的哲學》，頁 119。

爲核心的思想。但是，唐先生在「心通九境論」中所呈現出對於「整體性」的重視，對於「心靈境界」與「生命存在」的並重，絕非他原先以心靈本體或道德理性涵蓋一切的唯心論思想所可相提並論。

筆者認爲以「超越的唯心論」描述唐先生的思想體系最爲適合。李杜先生指出了唐先生的「超越唯心論」的主張，是依照著心靈的活動與事物存在之間的必然相應關係而來。他說：

> 人的心靈可以超越地了解一切，萬事萬物皆在人的心靈的統攝中。
> 事物可以無限多，其生長變化可以無窮無盡，宇宙可以無限大，其
> 存在可以無始無終，人的心靈的了解亦隨之而無限多，無窮無盡與
> 無始無終；事物之理可以精微而至物可測，人的心靈的了解亦隨之
> 而精微而至不可測。故沒有事物在心靈之外，亦無義理在心靈之外，
> 而不爲其所了解者。〔註45〕

這種超越唯心論的觀念與近代的德國唯心論有所不同。因爲主觀唯心論者菲希特（Johann Fichte，1763～1814）主張：「世界萬物爲心靈或超越自我所置定。」；客觀唯心論者謝林（Friedrich Schelling，1775～1854）主張：「由個人的心靈推論出一客觀的心靈，而自然則是客觀心靈的外在化。」；或絕對唯心論者黑格爾（Friedrich Hegel，1770～1831）主張：「由人的心靈而推說一絕對心靈或絕對精神，……而以人的純理思想活動、自然世界、人類歷史文化的建立皆爲此心靈『在其自己』，或『爲其自己』，或『在而爲其自己』的不同表現。」〔註46〕筆者認爲李杜先生這樣的詮解，頗能表達出唐先生思想體系的特色。

最後，筆者特別援引了《簡明大英百科全書》對於唐先生之《生命存在與心靈境界》的介紹與高度評價：

> 唐君毅……在兩卷本的《生命存在與心靈境界》（一九七七）中建立
> 了一個新的哲學體系，將宇宙萬事萬物看作都是求超越的過程，生
> 命存在不僅是爲存在而存在，乃是爲超越自己而存在；心靈的活動
> 也是在這個基礎上，從現實生活逐漸向上求更高的價值，最後止於
> 天德與人德一致的最高價值世界。他的世界觀是繼承和發展中國儒
> 家傳統的人文主義的世界觀。他的這部著作發表後，西方有的學者

〔註45〕引自李杜著，《唐君毅先生的哲學》，頁117。
〔註46〕參閱前書，《唐君毅先生的哲學》，頁117～118。

認爲可和柏拉圖、康德的著作媲美，並譽爲中國自朱熹、王陽明以來的傑出哲學家。〔註47〕

三、唐君毅的終極關懷

唐先生一生學術志業的起點，乃源於他眞實的面對人生與時代所引發的心靈感動（惻隱之情），於其一生之終極關懷的三個精彩高峰：

（一）道德自我的自覺

唐先生一生之終極的關懷在於對於孔、孟、宋、明心性之學，特別是象山、陽明的心學有了深刻的體會。從此心性之學的傳統成爲唐先生終身的信念。這不僅僅是哲學概念的思辨，更是唐先生眞實生命的感受。這個生命眞性情的感受，使得他的一生對於儒學與中國文化的返本與開新，有了深切的使命感。

唐先生在〈中國文化與世界〉（1958）一文中，向全世界宣揚中國儒家心性之學時，指出了它的特殊性質。唐先生認爲中國儒家的心性之學，不同於西方傳統哲學中，研究「理性靈魂」（Rational Soul）的「哲學心理學」、「形上學」或「認識論」的理論探討。把儒家的心性之學看成無神論的自然主義，更是對儒家的心性之學的誤解。唐先生以「道德實踐」與「覺悟」兩者相依並進的歷程，描繪了儒家心性之學的特殊輪廓。唐先生說：

> 而中國由孔孟至宋明儒之心性之學，則是人之道德實踐的基礎，同時是隨人之道德實踐生活之深度，而加深此學之深度的。……此心性之學中，自包含一形上學。然此形上學，乃近乎康德所謂道德的形上學，是爲道德實踐之基礎，亦由道德實踐而證實的形上學。……此中我們必依覺悟而生實踐，依實踐而更增覺悟。知行二者，相依而進。此覺悟可表達之於文字，然他人之乃了解此文字，還須自己由實踐而有一覺悟。此中實踐如差一步，則覺悟與眞實之了解，即差一須步。……凡從外面看來，只是順從社會之禮法，或上遵天命，或爲天下後世，立德、立功、立言者，從此內在之覺悟中看，皆不外盡自己之心性。人之道德實踐之意志，其所關涉者無限量，而此自己之心性亦無限量。〔註48〕

〔註47〕轉引自《紀念集》（v30, 1991），頁 8。
〔註48〕引自《說中華民族之花果飄零》，〈中國文化與世界〉，頁 148～149。

　　唐先生高度肯定宋明心性之學的精神價值。唐先生認爲一方面宋明心性之學由於更重視精神生活的涵養與意念的自省，因此比先秦的儒學更能意識到精神生活之發展的內在障礙。另一方面宋明心性之學也比先秦的儒學更具有形上的宗教意識。他們常常從「天理」、「天道」、「天心」的觀念來討論人事，因此而兼具著道德意識與超道德的宗教意識。例如：明道說：「堯舜事業，不過太空中一點浮雲過目耳。」（《二程遺書・卷五》）如此在人事之上表現出其對天道超越的嚮往。而陽明所論良知的主體，甚至超出道德善惡的領域之外，而兼具著道德意識與超道德之宗教意識的結合。〔註49〕

（二）宗教意識的覺醒

　　在唐先生完成〈人類宗教意識之本性與其諸形態〉（1950）一文之後，繼續涉獵西方宗教哲學與佛教經典之諸多深度課題，以反思儒家傳統之心性之學。從此，他對於宗教的本質有了客觀的理解，不僅能正面肯定宗教的價值，更能同情地以謙虛慈悲的心懷，體會基督宗教與佛教的精神勝境。

　　唐先生推崇基督宗教中耶穌所宣揚之「愛的福音」是西洋文化最高的精神表現。唐先生指出耶穌本身之愛的體現，其中最偉大的地方，在於能突破人與人之間階級的界限，也能突破國與國之間的界限。他不僅愛自己的朋友，也愛自己的敵人。他爲一切人類贖罪而上十字架。這是一種捨己爲人，無私無我的大愛；當耶穌被釘十字架受害痛苦的時候，還要祈求上帝饒恕敵人因無知所犯下的罪過，唐先生尊稱這是一種「至仁之表現」。〔註50〕耶穌的大愛是情理交融，不重外表而重內心，不僅能與他人的心相通；而且能與上帝絕對的神聖之心相通。唐先生更特別指出：耶穌的精神是一種「追求能絕對地超越現實自我，忘掉自我，以破除一切人與人之間的隔閡，而嚮往一個純粹絕對，而天心、人心與我心相通貫的精神境界」。在這個精神境界中，只有上帝是眞正永恆普遍的存在。人如果信仰上帝，捨己忘我地順服耶穌精神的感召，便能獲得（分享）永恆普遍的精神生命而同享不朽。〔註51〕

　　唐先生在〈中國文化與世界〉的宣言中，高舉中國文化中獨樹一格的宗教精神，及其諸多對於宗教問題與判教問題的精闢見解，與「新宗教精神」

〔註49〕參閱《哲學論集》（v18, 1990），頁394〜395。
〔註50〕參閱《人文精神之重建》（v5, 1975），頁142。
〔註51〕參閱前書，頁143。

的理想嚮往，被學者推崇爲「當代新儒家最重視宗教的學者」〔註52〕。筆者認爲這不僅使得他個人的思想發展，已然超越了道德意識的格局，而提昇到宗教信仰的層面，更促使當代新儒學的發展進昇到宗教哲學的高度。

（三）天台、華嚴判教的辯證綜合

唐先生的思想體系在最具哲學思辯性的佛教判教理論中，找到最寬廣而縝密的思想空間。這判教理論的運用成爲唐先生申論文化問題、進行宗教比較與建立自己的思想體系的重要思想方法之一。

總之，雖然唐先生不改其儒家心性之學的宗旨，盡力於闡發儒教義理之精微高明所在，而對於基督宗教與佛教給予來自他一貫立場所不得不提出的批評。但是，他所已塑立的宗教理論比較的典型，與諸多課題的見解，將有其不可抹滅的學術價值，有待後人繼續的研究發展。他含藏萬有，企求超越向上的精神與胸襟值得後人效法。

〔註52〕 參閱鄭志明著，《中國意識與宗教》，〈第五章　唐君毅先生的宗教觀初探〉，臺北：臺灣學生書局，1993 年，頁 43。大陸學者也有相類似的肯定。參閱鄭家棟著，《當代新儒學論衡》，臺北：桂冠圖書股份有限公司，1995 年，頁 194。

第三章　論宗教意識與道德意識的對比關係

引言

在探討唐先生的儒教理念，與討論「儒教」作為一種「人文宗教」是否可能之前，我們必須先釐清唐先生對於「宗教」的看法，特別是他對於宗教意識的分析。事實上，唐先生一方面從東西方宗教事件的歷史發展中，探討宗教的意義與價值；另一方面也從宗教理論層面，分析宗教意識的本質要素。在這個章節中筆者嘗試以概念的分析與理論的鋪陳為主。從介紹與分析唐先生對於「宗教意識」的論述開始 [註1]，筆者援引其它對於宗教意識較具有代表性的看法，諸如史萊馬赫（Friedrich Schleiermacher，1768～1834）、奧陀（Rudolf Otto，1869～1937）、布伯（Martin Buber，1878～1965）、田立克（Paul Tillich，1896～1965）與印順法師等的觀念來作對照，希望能有助於較

〔註 1〕 對於宗教意識進行分析的學者並未形成一個有組織性的學派。他們各自大致上都採取了描述性的方法，探索宗教體驗中意識作用的種種特徵。宗教意識分析與宗教心理學最主要的差別在於它不從自然主義的前提出發，因而也不著重於探討宗教信念的起源問題。參閱 John Macquarrie 著，何光滬等譯，《二十世紀宗教思潮——1900～1980 年的哲學與神學之邊緣》，臺北：桂冠圖書有限公司，頁 281。
　　唐先生對於宗教問題的研究，基本上從宗教文化史與宗教意識的分析兩個側面入手。特別是後者主要表現在〈人類宗教意識之本性與其諸形態〉（1950年 5 月）一文中。這有其宗教理論之建構的價值，也是他的學養與用心所在。但他並未由此根本否認宗教產生的社會根源和認識根源。這是屬於宗教社會學和宗教心理學的研究範圍。因此筆者認為這個批評是不相應的。參閱張祥浩著，《唐君毅思想研究》，天津：天津人民出版社，1994 年，頁 144。

深入地了解唐先生對於宗教意識的看法。筆者並且用「道德意識」和「宗教意識」作對比，以把握出「宗教意識」有別於「道德意識」的本質要素作為儒教理論討論的理論基礎。

第一節　唐君毅對於虛假的宗教意識之批判

　　首先我們先把握唐先生對「意識」之涵義的界定：唐先生認為人的文化是人的精神活動之表現或創造。唐先生在這裡所界定人可以創造文化的精神活動有別於一般的心理活動，而特指自覺的超越現實而追求理想或價值的精神活動。〔註2〕人的精神活動綜攝了內在的主觀心理世界與外在的客觀現象世界。而且人的主觀的精神作用會影響甚至主導外在的現實社會。在這些精神活動之中，有其內在的自覺或體驗，是為人的「精神意識」，簡稱「意識」。〔註3〕

　　唐先生在〈人類宗教意識之本性與其諸形態〉（1950 年 5 月）〔註4〕一文中對於宗教意識有了清晰明辨的分析，可以作為他討論宗教問題的理論基礎。唐先生在分析真正的宗教意識之前，分別批判了三類錯誤的看法：

一、變形意識的批判

　　如果對宗教意識的核心沒有真實的把握，則會把宗教意識併入或變形為其它別種意識，例如：自然生存之欲望、生殖意識、權力意識、求真意識、藝術意識、社會意識等。這種種作法實際上卻是扭曲或取消了宗教意識。茲分別介紹、討論於下：

（一）自然生存之欲望

　　把宗教意識當成是自然生存的欲望是最淺薄的意識。唐先生舉出德國費爾巴哈（Ludwig Feuerbach，1804～1872）之論自然宗教，以人類原始的宗教意識淵源於對大自然的恐怖或欲求。原始人類因恐怖或敬畏於雷電風雨禽獸草木等之自然現象而顫慄匍匐於神明之前。或者為了祈求神明的幫助以滿足我的生存欲望而對神明加以膜拜崇敬與貢獻祭物，〔註5〕如庶物崇拜與圖騰崇

〔註2〕參閱《文化意識與道德理性》，頁 29～34。
〔註3〕參閱前書，頁 20。
〔註4〕參閱前書，頁 465。
〔註5〕參閱前書，頁 465。又費爾巴哈的宗教思想，最為重要的是「投射理論」

拜（the Totem cult）〔註6〕都包括在這類變形意識之中。

　　唐先生的批評指出人的心理反應一遇到危險災難時便呼天求神，可以證明這種看法有其部份的道理。但是這個對自然的恐怖或欲求心理本身並不必然能產生或證明神明的存在。最多只能承認在人們有了神明的信仰或觀念之後，人們為了自己的生存自然產生對於神明的恐怖或欲求情緒。〔註7〕

（二）生殖意識

　　另外一種看法認為宗教意識根源於人類的生殖意識。如弗洛依德（Sigmund Freud，1856～1939）分析人類原始的生殖崇拜，根源於人類在性心理上對於母體（子宮）的依賴，延伸生命內部無盡的生殖欲望。當這個生殖欲望的發展受阻於現實社會的壓抑時，便會轉化成對生殖繁衍子孫的祖先崇拜和創生萬物之造物主的崇拜。弗洛依德更進一步主張一切的宗教崇拜的精神與儀式都一定和生殖有關〔註8〕

（三）權力意識

　　主張宗教意識只是權力意識的變形。如尼采（Friedrich Nietzsche，1844～1900）認為人的權力意識追求無盡的伸展。但是當人的權力意識被別人更強的權力意識或社會意識所壓抑而無法伸展時，人們常常不能激勵自己突破壓抑，以使自己成為強者。反而轉而幻想一個超越現實世界的力量能保護扶持自己。因此，神明的信仰只是弱者的權力意識被壓抑，卻不自求激勵的自我安慰而已。弗洛依德晚期論宗教的起源也認為人類兒童時期受父母保護的心理，孕育了爾後期待一個擁有更大能力的父神能保護自己的宗教心理。〔註9〕

　　唐先生對於生殖意識與權力意識給予相同的批評。其論點主要有兩點：

　　　　（projection theoey），認為「神」只是人的意願的主觀投射而已，對後人的影響很大。
〔註6〕「圖騰崇拜」是最原始的部落崇拜之一，原始的部落會以某種動物為神聖而戒殺與禁食。除非在很特殊的祭祀場合，這種動物很重要的作為犧牲和分食。圖騰是更基本、含有隱藏意義、非人格性的、具有強大力量的、部落崇拜的最原初中心。參閱 Daniel L. Pals' Seven Theories of Religion, New York: Oxford University Press, 1996, pp102~103。
〔註7〕參閱前書，頁 465。
〔註8〕參閱前書，頁 465～466。
〔註9〕參閱《文化意識與道德理性》，頁 466。

(1)既然生殖與權力意識都是個人的主觀欲望之要求滿足。當這些欲求因為被壓抑而無法伸展時，即使人們幻想著可以滿足主觀欲望的客觀化對象，絕不會因此而產生崇拜皈依的意識。例如夢境可以產生人的幻想，卻不能產生人的崇拜皈依意識。(2)生殖意識與權力意識雖然可以不斷的生發興起，但是其所欲求的對象，如與特定之個體結合而生殖特定之個體，或戰勝特定的敵人。這與高級宗教中之崇拜遍在、無限、完滿、而不限定在某個具體個體上的神明並不相符合。即使在低級宗教中，其崇拜之對象雖然有特定之個體性，但是人們仍然多半從其神性之變化莫測，與能力之不受限制上著想。因此把宗教意識和這兩種意識混為一談是明顯的錯誤。〔註10〕

有關弗洛依德（Sigmund Freud，1856～1939），筆者援引德國當代神學家漢斯昆（Hans Küng，1928～）在《弗洛依德與神的問題》（1979）一書中，對於弗洛依德所做詳盡的分析批判來討論。〔註11〕他批評：(1)弗洛依德以戀母情結（the Oedipus complex）與史前時代圖騰崇拜的戒殺和禁食之禁忌，作為人類宗教之起源。這個理論前提已經被民族學在宗教史上的研究，揭發為只是一個未加深思熟慮的想法而已。漢斯昆援引弗瑞澤（James Frazer，1854～1941）的實證研究，發現數百個圖騰部落中，只有四個部落知道類似於弗洛依德所謂的圖騰崇拜之戒殺與禁食之禁忌的儀式，且都與「犧牲」的起源無關。〔註12〕(2)漢斯昆認為弗洛依德的精神分析學所呈現出在精神動力、無意識的因素與親子關係等對於宗教信仰和神的形象的影響，雖然有其正面的價值，但是不必然牽連到神的存在之理性的論證。(3)漢斯昆認為弗洛依德所廣傳的無神論世界觀〔註13〕對於科學的信仰，直到現在在東西方世界裡仍然無法取代神的信仰。〔註14〕

漢斯昆特別從宗教與性慾的異同的比較，發揮宗教的豐富涵義：認為宗

〔註10〕參閱《文化意識與道德理性》，頁467。

〔註11〕Hans Küng, *Freud and the Problem of God*, translated by Edward Quinn, New Haven-London: Yale University press, (1979), 1990. P135~136。漢斯昆肯定弗洛依德對於教會權力的濫用、傳統神的獨裁形象、與宗教對於理性的敵意的批判；漢斯昆更肯定弗洛依德之精神分析學對於往後宗教研究的必要性。

〔註12〕參閱前書，頁74。

〔註13〕漢斯昆指出弗洛依德的無神論即「幻覺理論」（Illusion theory）不是從他的精神分析學而來。如同馬克斯早期的「鴉片理論」（opium theory），都是從費爾巴哈的「投射理論」（projection theoey）而來。參閱前書，頁75。

〔註14〕參閱前書，頁137～138。

教的涵義比所謂「戀母情結」豐富得多，也比被適用在精神治療、心理之機體平衡與臨床治療上的個人之情緒衝突現象豐富的多。套用弗洛依德的語詞，宗教不能淪落成只是「超我」（superego）的功能而已。漢斯昆說：

> 宗教性和性慾（sexuality）相同的地方是：兩者都是人類基本本能願望的表達，也同時能以其教義、典型、教儀增進與強化「本我」（ego）的活動。但是宗教性不同於性慾的是：宗教探詢於一個全然不同的實有（reality），這個實有包含與超越了人類與其世界。宗教不只是憑著天真地稱「主上帝！」，而是確實把握所有事物中最先的、最後的、與最信實的實有。這個實有雖然不能被理性的論證（rational proof）的方式所證實，卻能以合理性的信任（reasonable trust）〔註 15〕所接近。並且在這個信任的基礎上，我們可以用不同的語詞，諸如：類比的（analagous）、象徵的（symbolic）、類似密碼的（codelike）〔註16〕等等語詞來表達。〔註17〕

再者，漢斯昆指出宗教的某些獨特的本質，都沒有被弗洛依德所碰觸到，諸如：宗教對於人類的存在與世界的歷史之整體的意義提出了問題，也從各種方式給予解答。這些問題無法單單經由感性的局部經驗所平息。宗教追求的不只是個人此時此地某一種關係性的完成；而是歷經生命與死亡中的多層感性的決定性的完成。宗教追求的不只是個人的正義；而是每一個人的絕對正義。宗教尋求的不是條件性的而是無條件性的標準和典範。宗教嚮往著一個最後之精神的歸宿，一個無窮盡的界限，一個永恆的應許。〔註 18〕很明顯的，這些宗教所蘊含的特質都不是弗洛依德的學說所能處理的。

（四）求真意識

人類之宗教意識也常常會被與求知的意識相混淆。也就是說，對於神的知性認識並不即等同於宗教意識中對於神的信仰。唐先生舉出斯賓塞（Herber Spenser，1820～1903）之論宗教的歷史起源，根源於原始人類之所以相信萬

〔註 15〕 「rational」與「reasonable」的意義區別，請參見本文頁 225。
〔註16〕 雅斯培（Karl Jaspers，1883～1969）指出人的真實「存在」可以透過密碼：一種不落言詮之「直觀的象徵」，溝通於形上的「超越界」。參閱黃藿著，《雅斯培的超越思想研究》，臺北：輔仁大學哲學研究所，博士論文，1986 年，頁129～130。
〔註17〕 參閱漢斯昆前引書，頁 141。
〔註 18〕 參閱前書，頁 141～142。

物有神，便是先對於大自然的奇妙變化感到驚奇。由於對自然現象的無知使得人們用人類本身的經驗，諸如：人的身體與精神的關係去推想萬物的變化運動的背後，應該存在著推動與支持的精神力量，即神的存在。〔註19〕又由人類之運用自己所製造的工具，推想自然物的存在背後應該有一設計師，即萬物的創造者。唐先生又以實證主義的孔德（Auguste Comte，1798～1857）為例來說明。就我們所知：孔德用神學、形上學、與科學三個時期之人類學術思想史的發展來解釋人類對現象世界的認識。在哲學形上學時期，人們用理性推論神的存在。常常以神的存在的觀念作為滿足人的理性活動的方式。在求知的意識下，宗教無非是在哲學理性之發展前較為粗糙的知性活動所形成，而可以自我滿足的虛擬幻想而已。〔註20〕

唐先生對求真意識的批評是：對於神的觀念確實能滿足人類理性活動的需求，可以用來解釋現象世界發生的原因，甚至可以肯定神的存在觀念之推論。但是卻不能從這裡證明神存在之觀念是世人的理性活動所造的虛擬幻象。而且即使神的存在之客觀真實性在此雖然無法得到肯定，也不能由此推論對於神的信仰或原此信仰所生發的宗教意識只是一般理性活動的變形而已。

（五）藝術意識

另外一種看法是把對萬物的移情作用看成宗教意識。詩人們常常把自己的情感直接轉移入大自然中。因為自然物的感覺形象可以直接引起我們的生理活動與情感活動，使人感覺到自己與自然物融合在一起而不可分。因此，自然物即成為有情感有生命的存在，好像有神靈存在於其中一般。由此可見由詩人情感作用的感發與想像力的奔馳，要形成「泛神論」或「自然神論」的思想是很自然的。甚至詩人們在觀察萬物之流行變化之際，感懷萬物之相互貫通，融為一體。更興發一種與天地萬物之整體脈脈通情的移情作用，以致使人渾然體會整個天地萬物之內，隱然存在著一個有情之大生命或神靈潛藏推動於其中，這便形成了有如「一神論」的宗教意識。〔註21〕唐先生對於把藝術意識看成宗教意識的批評主要有兩點：

1. 詩人們對神的歌頌讚嘆所形成的泛神論雖然是詩人們最高的思想境

〔註19〕 參閱《文化意識與道德理性》，頁468～469。
〔註20〕 參閱《文化意識與道德理性》，頁469。
〔註21〕 參閱前書，頁470。

界，但是這樣還不能達致眞正的宗教意識。因爲其中未經通過「超越的有神論」的了解，並且欠缺「崇拜皈依意識」，因此不算是眞正的宗教意識。我想唐先生的意思是指詩人們對神的歌頌讚嘆欠缺一種從萬物中超越而出的超越意識。並且僅僅對神的歌頌只是停留在一種悠游欣賞或讚嘆嚮往的心態，還談不上宗教意識中對超越的神之伏服崇拜的敬虔心態，因此不能看成眞正的宗教意識。〔註22〕

2. 詩人們的泛神論注重的是在「萬物」中見神。他們對神的歌頌讚嘆必然引申到對宇宙萬物的歌頌讚嘆。但是，其中萬物與神似乎沒有明顯的區別。而宗教家心目中的泛神論所注重的是在萬物中見「神」，萬物爲「神」所含覆。而人對神的歌頌讚嘆，常常伴隨著以宇宙萬物爲微不足道的情緒。也就是惟獨看重神而看輕萬物，神與萬物兩者之間存在著明顯的差別。從這兩點，唐先生認爲藝術意識不能直接成爲宗教意識。

（六）社會意識

一些社會學家認爲宗教意識是社會意識的變形意識。唐先生指出德國費爾巴哈之論「超自然宗教」，法國涂爾幹（Emile Durkheim，1858〜1917）之論一般宗教便持這種看法。他們認爲個人的社會意識使人肯定一客觀社會存在，並對社會有依賴的感情。另一方面社會的風俗習慣、道德規範與法律制度對於個人的精神活動有規約強迫的作用。個人對社會的依賴，並接受其規範的約束時，常常把社會當成一個精神實體。如果進一步把這一精神實體從現實社會孤離出來而肯定其獨立存在，即成就一個對於神的宗教信仰。此時，個人對社會的依賴，即轉化成對神的崇拜皈依情緒。而個人對社會的風俗習慣，道德規範與法律制度等之遵守，即成爲宗教情緒中，個人對於神的命令與誡律的遵守。〔註23〕

唐先生對於社會意識的批評是：這種看法最多只能說明一個氏族民族或一個國家所崇拜的圖騰、社稷、民族神的信仰之所以產生，並不能說明高級宗教中所信仰的遍在宇宙，主宰全宇宙的神之所以產生。這種看法也無法說明那些違反本身民族社會之風俗習慣的宗教情操，甚至更無法說明那種要破除其民族社會之狹隘的民族意識或社會意識的宗教情操。例如基督宗教的產

〔註22〕參閱《文化意識與道德理性》，頁471。
〔註23〕參閱《文化意識與道德理性》，頁473。

生之初，耶穌之一改猶太民族的宗教傳統。

　　唐先生對於以上種種變形意識給予總結地批評：

一、一般宗教意識中必先有神之客觀存在之肯定。此客觀存在之神
　　之肯定，不能由吾人之主觀欲望加以說明。吾人之求生存之意
　　識，有關生殖之意識，求權力之意識之本身，皆不能誕育出真
　　正有神之宗教意識。

二、由吾人之求知心與理性活動，可使吾人有客觀之神之概念，並
　　可以論證證明神之存在；由吾人移情萬物之審美意識，亦可使
　　吾人於萬物之流行變化互相貫通中，直覺一宇宙之在內部鼓盪
　　而接觸神之存在。但是這兩者都不包含宗教上之崇拜皈依之意
　　識，而崇拜皈依之意識，正為宗教意識之核心。

三、由吾人之社會意識可使吾人覺有一包括個人主觀精神之客觀的
　　集體精神之存在，然不能使吾人有超越於現實之民族社會之上
　　之神之信仰，亦不能使吾人有遍在宇宙之神之信仰。〔註24〕

二、集合意識的批判

　　另外一種作法是把宗教意識看成實現人生各種價值之精神意識的集合
體。例如唐先生所指出斯普朗格（Eduard Spranger，1882～1963）之論宗教意
識起於人類要實現各種價值並加以整合的要求。這種集合意識雖然整合並
保存人性有待實現的種種價值，力求人格多方面的完滿。但是一方面它未能
凸顯宗教意識本身獨特的本質；另一方面更不能避免各種意識之間的矛盾與
衝突。

　　唐先生對於集合意識的批評是：

　　（一）人類要實現各種價值的要求，只可讓人本身不斷的實現價值，或
多方面的實現價值，並破除人本身對於某一種價值的執著，使人能力求人格
之多方面的完滿、和諧，且統一的發展，但並不必然能由此使人相信一個已
實現一切價值之超越的神的存在，而予以崇拜皈依。

　　（二）人要實現各種價值的要求，是更迭而起的，這些價值本身雖然出
自人本身統一的自我，但是最多只能構成一個集合的概念。這個集合的概念
即使能超越出種種個別的概念，也無法成為一個統一體的概念。一個不具有

〔註24〕 引自前書，頁 474。

統一性的神，無法集中人們崇拜皈依的精神，因此也無法興發眞正的宗教意識。〔註25〕

三、世俗功利意識的批判

最後還有一些出於世俗功利的做法，諸如：(1)有一些人表現了一種鍥而不捨，一往無前的意志。諸如革命家犧牲生命，奉獻於革命理想；熱戀者對於戀愛對象的狂熱與執著。(2)有一些人憑著一味的信靠他們的神，帶來了穩定的安全感。諸如宗教信徒之汲汲於追求個人的「得救」或「幸福」。(3)有一些人追求個人精神願望的實現與滿足，諸如宗教信徒之一心嚮往進天國、得功德之福報等，這些出於功利心態的做法，在唐先生看來都不是眞正的宗教意識。〔註26〕

第二節　宗教意識的本質之討論

一、宗教意識的描述性界定

（一）唐君毅界定宗教為「求價值的實現與生發之超越的圓滿與悠久之要求」與「安身立命之道」

宗教行爲作爲一種文化活動，必須建立在眞實的宗教意識上。唐先生在〈宗教信仰與現代中國文化〉（1956 年 12 月）這篇文章中所給宗教精神的界定，是屬於一種描述性的界定：「（宗教之本性）即求價值的實現與生發之超越的圓滿與悠久之要求。」〔註27〕在這個描述性的界定中，唐先生指出了宗教精神主要表現在人類追求精神價值之「圓滿」的與「悠久」的超越性上。其中，「圓滿」表現出精神價值之追求的完整性與圓融性。「悠久」則表現出持續性、與永恆性。

另外，唐先生也以「安身立命之道」作爲宗教的描述性界定，指出宗教不外爲人類提供一個足以安置其一生之心靈歸宿的理想與途徑。〔註28〕

〔註25〕參閱前書，頁 476。
〔註26〕參閱《人文精神之重建》，頁 30。
〔註27〕引自《中國人文精神之發展》，頁 339。
〔註28〕參閱《中華人文與當今世界》，頁 463。

（二）田立克界定「神學的對象是那使我們所『終極關懷』的對象」

筆者認為：唐先生這個宗教的描述性界定可以對比基督神學家保羅‧田立克（Paul Tillich，1886～1965）的看法。田立克的界定：

> 神學的對象是那使我們所「終極關懷」（ultimate concern）的對象。
>
> 只有處理那些可以成為我們終極關懷之對象的命題，才是神學的命題。〔註29〕

其中「關懷」（concern）指出了宗教體驗之「存在的」（existential）性格，是一種放棄旁觀的客觀分析態度，而超越主客間的藩籬，熱心地參與投入於對象之中的態度。「終極的」（ultimate）則指出宗教信仰中「最為重要」、「不受限制」、「整體的」、「無限的持續」等特性。〔註30〕

在此，唐先生與田立克的界說，兩者在形式上同為描述性的界說：即只是形式地說「最有價值的精神要求」或「最為重要的關懷對象」，卻不在信仰內容或信仰對象上做具體的規定。因此，單單藉著宗教的描素性界定不能突出地表達出宗教之所以為宗教，而不同於其它文化意識特別是道德意識的特殊本質。

二、宗教意識的本質性界定

（一）唐君毅論「自自然生命解脫而皈依於神之意識」

1. 在〈人類宗教意識之本性與其諸形態〉〔註31〕（1950年5月）與〈宗教精神與現代人類〉（1950年3月）〔註32〕這兩篇文章中，唐先生為宗教意識做了一個較為詳盡的本質性的界定與理論的舖陳。不同於一般從神的存在之證明開始，唐先生則從宗教意識的分析著手。因為依照唐先生的見解，如果先肯定神的存在，則無論是由形上思惟所建立，或是由審美的直覺所建立，其中所建立起的事物本體或宇宙本體，都在在只能顯現為思惟直覺或感覺直覺的客觀對象而已，並不就是宗教意識中的神，也不是崇拜皈依的

〔註29〕引譯自 Paul Tillich's *Systematic Theology (v1)*, Chicago: Chicago University, 1967, p12。這是田立克對神學對象的兩個界定其中的第一個界定。另一個界定參閱本文頁83。

〔註30〕參閱陳振崑著，《保羅‧田立克論「現實理性之有限性」研究》，臺北：輔仁大學哲學研究所碩士論文，1990年，頁7～8。

〔註31〕收入《文化意識與道理性》（v20, 1958）。

〔註32〕收入《人文精神之重建》（v5, 1975）。

對象。

　　唐先生認爲：如果要了解眞正的宗教意識，則自始至終應當不忘宗教意識的核心，即「自自然生命解脫而皈依於神之意識」。〔註33〕如果離開了這個核心，所討論的其他種種問題，諸如：如何知道有神？神的信仰如何發生？神如何滿足人的欲望或人生價値的要求？等問題，都是繼宗教意識之核心而起之第二念以下的意識。

　　再者，在宗教意識最原初的表現中，例如在宗教之創始者的意識裡，「自自然生命解脫的意識」與「肯定神存在的意識」是可以同時存在的。而且在這兩種意識中，更以解脫意識爲主，具有其認識上的優先性。〔註34〕

2. 唐君毅論「真正的宗教精神」

在〈宗教精神與現代人類〉（1950年3月）一文中，唐先生說：

> 我們所要指出的眞正的宗教精神，是一種深切的肯定人生之苦罪之
> 存在，並自覺自己去除苦罪之能力有限，而發生懺悔心；化出悲憫
> 心；由此懺悔心悲憫心，以接受呈現一超越的精神力量，便去從事
> 道德文化實踐之精神。〔註35〕

　　唐先生指出這種宗教精神在世界較大的宗教中都有所實現，但是唐先生認爲原始佛教與基督教更能把這種精神充量的表現出來。因爲原始佛教與基督教都先對人性中的罪惡有深切的自覺。基督教所謂「原始罪惡」；原始佛教所謂「無明煩惱」，或者從人類的最先祖宗傳來，或者從「無量劫」傳來，這些罪惡的根本都是深藏在我們生命或下意識的底層，所以無法被我們現實生活中的自然力量與理性自覺或一般浮淺的道德反省所得透入。而一般世俗遷善改過的道德教訓，面對這深層的罪惡根源，也都束手無策。

　　因此，除非經歷一番大懺悔大謙卑，以沉潛我們浮動掉舉的心思意念，重新從內心翻越出一個要從罪惡中絕對解脫而出的超越意志。這個超越意志一方面懺悔悲憫自身的罪惡；一方面使自身接合上（或本身即具現出）：一個超越罪惡的宇宙意志，此即「神的意志」或一個「超越的精神力量」。由於這個「神的意志」或「超越精神力量」的呈現，才能眞正地拔除我們自身的罪惡，而化爲帶有宗教熱誠之道德文化的實踐動力。這種精神，唐先生稱之爲

〔註33〕參閱《文化意識與道德理性》，頁477。
〔註34〕參閱前書，頁478。
〔註35〕引自《人文精神之重建》，頁31。

「原始佛教與基督教的真精神」。〔註36〕

　　唐先生指出這種宗教精神由謙卑、愛、慈悲所養成的心量，是寬宏而大公無私的。這種超越精神的發揚可以消除一切狹隘的民族、國家、階級、與社團之間的界限，是超越政治的紛爭，超越功利福祿的動機的。〔註37〕宗教意識所具現出超越的宗教情操，必然會落實在現實人間之道德文化的實踐事業上。例如：唐先生所介紹之宗教型人格，諸如：穆罕莫德、耶穌、釋迦牟尼、武訓與孔子等的宗教人格，各有其不同之實踐事業表現於現實世界。當代印度德雷莎修女（Teresa of Calcutta，1910～1997）與台灣證嚴法師（1937～）也以其超越的宗教精神號召世人參與其宗教精神所引領的道德文化實踐事業。

3. 唐君毅對於宗教意識之形態分判，所隱含之判教原則

　　唐先生分析了宗教意識的十個形態，筆者認為這十個形態依據精神價值高低的分判，隱含著唐先生判教理論的雛型。〔註38〕這十個形態的分析，有助於我們更認識唐先生對於宗教意識的看法。

　　唐先生也從人類宗教的歷史發展中，看不同的宗教型態由「夾雜」到「純淨」，有其逐漸轉變超昇的發展軌跡。唐先生指出：

　　　　宗教之轉變超升之趨向之所以如此，其理由皆可在人類之宗教的精
　　　　神要求，由夾雜至純淨，由未充量發展至充量發展，已得其說明。
　　〔註39〕

　　如由自然的庶物崇拜到超自然的天神崇拜；由多神崇拜到一神崇拜；由民族神崇拜到普世神崇拜；由有限神崇拜到無限神崇拜等。這十個宗教意識的形態由低而高的順序，及其中所含的判教原則介紹如下：

（1）信仰一自然神以滿足欲望

　　例如原始人的庶物崇拜或圖騰崇拜，這個層次的宗教意識之所以產生，最初大多源於人們的欲望受到了阻礙或壓抑，而求助於自然神的助力以滿足其欲望。舉凡一切對大自然的恐怖驚奇，或震攝於大自然的威力與宏偉，讓

〔註36〕　參閱前書，頁35。
〔註37〕　參閱《人文精神之重建》，頁42。
〔註38〕　筆者在此介紹唐先生宗教意識諸形態之分判，用意在從中更認識唐先生對宗教意識的看法。筆者限於學力與本文之研究重心，未能深入探討唐先生之判教理論或宗教比較學。
〔註39〕　參閱《中國人文精神之發展》，頁342。

人感覺到憑人力無法加以控制把握時，最初都容易生發這種自然神的宗教意識。〔註40〕

筆者認為：從原始宗教的研究中，和這個層次的宗教意識同時或之前，其它諸如：多自然神崇拜、植物崇拜、動物崇拜、魂靈崇拜……等崇拜意識，〔註41〕都被唐先生包含在這個宗教意識的層次中。因此，唐先生直接從一神崇拜論述起，以這個層次的宗教意識是最低層的宗教意識。筆者認為其中應該隱含了「由多神崇拜到一神崇拜」的判教原則。

（2）信仰有限之人格神、民族神、或超自然之無限神以滿足欲望

例如早期的猶太民族在耶穌時代之前，他們之信仰耶和華，是把耶和華當成單單屬於他們猶太民族的救世主。在這個層次的宗教意識所信仰的對象不管是民族神或者是人格神；是有限神或者是無限神。雖然信仰對象可能不同，而且也都能表現出超越於對神的特殊感覺性，以直接接觸神的精神存在，而高於自然神的宗教意識；但是不管它們所追求的欲望是個人的福祿壽或民族的繁榮興盛，它們仍然停留在信仰神以滿足欲望的層次上。〔註42〕

筆者認為這其中包含了：「由自然的庶物崇拜到超自然的天神崇拜；由民族神崇拜到普世神崇拜；由有限神崇拜到無限神崇拜」等的判教原則。

（3）信仰神以滿足來生的願望

唐先生以追求神滿足自己來生願望的宗教意識高於前面之追求今生的現實世界的欲望。例如基督宗教之嚮往「天國」，佛教之嚮往「西方樂土」。因為，來生願望的滿足雖然也是一種欲望，但是它卻寄託在一個理想境界的來生，也就是寄託在一個必須超拔於現實生命之感覺欲望的理想境界。〔註43〕

在這其中包含了「從現實生命的滿足到超拔的理想境界（來世）的嚮往」之判教原則。因此，這個宗教意識的層次，其超越向上的精神高於前面的兩個形態。

（4）信仰神主持世間正義的宗教意識

如基督宗教之信仰「上帝」、或回教之信仰「阿拉」能主持世間之正義以賞善罰惡的宗教意識。世間常有惡人得福賞，而善人得禍害的現象，這是一

〔註40〕參閱《文化意識與道德理性》，頁495～496。
〔註41〕參閱曾仰如著，《宗教哲學》，臺北：臺灣商務印書館，1995年，頁30。
〔註42〕參閱《文化意識與道德理性》，頁496。
〔註43〕參閱前書，頁497。

般倫理學或法律無法解釋的難題。崇尚「正義」的宗教意識隱藏著這樣的一個信仰：終必有一個最後的審判或最高的大法官可以賞善罰惡，可以伸張冤屈，使得罪惡終必經歷懲罰而足以否定罪惡；善良終必得到福報而可以鼓勵善行。〔註44〕

筆者認為唐先生肯定這個要求正義的宗教意識，有其超越一己之私的精神價值。在這其中包含了「由追求個人欲望〔註45〕到超越個人欲望」的判教原則。

（5）信仰靈魂之不朽以成其人格，或苦行以求靈魂之解脫的宗教意識

前者例如康德認為信仰中必須肯定靈魂的不朽，以作為道德生活的必然預設。因為，道德意志的發揮，目標在於追求人格的完全。因此在道德的修養歷程中必然要棄絕人格中任何的罪行惡性，以求達於至善。然而，這個至善的道德人格的完全，必然是人們在今生今世所無法達到的。於是，順著這個嚮往至善的道德人格的意志，人們必然希望自身之精神生命的存在能夠延續到肉身生命結束之後，以繼續完成其至善之道德人格的追求。因此，靈魂的不朽成為追求至善之道德人格的基礎。

後者例如犬儒學派、斯多葛學派的部份學者或印度外道中的苦行僧。他們之所以追求其道德人格，主要表現在於消極的超越欲望的自我，以極度的克己、絕欲甚至苦行來達致道德人格的修養。〔註46〕

筆者認為這兩種建立在道德意志上的宗教意識，不求現世的福祿壽或來生的幸福，而單單以棄絕欲望之超越的自我為道德修養的目標，都表現出一種超越現實生活的精神價值。而且這其中還包含了「由追求外在正義的絕對保障到追求內在道德人格的自我修養或靈魂的不朽」的判教原則。

（6）信仰神以成德克欲的宗教意識

例如羅馬天主教會的神職人員之守貞節、服從、無私產，佛教之出家過僧團生活，他們之所以捨棄現實生活與家庭生活的幸福，是建立在對於神的信仰上，不同於純粹道德人格的自我追求。〔註47〕

〔註44〕參閱前書，頁497～498。
〔註45〕這裡所謂個人的欲望是包含了個人現實生命的欲望和個人來世之理想境界的嚮往。兩者雖然有現世與來世之別，但同樣是個人一己之私的追求。
〔註46〕參閱前書，頁498。
〔註47〕參閱前書，頁499。

唐先生認爲信仰神以成德克欲的宗教意識之所以高於不信神而成德克欲的宗教意識，其基本理由在於後者的目的往往只限於個人自身人格的完成、個人的超越欲望。他們之不信仰神的存在，即表現出他們不信仰一個客觀普遍的精神實體，而單單以個人的解脫與成德爲標竿。雖然他們具備了憑藉自力而不倚靠他力的自主精神，但也因此不自覺的形成一個自我封閉的圍牆，而無形中增長了佛家所謂「我執」的傲慢心態。相反地，前者信仰神以成德克欲的宗教意識則在其對於一個客觀普遍的精神實體的皈依崇拜意識中，藉著與超越之神靈的合而爲一，破除了自我封閉的圍牆。並能以一感恩的謙卑態度，把所領受的福份與克己成德的努力，一併歸諸於神的恩典，而表現出不占爲己有的胸襟。他們甚至更進而願意把所受的福份與別人分享，並願意爲人祈德求福，而表現出更高的超越精神。〔註 48〕

筆者認爲在這個層次的宗教意識，不僅超越了自然的現實自我，更超越了道德自我的侷限（我執），在對於神的信仰中實現個人與他人的道德修養。因此這其中包含了「由道德自我的執著到超越道德自我之侷限」的判教原則。

（7）不信仰神，也破「法執」、「我執」的宗教意識

例如佛教般若空宗，唐先生認爲他們的宗教意識一開始便自覺的面對「我執」而破除盡淨，即不再執著有不變恆常的自我。如此破除當然是站在超越的我之上，一併把欲望的我與理智的自我的執著都破除掉。但是這層次的宗教智慧不同於前一層次之處是不信仰客觀的神。唐先生認爲客觀神的信仰來自在欲望的我與超越欲望的我的分裂下，超越的我之外在化客觀化所成。〔註 49〕在這個觀念中，超越的我不能與客觀化的神相同一，使得相對待中之欲望的我仍然被不自覺的執著著。而在不信神亦不執我的宗教意識中，則自我與客觀化的神一俱破除；或者說其超越的我與客觀化的神是相同一而不分爲二的。〔註 50〕

筆者認爲在這個層次的宗教意識中，唐先生所要表達的是由不自覺的欲望自我與客觀化的神之間「神人對待的信仰」到超越的我與客觀化的神之間「人神合一的智慧」之判教理論。

〔註 48〕參閱前書，頁 499〜500。
〔註 49〕筆者認爲唐先生的這個觀念來自佛教的神觀，筆者會深入的討論。
〔註 50〕參閱前書，頁 500〜501。

（8）擔負眾人的苦罪，並保存一切價值於超越世界的宗教意識

例如大乘佛教「無餘涅槃」的精神，願意承擔眾生之我執所造成的一切苦罪。因為眾生所造成的苦罪無窮盡，因此解除眾生苦罪的努力也無窮盡，所以寧願永無涅盤的解脫境界可住，也要普渡眾生而在所不惜。又如基督宗教之信仰上帝，也相信上帝真能擔負人類的苦難。而且上帝的大愛具有普遍性，因為上帝普世的博愛，「願萬人得救，不願一人沈淪」。

筆者認為這種普渡眾生的大乘佛教精神和上帝博愛世人的胸懷所表現出的宗教意識，之所以具有更高的超越精神，其中包含了是否具有「普世性的博愛」之判教原則。

（9）通過人格的崇拜以擔負眾人之苦罪的宗教意識

例如滿懷「我不入地獄，誰入地獄」之慈悲宏願的菩薩道。又如基督宗教之信仰耶穌基督擔當世人的一切罪孽與苦難，願意成為獻祭的羔羊，上十字架為世人捨命，以完成上帝的救贖計畫。並且耶穌基督本著上帝的大愛，一而再地饒恕著世人，等待著世人的悔改。〔註 51〕這兩者都是這種宗教意識的精神表現。

唐先生認為，通過諸如佛菩薩或耶穌的具體人格的實現，使我們認識到宗教精神普遍地存在於諸先知先覺與我等之中：而諸先知先覺所體現所凝攝的宗教精神即內在於我等的宗教意識之中，使得我等的宗教精神得到了最大的充實與鼓舞。

筆者認為這一層宗教意識包含了「普世性的博愛是否透過具體人格的實現」之判教原則。

（10）信仰一超越神並包含對聖賢、豪傑與祖先之崇拜皈依的宗教意識

唐先生認為中國先秦儒者能一方面能崇拜聖賢祖先；一方面崇信天地之神，表現出極高明而道中庸的最高宗教精神：

> 基督（宗）教、回教徒之反對崇拜人神，與中國後代儒者之絕對反
> 對天地之神者，皆同未能充量發展其宗教意識，浸至犯宗教上之罪
> 過者。而中國先秦儒者之一方崇拜聖賢祖先之人神，而一方亦信天
> 地之神——至少未自覺的反對祭天地之神，乃真正具備最高之宗教
> 精神者。〔註52〕

〔註51〕 參閱《中國人文精神之發展》，頁 273～274。
〔註52〕 參閱《文化意識與道德理性》，頁 506。

　　唐先生認為最高的宗教意識應該是一方面具有對超越之神的皈依崇拜；另一方面亦具有對聖賢豪傑與祖先的崇拜皈依。如果是未自覺的否定其中之一，則屬於宗教精神未充量的發展，如果是自覺的否定其中之一，則都屬於宗教精神上之罪過。因為在最高的宗教意識中，所信仰的神或耶穌、佛、菩薩，必然以其博愛或慈悲心懷，擔負人類之苦罪為己任。而神、耶穌、佛、菩薩之能自忘其為神、耶穌、佛、菩薩以化身為人，來擔當人類之苦難；必然亦能化身為世間之聖賢、豪傑、祖先之真能以擔當人類苦難為志業者。因此唐先生認為超越神的信仰與聖賢豪傑祖先的崇拜應能並行而不礙，且更能表現出最高的宗教意識。

　　筆者認為唐先生最後以「寬容性對比排斥性」作為判教之原則。但是這其中是不是代表著唐先生分判宗教意識最後的結果，又退回到了最原初的多神教呢？如果這最後層次的宗教意識不是一種多神教的宗教意識，那麼超越神的信仰要如何與聖賢、豪傑、祖先等崇拜相並行而不礙？除非這其中的信仰、崇拜、或崇敬具有本質上的差異或層次上的差異？這是有待釐清的問題。筆者在討論唐先生之「三祭」思想時再深論之。

　　筆者從以上十個宗教意識之形態的分判，分析其中包含了種種唐先生依以判教的原則，對於這些原則的把握有助於我們認識唐先生的宗教觀念的思想基礎。這些原則包含了：(1)由多神崇拜到一神崇拜，(2)由自然的庶物崇拜到超自然的天神崇拜，(3)由民族神崇拜到普世神崇拜，(4)由有限神崇拜到無限神崇拜，(5)由現實生命的滿足到超拔的理想境界（來世）的嚮往，(6)由追求個人的欲望（或願望）到超越個人的欲望（或願望），(7)由追求外在正義的絕對保障到追求內在道德人格的自我修養（或靈魂的不朽），(8)由道德自我的執著到超越道德自我之侷限，(9)由「神人對待的信仰」到「人神合一的智慧」，(10)是否具有普世性的博愛？(11)普世性的博愛是否透過具體的人格來實現？(12)以寬容性對比排斥性，等等。這些思想原則對於唐先生的宗教觀念具有決定性的影響。

（二）史萊馬赫論「絕對的依賴感」

　　史萊馬赫（Friedrich Schleiermacher，1768～1834）論述宗教的生活相對於道德生活的「行動」（acting），與科學生活的「思惟」（thinkng），而具有獨特的本質：它是一種對於「無限者」（infinite）之敬虔的「情感」（feeling），或「直覺」（intuition）。這三者（道德行動、科學思惟、與宗教情感）雖然在

現實生活中不可分割，但卻都具有各自獨立的本質。再多的對於宗教信仰的理性思惟或道德實踐，都不是宗教信仰的本身。只有諸如：愛、謙卑、喜樂等宗教情感才是宗教生活的真實的內容。〔註53〕

而人與「無限者」的關係是一種「絕對依賴的感情」（feeling of absolute dependence）。〔註54〕它與一般感性的或世俗的依賴有所不同。

（三）奧陀論「令人畏懼又神往的神祕」

奧陀（Rudolf Otto，1864～1937）《論神聖》（The idea of Holy）一書，對於宗教意識的分析深入又有創建：首先奧陀批評「理性化的傾向」主宰了神學、比較宗教學、神話學、甚至原始人類之宗教人類學的研究。在這點上似乎受到了史萊馬赫的影響。再者，奧陀反省史萊馬赫的觀點：

> 史萊馬赫把一種僅僅是次要的作用（筆者按：依賴感）當作基礎與出發點，它只是通過某種推論即從宗教對象投射到自我意識上的影子來教示對於宗教對象的意識的。……由於史萊馬赫的依賴感指的是受限制的意識（如結果受制於原因），故它在論述創造與保存的部份中便很合邏輯地提出了這種受限意識的諸內容。〔註55〕

奧陀認為史萊馬赫所提出的「依賴感」是一種因果性的意識。也就是「神是原因，我是結果」的意識。但是在因果性的思路中，自我的真實性得到了強調。這剛好和宗教意識所要強調的「自我貶抑」（我不過是零）與「超越者才是唯一的完整存在」（您則是一切）相反。

奧陀對於宗教意識的分析從宗教語詞的本質開始。他認為宗教語詞只是一種描繪人類之心靈意識的表意符號。首先，奧陀區分「神聖」（holy）與「完善」（completely good）的不同。後者指稱一種絕對的道德性質；前者則有其特殊的宗教性質。〔註56〕

再者，奧陀由「神祕」（numen）這個拉丁詞，自創出「神祕的」（numinous）這個形容語詞。「神祕的」可以指稱具有這種性質的主觀心靈的感受（如神祕

〔註53〕 參閱 Friedrich Schleiermacher's *On Religion*, trans. and edited by Richard Crouter, New York: Cambridge University Press, (1988) 1996. pp22~26, 46。

〔註54〕 參閱 Friedrich Schleiermacher's *The Christian Faith*, Edinburgh: T. and T. Clark, 1960, p12, 194。

〔註55〕 參閱 Rudolf Otto 著，成窮、周邦憲譯，《論「神聖」》，四川：人民出版社，1995 年，頁 24～25。

〔註56〕 參閱前書，頁 6～7。

的感受），也可以指稱神祕的對象或價值範疇（如神祕者）。〔註57〕

　　奧陀以「令人畏懼又入迷的神祕」（mysterium tremendum et fascians）來描述神聖的本質。〔註58〕他對於神祕的分析，認爲其中具有兩個最重要的要素：

1. 威嚴（majestas）的因素

　　奧陀所描繪的神祕是一種「令人畏懼的神祕」（mysterium tremendum）。也可以用「敬畏」（awe）來代替畏懼。人們心中的神聖心情即意謂著以一種特殊的敬畏心情使自己被神祕者所隔離開來。〔註59〕其中神聖具有絕對的不可抗拒性（overpoweringness）與不可接近性（unapproachability）。使得在相對照之下，自我感到極度的卑微渺小如同塵土。〔註60〕奧陀也用「完全相異者」（alienum, the Wholly Other）這個語詞來描述神祕者完全超出人所可理解或熟悉的範圍，使得人的心靈充滿了茫然的驚奇與驚愕。

2. 神往（fascians）的因素〔註61〕

　　神往是神聖中的戴奧尼索斯因素（the Dionysiac element）。神聖的經驗表現出某種具有獨特吸引力的因素。而愛、慈悲、憐憫、慰藉等概念，不過是神往這個非理性因素在理性方面的類比或圖解而已。〔註62〕在神往所導致或平靜或激動的心態中，這種吸引力幾乎是整個地充滿了心靈。而心靈中神往所激起的所有各種不同形態的表現，都是作爲一種奇特有力的推動力而出現的。奧陀說：

> 這種推動力指向一種只爲宗教所知且其根本性質爲非理性的理想的
> 目的，這種目的是心靈在可求與預感中認識到的，心靈把它視爲那
> 隱匿在那些含糊貧乏的象徵後面的東西。這表明，在我們理性存在
> 之上與之外，還隱藏著我們天性的最後和最高部份，這一部份並不
> 能由單純減少我們感官的需求而得到滿足，無論這些需求是生理

〔註57〕　參閱前書，頁8。
〔註58〕　參閱曾仰如著，《宗教哲學》，臺北：台灣商務印書館股份有限公司，1986年，頁83。
〔註59〕　參閱《論「神聖」》，頁16～17。
〔註60〕　參閱前書，頁23～24。
〔註61〕　參閱前書，頁29～31，「神往」（fascians），或翻譯成「著迷」。指神祕的特質具有特殊的吸引力。
〔註62〕　參閱前書，頁36～37。

的，還是理智衝動的與欲望的。神祕主義者把這個部份稱爲靈魂的基礎或根基。〔註63〕

（四）布伯論「我與永恆的祢之充盈純全的真實相遇」

布伯（Martin Buber，1878～1965）提出：由於人的雙重的態度，因此世界對於人也呈現出雙重的世界。一個是「我與它」的關係所構成的不純全的、局限於時空之中的世界；另一個是「我與你」（I and Thou）的關係所構成的純全的、超越於時空之上的世界。〔註64〕在我與你的純全關係中，「我」融入於與「你」的直接關係中，「我」與「你」相遇（meeting）於眞實的人生之中。此時，一切的中介，諸如：所有的概念體系、先天知識、幻想、記憶，或者任何的意圖、欲求、預言、渴念等都消退無蹤，而且一切有限性的活動也都中止了，而單單呈現出在純全的存有（whole being）中之眞實的相遇。〔註65〕

布伯把人與上帝的關係形容爲我與「永恆的祢」（the Eternal Thou）的連結。對布伯而言，上帝不只是奧陀所稱的「純全他者」（wholly other），更是「純全自身」（wholly same）、「純全呈現」（wholly present）〔註66〕。布伯認爲在與上帝的關係中，「無限唯一性」與「無限包容性」兩者融爲一體。而且在進入與上帝的絕對純粹關係中，並非意謂著遺棄世界與鄙棄自己；乃是呈顯出將萬有以及整個世界都納入於「永恆的祢」之中，也就是將世界與自己安放在眞實的基礎之上，這才是與上帝之眞正充盈純全的關係。〔註67〕

布伯批評了兩種天人合一之超越關係的錯誤：第一種是讓「我」把自身的有限性被吞沒於無限的宇宙之中，而得以超越自我。也就是使自我融入於神之中而達到無我或忘我的境界，如神祕主義之神迷狂喜的合一（Ekstase, Union），以「只有你沒有我」的姿態來銷融神與人之間之二元性的對立。第二種是用至大無外的「我」來吞沒無垠時空中的宇宙與其他的存有者，由此充實自我的內容，以完成自我的永恆。也就是自我以神自居，自信能超越一切的限制，也能包容一切的存有。這是靈魂之自我意識的統一，藉著「只有

〔註63〕 引前書，頁43。
〔註64〕 參閱布伯著，《我與你》，九大桂冠聯合出版，1991年3月，頁26。
〔註65〕 參閱前書，頁10。
〔註66〕 在本文中，筆者把 reality 翻譯成「實有」，把 actual world 翻譯成「現實世界」。對於 wholly present，筆者以「呈現」取代「現實」的翻譯，以免與「現實世界」相混淆。
〔註67〕 參閱前書，頁64。

我沒有你」的姿態來消除二元性的對立。但是布伯認爲這只是自我意識的投射，不是「我與永恆的祢」之間眞實而純全的關係。〔註68〕

在宗教與道德的關係上，布伯指出：宗教意識直接面對上帝而超越於道德意識之上。道德意識的存在以「實然」和「應然」的衝突爲前提，而對世界擔當義務，爲他人承負責任。宗教意識則超越了責任與義務，摒除了因責任與自我要求所帶來的緊張不安，銷融了個人的意志，而誠心順從於上帝聖容的光照，並從中消除有限者的諸般衝突與痛苦，更吸取了無限者的沛然動力。宗教意識的確超越於道德意識。在道德意識中我們明辨善惡，加以賞罰；在宗教意識中我們則爲惡人承擔更多的責任，施予更多的愛。〔註69〕

（五）田立克之論「終極生命的存亡」

田立克（Paul Tillich，1896～1965）在界定神學的對象爲終極關懷的對象之後，進一步指出終極關懷必然的本質內容。他說：

> 我們的終極關懷決定我們的存有或非存有（being or not-being）。只有那些處理我們的存有或非存有之問題的命題，才是神學的命題。
> 〔註70〕

田立克所謂的「存有」是指人的全部實有（reality），包括人的存在的（existantial）結構、意義與目的。所謂「存有或非存有」的問題，因爲人的存有面對自身生命中的偶有性、限制、時空的侷限、歸屬及皈依的需要等，受著失落或被解救的威脅，因此不得不終極地關懷著他的存有與意義。這即是人類終極生命與意義之生死存亡的問題。

（六）印順之論「自我的實現」

當代重要的佛學思想家印順法師在他的《我之宗教觀》一書中提出他對「宗教」的看法。在此筆者先不進入他所對於宗教所做的本質性的界定，而先介紹描述性的界定。他說：

> 宗教是人類自己的意欲表現；意欲是表現於欲求的對象上，經自己意欲的塑刻而神化。〔註71〕

雖然印順法師認爲諸如：基督教、佛教等高級宗教所皈依崇拜的對象，

〔註68〕參閱前書，頁67～70。
〔註69〕參閱前書，頁85～86。
〔註70〕引譯自 Paul Tillich's *Systematic Theology (v1)*，p14。
〔註71〕引自印順著，《我之宗教觀》，臺北：正聞出版社，頁6。

同樣是「永恆的存在」、「完滿的福樂」、「絕對的自由」、「無瑕疵的純潔」這些精神的理想價值。〔註72〕但是，他對宗教的界定截然不同於唐先生和田立克。他說：

> 依佛法說：宗教的本質，宗教的真實內容，並不是神與人的關係。宗教是人類自己；是人類在環境中，表現著自己的意欲。宗教表現了人類自己最深刻的意欲，可說是顯示著人類自己的真面目。〔註73〕但在佛教中，以為崇信、歸依的佛（聲聞等），是由人的精進修學而證得最高的境地者。以此來看宗教所歸信的，並不是離人以外的神，神只是人類自己的客觀化（表現於環境中）。人類小我的擴大，影射到外界，想像為宇宙的大我。即成唯一的神。因此，人像神，不是神造人，而是人類自己，照著自己的樣子，理想化、完善化，而想像完成的。佛教有這樣的話：「眾生為佛心中之眾生，諸佛乃眾生心中之諸佛」。眾生——人信仰歸依於佛，是眾生自己心中所要求實現的自己。〔註74〕

印順法師的觀念可以代表佛教的一種看法，特別是他對於神的觀念，認為神是人之自我形象之完善化理想化的客觀化，是人造神，不是神造人等等。唐先生對於神的觀念在這方面受到了佛教思想的影響，因此在他整個的宗教思想中與來自其它的思想質素，特別是基督宗教的宗教思想隱含了某些相衝突的成份。〔註75〕筆者將循序漸進地釐清出，這將有助於我們對於宗教意識之本質的理解。

三、論宗教意識的本質要素

筆者在列舉對於宗教本質的各種看法之後，將接著針對唐先生所提出宗

〔註72〕引前書，頁 7。
〔註73〕引前書，頁 5。
〔註74〕引自前書，頁 8。
〔註75〕有時唐先生肯定一個絕對的精神實體（神、天）對於人的苦罪有其謙卑懺悔的體會；但有時又把這個絕對的精神實體（神、天）當成人之理想境的客觀化。祂的普遍客觀性建立在人的謙讓己德上。筆者認為把人的主體當成絕對的精神實體之「認識上的起點」是可以的（如人的宗教意識的分析）；但是如果把人的主體當成絕對的精神實體之「存有上的起點」或「價值上的起點」則會產生很大的偏差。也就是我們可以透過人的主體的體驗去認識絕對精神實體的呈現，但不能說人的主體創造出絕對精神實體的存在。這兩者的區別極其重要。

教意識所具有的幾項本質的要素加以反省，諸如：(1)由人生苦罪的深切體會，求解脫而出之意識（解脫意識）。(2)人性道德自我之有限性的自覺（虛己意識）。(3)超越真我的肯定（超我意識）。(4)與超越的絕對者合而為一的嚮往（崇拜皈依意識）。筆者分別討論於下：

（一）解脫意識

解脫意識的形成建立在「一種深切的肯定人生之苦罪之存在」的自覺上，即能夠體認並加以肯定人生之痛苦與罪惡，並立志從痛苦罪惡中超拔而出的精神意識。

唐先生認為解脫意識是人人所不能免的。在人的各種精神意識中，可看見超越人們現實自我的種種意識。我們可以看見常人都不能免於一念間，對自然生活感到厭倦，感覺人生之空虛無意義，或無法面對所承受之痛苦；有一些人更以自殺或麻醉自己以求解脫。由此可證明人人有其從自然生命求解脫的意志。但是一般而言，這種意志在現實生活中往往是表現得非常微弱而短暫。常常人們在一念厭倦之後，隨即又重復沈陷在欲望的無限追求之中而不能自拔。因此人們常常只能過自然生活，卻沒有宗教生活。〔註 76〕由此可知，一般的厭倦感、虛無感甚或以自殺求解脫的意識，只能告訴我們人們有從自然生活的痛苦與罪惡中解脫而出的要求，但卻不能由此產生真正的宗教意識。

（二）虛己意識

人的解脫意識之所以能引發宗教之崇拜皈依意識的產生，是透過「虛己意識」而形成的。唐先生指出：

> 唯在吾人一方欲自自然生命解脫並征服其欲望之意志，強烈至一不能自己之程度；一方又覺其似不能實現其自身於自然生命之中，若為另一不能自己之生生不窮，無法一一加以征服之自然生命之欲望所抗阻；此二者互相矛盾而使人產生一掙扎以求上達之意識時，則最後即可有神之信仰之逼出，並有對之崇拜皈依之宗教意識之產生。〔註77〕

當人的解脫意志感到其自我的衝突與分裂到達不能自己的程度，也就是

〔註76〕參閱《文化意識與道德理性》，頁479。
〔註77〕引自前書，頁480。

「吾人對此統一的努力自身感絕對的絕望，而失其信念之後，則吾人又可進而根本喪失吾人有統一的自我之自覺」〔註78〕此時人的精神意識不僅超越了自然的現實世界，也超越了道德的意識，而有宗教意識之崇拜皈依意識的產生。因為，在這其中人對自我的理性與意志，對道德自我有了更為深刻的體認。自我已經充分地自覺到道德理性與意志的侷限性。

虛己意識最能表現在謙卑、懺悔的宗教精神中：唐先生描述得非常精采，摘錄於下：

> 承認自己有罪，承認自己對世界無辦法，這是現代人應該學習的一種謙卑的宗教精神。本此謙卑的精神，去檢討反省我們個人人格中之一一之罪，我們自己民族和人類之自覺或不自覺而深藏下意識之罪；而先自己懺悔，幫助他人懺悔感化他人，是人類唯一解除其毀滅之威脅，真正存在以創建未來之文化社會的道路……因為你承認你有罪而懺悔時，你即已顯出一超越罪的精神，你即已有去超越罪的意志，你即已證明你有超越罪之力量。你已開始對你自己有真正的辦法。神只是一超越的精神力量。只要你真有對罪之承認與懺悔，你之承認與懺悔深一分，此精神意志力量即多顯一分。你之承認與懺悔，可以深又深，則此精神意志力量，亦顯又顯。你之罪無限，人類之罪皆你所願擔負之罪；則此所顯之超越的精神意志力量，原則上亦是無限的。這即是神之無限性之證明。〔註79〕

人能自覺到自己的限制，很自然地是感受超越的精神力量之契機。這是人能超越自我，而與宇宙創生的精神力量有所感通的途徑。

唐先生指出：

> 宗教家之以永恆無限的神與佛，對照有罪之我之渺小，原是為的教人以謙卑，滋養愛與慈悲之生長。這是宗教對此時代最大的精神價值。而人類未來的文化，亦必須此時代的人，以謙卑之心情去創造。而未來文化中，永少不了宗教者，亦因人類下意識之盲目的生命衝動，人類之盲目的生命意志，總要隨時出現，一般的道德的反省，常識達不到；而只有由宗教性的謙卑與懺悔，在與一內在的一超越的精神意志力量之對照下，才看得見的。〔註80〕

〔註78〕 引自前書，頁481。
〔註79〕 引自《人文精神之重建》，頁41。
〔註80〕 引前書，頁41～42。

　　有時，唐先生稱「虛己意識」爲宗教意識中的「自我忘卻意識」。宗教意識是一種從人的自然生命的束縛中追求解脫而出的意識。在一般宗教生活的經驗中，這種解脫意識必然包含著一種向著超越於現實自然生活的「神聖存在」俯首降心而忘卻自我之意識。有了「自我之忘卻意識」，不僅能信靠一超越的精神力量，以樹立自我的禁戒行爲，即在生理慾望或物質慾望上自我壓抑；更能興發爲信仰犧牲奉獻的宗教熱誠。〔註81〕

（三）超我意識

　　唐先生指出在宗教的意識中具有了「超越眞我的意識」。他說：

> 唯在此崇拜皈依之意識，所體會得之神之意志，能戰勝吾人之欲望之我時，並使我於所受之苦痛不視爲苦痛時，吾人方可覺神爲吾人之眞我，或吾人爲神之子。而當吾人之欲望的我全然被克服超化而另感一道福，或一「超越自我眞呈現」之樂時，吾人方覺吾人存在於神之國度之內部，以至成爲神之化身。唯於此時「神爲眞我，超越的我爲眞我，欲望的我爲非我之意識」方完全顯出。此即宗教上容許先知或聖者說神與其自我合一，而不許一般人說神與其自我合一之故。而「自認爲有原始罪惡，自認其靈魂爲惡魔所居，爲無名所纏縛，覺神聖爲高高在上之客觀的超越者之意識。」乃最先出現之宗教意識，亦由此可得其解。〔註82〕

　　筆者認爲：唐先生所指出的「超越眞我」不僅與「自然欲望的我」相對。因爲如果「超越眞我」只是超越了「欲望的我」，那麼「超越眞我」也有可能只是道德意識，並不就是宗教意識。只有在「超越眞我」不僅與「欲望的我」相對，更超越了道德的理性之上，即體認到道德自我的局限性，不再以道德自我爲絕對的保障或肯定時，超越眞我才是宗教意識中的「超我意識」。

　　唐先生在建立人的主體性時，在道德理性之上，更有「生命靈覺」的探討。筆者認爲這生命靈覺的層面才是超越眞我的層面。唐先生說：

> 此生命存在之自身或本性，只是一靈覺的生，或生的靈覺。剋就此生的靈覺言，乃無此一切內容，而更加以超化忘卻者。唯此生的靈覺，能超化忘卻此一切內容之所在，乃其所以爲生的靈覺。〔註83〕

〔註81〕　參閱《文化意識與道德理性》，頁463～464。
〔註82〕　引自前書，頁482～483。
〔註83〕　引自《生命存在與心靈境界（下）》，頁189～190。

這裡唐先生所謂的「一切內容」是指對於生命存在的種種說法，諸如：「父母祖先的遺傳」、「自然中無數不可知的能力的聚合」、「上帝用祂的形象所創造」、「前生的業報」、「阿賴耶識中之功能種子之現行」等說法。生命存在在被賦予以上這些意義之先，最初只是一個赤裸裸的生命，只是一個生命的自覺。

肯定了這個最原初的生命的自覺之後，唐先生也從這個生命最原初的自覺之源源不絕的發展——也就是它能繼續不斷地超越它自己——來肯定這個生命的自覺必有一個超越的形上根源。這個超越的形上根源只是被超越地忘卻而不自覺。筆者認為這個生命靈覺作為人的自我，很明顯地應該是一個超越了感性自我、理智自我、與道德自我之上的超越的自我。也是一個能使人開啟宗教意識，超越向上的生命的靈覺。

再者，各大宗教都有「超越的真我」之主張。唐先生融貫儒、釋、道三教精神而提出：儒教之「本心本性」、佛教之「佛心佛性」與基督宗教之「天心神性」，同是作為成聖的根據。唐先生指出：這三個不同的名詞，實際上是人從三個不同的角度去看同一個形上的本體，所形成的三個不同的形相。其中，「本心本性」是「自外而內」，所見人的生命存在內部最隱密而未完全顯現的形相；「佛心佛性」是「自上而下」，所見潛隱於現實生命存在之妄執的底層的真實形相；「天心神性」是「自下而上」所看本體本身之無有隱潛而完美顯露的形相。因此唐先生說：

> 實者此天心神性，本心本性，佛心佛性，皆同依於人觀「人之成聖，所根據之有體有用之同一形上實在、或神聖心體」之異相，而有之異名。自下而上，以觀其相，見其自身之無隱無潛，即為天心神體。自上而下，以觀其相，見其潛隱於現實生命存在之妄執等之底，則為佛心佛性。自外而向內，以觀其相，見其具於吾人生命存在之內部而至隱，則為本心本性。〔註84〕

筆者認為這「天心神性」、「佛心佛性」、「本心本性」，或者顯露、或者潛隱、或者若隱若顯地，呈現為人的生命存在最原初的自我的形象。但其中有一個重要的分辨是，筆者認為它們應該都在超越於人的感性、理智與道德之上時，才能成為宗教意識中那個透過虛己意識之後，自然呈現的超越自我的意識。特別是儒教的「本心本性」已經被賦予了過重的道德意義，若不能經

〔註84〕 參閱《生命存在與心靈境界》，頁353~354。

過道德意識與宗教意識的分辨，很難顯現出其超越於道德義涵的宗教義涵。

（四）崇拜皈依意識

1.崇拜皈依意識的情感性與意志性

唐先生認為當人們從自然生命之物質慾望中解脫而出。此時人的心志能一往超越向上，而俯首降心在神聖存在面前，追求與神聖存在相連結，此即對於神聖存在的「崇拜皈依意識」﹝註85﹞。因為「欲望的我」之活動是包含情感與意志的活動。所以否定欲望的我並超越道德自我的崇拜皈依意識之活動必定也是包含情感性與意志性的活動。﹝註86﹞在此崇拜皈依的情操與意志中，人的自然生命被神聖的超越生命所貫注而神聖化，使人的生命接觸到一個有生命有人格的「絕對的真理與絕對美」而成就了「宗教的再生」。﹝註87﹞這是宗教精神的核心，也是宗教生活的中心。

2.崇拜皈依意識之對象的客觀真實性

唐先生認為：「人為神所創造」的思想之所以會發生，是因為人們對於神之崇拜皈依的意識發展到了極端。使我自覺卑微渺小到幾乎等於虛無的境地；另外又使我對神的生命能超化我的生命有了信心。於是我可以反溯我的生命之所以能被超化的根據，是來自於神。更進而追溯「我的超化的生命之全體」（即包含了我被超化了的生命與未被超化以先之自然生命）為神所創造，甚至連滋養我自然生命的整個世界都為神所創造。﹝註88﹞

3.崇拜皈依意識之無限性

在解脫意識中，人們如果要真正徹底地超越個人的欲望，則必須同時超越個人欲望一切可能的對象與支持這一切可能對象的全宇宙。因此，人們超越個人欲望的意志（即解脫意識）發揮到最盡頭，便成為一種超越全宇宙的意志。唐先生稱這種意志為「無限的意志」。而生發這種意志之超越的我為「無限的我」。如果我們將這個超越的「無限的我」客觀化其真實性，﹝註89﹞而把

﹝註85﹞ 宗教心理學上把皈依區分為危機型（自我降伏的頓悟）、意志型（信念漸進式的轉變）、無意識型（不知不覺的接受）、重新整合型（人格精神的統合）、儀式型（制度化）等等類型。參閱 Mary Meado & Richard Kahoe 著，陳麟書等譯，《宗教心理學》，成都：四川人民出版社，1990 年，頁 131～139。

﹝註86﹞ 參閱《文化意識與道德理性》，頁 482。

﹝註87﹞ 參閱前書，頁 464。

﹝註88﹞ 參閱前書，頁 483～484。

﹝註89﹞ 「神的存在為超越自我之客觀化」這觀念與印順法師的看法不謀而合。參閱

祂看成神的存在時，則我們可以自覺的接觸到一個無限的存在。

這無限的存在雖然是由人們個人之超越的我之客觀化而被人們所接觸；但是我們不能把這無限的存在單單看成是只存在於我個人的意識活動之內。因為，如果我們仍然將這無限者歸屬於個人的主觀性，這乃是出自個人求佔有的私欲。此時的個人是未完全從自然欲望解脫而出的個人。當我們真實接觸體現這無限的存在時，我們即暫時地解脫了個人所有的自然欲望，即包含了個人求佔有的私欲。甚至也超越了道德的自我的侷限。所以我們不能再以只屬於我個人的任何特殊性質，去對著這無限的存在加以規定限制。所以，我們在宗教意識的展現中，個人對於無限存在之神的接觸與體驗，必然同時要求我們自覺的把這個無限存在之神看成是超越個人主觀的存在，而有其客觀的真實性與超越的無限性。〔註90〕

第三節　論道德意識與宗教意識的對比

一、唐君毅對於道德意識與宗教意識的對比分析

（一）唐君毅之論生活的三個層面

唐先生指出：人的生活包含了自然生活、道德生活與宗教生活三個層面。自然生命欲望的不滿足帶來了諸多的痛苦。如果我們順應欲望的力量，繼續的埋首追求，則仍然停留在自然生活的層面；如果我們由此引發出另一抗拒欲望以求上達的解脫意識，力求從衝突與分裂中爭扎而出，以達致自我人格的統一，則進升到道德生活的層面；如果自我的衝突與分裂強烈到憑己力無法克服而感受到對自我的絕望時，我們轉以超越的真我（天性、神性、佛性），向上仰望並皈依於一個超越的精神實體（天、神、佛）以為信靠，以克己修德，則進升到宗教生活的層面。〔註91〕

（二）唐君毅論道德意識與宗教意識的比較

1. 道德意識

唐先生對道德意識的界定：在文化的創造活動中，人的道德生活恆以我

印順，《我之宗教觀》，頁 8。
〔註90〕參閱《文化意識與道德理性》，頁 485。
〔註91〕參閱《文化意識與道德理性》，頁 478～482。

的現實生活對照道德理想而生反省，由反省而足以遷善改過。〔註92〕在這個同一個道德的反省活動中，「道德自我」是最寬泛的名稱，泛指實現人格價值的主體。「道德理性」是人的心性中足以實現自我人格之道德價值的本質或本性。順著這本質或本性的精神活動，爲「道德活動」。道德活動的內在體驗，則爲「道德意識」。〔註93〕

　　唐先生認爲當我們只有感覺到內心中「欲望之自我」與「超越欲望之自我」的衝突時，並不就是宗教意識，而可能只是一個道德意識。在道德意識中，我們雖然感覺到兩個力量的衝突，但是我們同時覺醒到這兩個力量乃同在一個自我的內部中相衝突。當我們面對這種衝突，自覺能加以解決協調的時候，或者我們自信「超越欲望之自我」有能力貫徹其意志的時候；則我們仍然可以自覺地維持著包含這兩個衝突力量的一個統一的自我。此時，我們將以痛苦是犯了罪過的我所理當承受。並且，我們把痛苦看成可以使我們更能超越其「欲望之自我」，以呈現自我在道德理性上的磨練。這時我們便是生活在道德意識的境界。〔註94〕

2. 宗教意識

　　唐先生對宗教意識的界定：在人的精神活動之諸多價值與理想中，宗教生活的理想與價值在於純粹的追求超拔現實的自我，如脫離痛苦、罪惡、煩俗，以體現眞正的「超越自我」。唐先生界定宗教意識是「自自然生命解脫而皈依於神」的意識。〔註95〕

　　唐先生認爲當我們所感覺內心中「欲望之自我」與「超越欲望之自我」的衝突時，不斷地展現爲積極力量。而使得自我內部的衝突不得不發展成「自我的分裂」時，則自覺落入無法統一的「兩重自我」：即一個陷於欲望的自我；和另一個要求超越欲望以解脫的自我。此時自我對這統一的努力感到絕對的絕望，進而喪失了統一自我的自覺。此時的自我意識已離開道德意識的境界，它或者喪志而向下淪落於絕望或欲望的拘陷之中；或者被拉拔而向上攀爬。因此這是道德生活的危機，但同時也是道德生活能躍升而開啓宗教意識的契機。

〔註92〕　參閱前書，頁 525。
〔註93〕　參閱《人文精神之重建》，頁 45。
〔註94〕　參閱《文化意識與道德理性》，頁 481。
〔註95〕　參閱前書，頁 25、477〜478。

　　唐先生描繪這宗教意識的境界中，展現出「神魔對抗」的局面：這時候「欲望的我」與「超越欲望的我」，呈現爲絕對相排斥相外在的對立關係。我們如果以「欲望的我」爲自我，則「超欲望之我」成爲另一精神實體而爲「神」；相反的，如果我們一時頓覺超拔其欲望，以「超越欲望之我」爲自我，則覺「欲望的我」成爲阻擋自我之「魔」。當我們從「欲望的我」仰望「超越欲望之我」的呈現時，則感覺如同有「神」吸引我們上升，而自覺自己果眞是神的兒子。但如果我們從「超欲望的我」俯視「欲望的我」之出現時，則感覺如同有「魔」引誘我們下墜，而自覺自己本是充滿了「罪惡」或「無明」。〔註96〕

　　在這神魔對斥的境界中，如果我們相信「神」，則「神」作爲「超越的精神實體」，先被客觀化爲「非我的超越實體」，而爲我們所仰望，以神化自我的意志。此時的自我常常自覺到「欲望的我」眞是卑微渺小，幾乎等於虛無，而眞正的意義、價值與力量完全來自於超越的神。因此自我必須先將「欲望的我」完全加以超越否定，甚至願意爲神捨身奉獻，更進而求與超越的神合而爲一，而表現出眞正的宗教意識。〔註97〕

　　以上唐先生對於宗教意識中神魔對抗的心理分析與描述，讓具有主觀宗教經驗的筆者非常感到讚嘆：唐先生的客觀描述眞是深入而貼切。以下筆者順著唐先生的觀點，嘗試對道德意識與宗教意識做更進一步的比較分析。

二、論道德意識的「主體性」與宗教意識的「超主體性」之比較

（一）「主體性」與「超主體性」之理論結構的建立

　　從唐先生對於道德意識與宗教意識所做的分析中，我們可以理解到道德意識之所以爲道德意識，最重要的一點是，當道德自我面對內心兩個力量的

〔註96〕　參閱前書，頁481～482。唐先生對於「神魔對抗」的描繪與基督宗教中使徒保羅的描述有異曲同工之妙：「我也知道在我裡頭，就是我肉體之中，沒有良善。因爲立志爲善由得我，只是行出來由不得我。故此，我所願意的善，我反不作。我所不願意的惡，我倒去作。若我去作所不願意作的，就不是我作的、乃是住在我裡頭的罪作的。我覺得有個律，就是我願意爲善的時候，便有惡與我同在。因爲按著我裡頭的意思，我是喜歡神的律。但我覺得肢體中另有個律，和我心中的律交戰，把我擄去叫我附從那肢體中犯罪的律。」〈羅馬書〉7章，（The New Testament，Romans，7：18～23），香港聖經公會版，頁216～217。

〔註97〕　參閱《文化意識與道德理性》，頁482。

衝突時，仍然自覺的不願放棄自我的統一。也就是自我對自己的道德理性之能克服兩重自我的分裂與衝突，仍然懷抱著絕對的信心。相反的，在宗教意識中自我面對兩重自我的分裂，則放棄了道德理性可以完全依靠自己達到自我人格的統一，而不得不轉而仰望超越之神聖力量的幫助。

筆者認爲我們可以更精確的分辨而表達出：道德意識把克服分裂達成統一的最後保證，放在對於道德理性的自信心上。在這其中，自我的道德理性表現了最核心的主體性，而當中如果有對於「天」、「神」、「佛」的崇拜或對於聖賢的崇敬意識，則都只是主體之精神價值的客觀化與外在化〔註98〕而已，並未具備眞正的實體性或重要性，如果本於道德意識之論人的「心性」與「天命」的關連，基本上便是以道德理性爲中心，並未突破道德自我之主體的侷限。

相反的，宗教意識則把克服分裂達成統一的最後保證放在對於超越的神聖力量的信仰上。但是在這其中，道德自我雖然已不再是價值或力量的最後根源，但是，自我意識並未被完全否定，而是仍然以「超我意識」爲主體，即以人性中超越自然欲望與道德理性之上的天性、神性或佛性爲主體，並且與源於「虛己意識」所引發的對於超越的「天」、「神」、「佛」的皈依崇拜，形成了「人」與「天」之間，即「有限」與「無限」之間一種「超主體性」的關係。使得自我意識超越了主體的侷限，以其超我意識與超越之精神實體的融合而超越了主體的侷限。

對於主體性與超主體性的對比關係，這其中所牽涉到人性之自由意志的問題。筆者在此僅就唐先生所論宗教意識中之自由意志來討論。自由意志的問題是引發道德意識與宗教意識之衝突的癥結所在。〔註99〕唐先生認爲宗教意識是自覺自己無力解脫痛苦與罪惡而皈依崇拜於神的幫助，是一種「自由意志的否定」。唐先生指出：中世紀基督宗教多否定自由意志，而以人之是否得救，完全倚賴上帝的恩典來決定。然而自由意志被否定的結果，便是使人落入「宿命論」的悲劇中。相反的，「自由意志的肯定」則是道德意識的必要條件。由此可表現出宗教意識與道德意識之衝突所在。

筆者認爲中世紀基督宗教的神學思想未必都否定自由意志，宗教意識中的皈依崇拜意識也並不必然否定了人的主體性或自由意志。相反地，如果沒

〔註98〕唐先生即是以神爲超越的主觀精神之客觀化。
〔註99〕參閱《文化意識與道德理性》，頁509。

有人的自由意志，則眞正的皈依崇拜意識也無法充量表現出。即天人之間超越的主體際性，也就無法透過「超我意識」與「絕對的精神實體」之間心靈的融合而眞正形成。宗教信仰中的自由意志是透過虛己意識與超我意識的對比，並與超越的皈依崇拜意識的辯證統一而表現出，並不像唐先生所稱的被完全否定。

依此，聖多瑪斯・阿奎那（St. Thomas Aquinas，1225～1274）界定宗教信仰的產生雖然必須透過人性內在的自由抉擇，但是究竟需追溯到超越於人性之上，而出自於上帝的「恩典」所推動。〔註100〕可知他雖然追溯信仰的最後根源在於上帝的恩典，但卻也相對地肯定自由意志的抉擇。

在布伯所論「我與永恆的祢」之眞實關係中，很能表現出這個意義。布伯提醒我們：「絕對的自我否定」與「絕對的自我肯定」都不能表達出這天人之間眞實的關係。

（二）從唐君毅的「超主觀客觀境」看「超主體性」

我們可以在唐先生的《生命存在與心靈境界》一書所論「主觀境界」與「客觀境界」之後的「超主觀客觀境界」中，看見筆者所謂的宗教意識的超主體性。李杜先生精確的指出其精神：

> 超主客觀境界則既不是由客觀的對象所呈現，亦不是依於主觀的活動而形成。此境界不繫屬於主客，不在主客之中，而是超主客的嚮往，在主客之上要求一統一主客於其下的絕對境界。此境界沒有感覺經驗或理性思辨上的確定證據，但有心靈內在的眞切要求，而爲人不能安於由主、客觀所展示的前述諸境界中而來的不可去除的表現。〔註101〕

筆者認爲這超主客的嚮往不僅是超越了感性自我與理性自我的侷限，更超越道德自我的層面，因此也就超越了自我的主體性。在這樣超主客的絕對境界中才能表現出宗教意識的「超主體性」。

（三）從布伯之論「我與永恆的祢」看「超主體性」

在此，筆者引述布伯的看法。布伯把人與上帝的關係形容爲我與「永恆的祢」（the Eternal Thou）的連結。布伯認爲在人與上帝的關係中，無限唯一

〔註100〕 參閱 *Basic Writings of St. Thomas Aquinas*, (vol 2) edited by Anton C. Pegis, New York: Random House, 1945, p105。
〔註101〕 參閱《生命存在與心靈世界（下）》，頁91。

性與無限包容性兩者融爲一體。而進入與上帝的絕對純粹關係中，並非意謂著遺棄世界與鄙棄自己；乃是呈顯出將萬有以及整個世界都納入於「永恆的祢」，即將世界與自己安放在眞實的基礎之上，這才是與上帝之充盈純全的關係。〔註102〕

如此，可以避免布伯所批評兩種天人合一之超越關係的錯誤看法：第一種是讓「我」把自身的有限性被吞沒於無限的宇宙之中，而得以自我超越。也就是使自我融入於神之中而達到無我或忘我的境界，如神祕主義之「神迷狂喜的合一」（Ekstase, Union），以「只有你沒有我」的姿態來銷融天人之間之二元性的對立。第二種是用至大無外的「我」來吞沒無垠時空中的宇宙與其他的存有者，由此充實自我的內容，以完成自我的永恆。即自我以神自居，自信能超越一切的限制，也能包容一切的存有。這是靈魂之自我意識的統一，藉著「只有我沒有你」的姿態來消除天人之間二元性的對立。但是這只是自我意識的投射，不再是我與永恆的你之間眞實而純全的關係。〔註103〕

（四）從田立克之論「超越道德的良心」看「超主體性」

田立克之論述「超越道德的良心」（the transmoral conscience）也可以作爲我們所謂「超主體性」的例證。田立克用心理學的語詞表達出：

> 只要我們定睛在我們自己，我們便必須經驗著絕望的良心；相反的
> 如果我們定睛在超越我們之上，一個新的創造性的力量時，我們便
> 能達致一個喜樂的良心。而且，我們之所以能有這樣的結果，不是
> 由於肯定了道德的完全；卻是由於我們自覺到道德的不完全，而參
> 與於上帝的爭戰與得勝之中。〔註104〕

（五）從「自律性」與「他律性」的不適當對比看「超主體性」

我們是否可以用道德意識的自律性與宗教意識的他律性的對比來表現宗教意識中這種天人之間的關係？筆者認爲這是不適當的。道德意識的自律性

〔註102〕 參閱布伯（Martin Buber）著；陳維剛譯，《我與你》，臺北：久大、桂冠，1991年，頁64。

〔註103〕 參閱前書，頁67～70。

〔註104〕 引自 Paul Tillich's *Morality and Beyond*, p78. "Insofar as we look at ourselves, we must experience a deperate conscience; insofar as we look at the power of a new creation beyond ourselves, we can attain a joyful conscience. Not because of our moral perfection, but in spite of our moral imperfection, we are fighting and triumphing on the side of God."

在康德（I. Kant，1724～1804）的道德哲學中已經有了充分的論證與闡發。〔註105〕意志的自律（意志自己為自己立定法則）成為道德的最高原則。在唐先生的思想中，大致上接受了康德的觀念。唐先生以道德的價值與理想作為一個具有普遍性的客觀理想，是自覺的內在於我們的道德理性之中，也就是這些作為我們實現道德生活的行為規範，是我們的道德理性本身所自己建立的。〔註106〕這道德的自律性也就更能表現出道德意識的主體性。

但是宗教意識的他律性則是一個較容易引起誤解的問題。在康德而言，意志的他律（即意志並非自己制定法則，而是意志的對象透過它與意志的關係為意志立定法則）成為一切虛假的道德原則之根源。〔註107〕

田立克則擴大了他律性的意義。他指出：

> 他律終極地企圖脫離害怕，並非藉著勇氣而是藉著屈服於給予我們
> 安全保障底權威。在這意義上，他律間接地訴諸於快樂原則，否定
> 了我們自己底理性結構。〔註108〕

田立克認為宗教現象中的他律權威使人因著害怕與追求安全感而屈服在外在的法則之下，這意謂著它們破壞了人的理性結構之創造性的善，扭曲了人的本性與其創造的無限根基（上帝）之內在的、真實性的融合。

筆者認為：真正的宗教意識並不是他律性的，而是超主體性的。這天人之際的真正關係是建立在布伯之所謂「我與永恆的祢」之純全充盈的關係上。這關係不是自律性的也不是他律性的，而是有限存有與無限存有之間超主客觀境界的密契關係。而布伯所指出兩種天人合一之超越關係的錯誤看法：(1)用至大無外的「我」來吞沒無垠時空中的宇宙與其他的存有者，(2)讓「我」把自身的有限性被吞沒於無限的宇宙之中，而得以自我超越。這兩

〔註105〕 參閱 I. Kant' *Ground of the Metaphysic of Morals*, trans. By H. J. Paton, New York: Harper & Row, 1964, p108。參閱李明輝譯本，《道德底形上學之基礎》，臺北：聯經，1990 年，頁 69～73。「自律」在康德本來是指意志的特性，意志的自律意謂著意志為自己立定法則，其中須同時具備兩個要素：一方面出自意志自己的抉擇；另一方面依此抉擇所立定的格律，同時能成為普遍法則。

〔註106〕 唐先生對自律的看法和保羅田立克非常接近。田立克把自律的涵意擴大到整個理性。理性的自律持守其內在的理性結構，免於個人的任性或外在權威的扭曲。

〔註107〕 參閱李明輝譯本，《道德底形上學之基礎》，頁 67。

〔註108〕 參閱 P. Tillich's, *A Hstory of Christian Thought*, ed. by Carl E. Braaten, New York: Harper & Row, 1968, p322。

種看法可以被看成是自律性與他律性之極端發展的表現。

再者，天人之際的真正關係是建立在田立克所指出：「自我理性之創造性的善與其無限根基（上帝）之間真實的融合」上。田立克以「神律」（theology）克服了自律與他律之理論的衝突：

> 神律把理性的結構與奧秘緊密連結著，一方面神性根基呈現在理性之結構中，賦予理性之創造性與靈性的本質，使得自律理性具有奧祕的向度，不至淪為空洞；另一方面神律賦予了自由，使理性在自覺其有限性的同時，能充分實現自律的法則結構，以防止他律權威的介入。〔註109〕

田立克所發現的「神律」不僅足以作為人的自律性的無限根基，使得人的自律性有其參與於神性奧祕之無限豐盈的意義與動力；更能確保人的自律性有其自由發展的廣大空間而免於他律性權威的威脅。

因此筆者認為：以道德意識的「主體性」對比宗教意識的「超主體性」，比用「自律性」來對比「他律性」更為恰當。筆者認為大部分的當代儒家學者之所以輕視，甚至反對「上帝」或「天」的宗教信仰，有一個很大的關鍵，就是把「上帝」或「天」的宗教信仰都看成是他律的。因此，在肯定道德自律的大前提之下，他們比較能夠接受佛教之「自力的宗教」。〔註110〕這是中西文化與宗教之會通課題上的一大關鍵。由此可知，道德意識與宗教意識之自律性與他律性的不當對比所產生的影響是何其重大？

（六）從道德意識之「內在於主體的超越意識」與宗教意識之「超越於主體的超越意識」的對比，看「超主體性」

道德意識以其肯定道德理性的主體性而內在於人性的主體意識之中；宗教意識則以其「超越真我」與「絕對精神實體」之融合的超主體性超越於人性的主體意識之上。

〔註109〕轉引自陳振崑著，《保羅‧田立克論「現實理性之有限性」研究》，臺北：輔仁大學哲學研究所，碩士論文，1990年，頁118。原文出於 Paul Tillich's Systematic Theology, Chicago; Chicago University, 1971, p199。

〔註110〕參閱印順著，《我之宗教觀》，臺北：正聞出版社，1989年，頁13。印順法師指出宗教的兩種形態：「由於宗教的有此二大特性（指順從與超脫），雖一切宗教都具備這兩者，而從重點來說，宗教可以分為二類：一、著重於順從的，是他力宗教，如信神、信上帝、信梵天等。二、著重於超脫的，是自力宗教，如佛教等。大概的說，宗教中越是低級的，越是他力的；越是高級的，自力的成分越多。」

相對於宗教意識的超越性，道德意識也表現了超拔於自然的欲望自我的超越性，和超越於理智自我的超越性。但是道德意識的這種超越性根源於其自立自律的主體性所表現出絕對的自我肯定，是內在於其道德的主體當中。這不同於宗教意識中的超越性。宗教意識以其虛己意識走出了自我主體的侷限，以「超越真我」所生發的崇拜皈依意識與「絕對精神實體」相融合。這種超越人的主體性的超越性（可稱之為「超越自我」），與道德意識中執守人性的主體意識之自律而自求超越的超越性（可稱之為「自我超越」）是有所不同的。

勞思光先生就人的心靈主體之價值自覺的兩種不同的型態來區別道德與宗教，在此有其積極的意義。勞思光先生指出道德精神與宗教精神各自作為一種價值的自覺時，都表現出它們的超越性。但是道德精神所表現的是內在的超越性；宗教精神則表現出外在的超越性。因為道德精神作為一種價值的自覺是以純粹主體自覺，即「德性我」作為價值主宰及皈依的型態，是屬於「內在的超越」；相反的，宗教精神作為一種價值的自覺是以超越對象，即「神的存有」作為價值主宰即皈依的型態，是屬於「外在的超越」。〔註111〕筆者認為此處「外在的超越」中的「外在」是指外在於人的心靈主體，或存在於人的心靈主體之上，因此也就是筆者所謂宗教意識中的「超主體性」。

（七）從道德意識的「自覺性」與宗教意識的「啟示性」之比較，看「超主體性」

因為道德意識的根源是內在於人的本性當中，因此，道德意識的生發與發展來自人的自性的自我覺醒；而宗教意識是超越於人的本性之上，是發生於超越真我走出自我主體性的侷限（虛己意識），而融入於絕對的精神實體之中（皈依崇拜意識），此時宗教靈感的覺醒，源源從天人合一的密契中而來，有如天命之感召我，或如上帝之呼召我。由此可知宗教意識的根源不同於道德意識，它不是從人性的自覺而來，乃是由天人之際的密契中所產生，而表現出宗教意識的超主體性。

以上筆者的看法，也可以在唐先生的觀念中找到類似的看法。唐先生指出道德生活的本質在於自發的反省精神，不同於宗教信仰之若似從天而降的啟示性。他說：

〔註111〕 參閱勞思光著，《儒學精神與世界文化路向——思光少作集（一）》，〈宗教精神與宗教問題〉，臺北：時報文化出版公司，1986年，頁204～206。

宗教之信仰之原始啓示或靈感者，亦若從天而降。道德活動則全賴
自己引發的精神力量。道德活動中無所謂天才或靈感，只有個人之
修養上之工夫。〔註112〕

再者，對於人之內在的「本心本性」之自覺，唐先生有很精彩的闡發：

吾以爲依儒家義，於此吾人當有一言，近於一般宗教家之所言者，
則爲吾人尚須由此信仰本身之自覺，而生一自信。即自信吾人之能
發出或承擔此信仰之當下的本心本性，即具備、或同一于、或通於
此信仰中所信之超越的存在或境界，此信仰中之一切莊嚴神聖之價
值之根原所在者。即吾人於此，不能只是一往依其心靈之無限性超
越性，以一往伸長，以形成種種宗教信仰。且必須有一心靈活動之
大回頭，以自覺此信仰，而在回頭驀見此信仰中之一切莊嚴神聖之
價值，皆根於吾人之本心本性之自身。吾人之此一自覺，可隨吾人
之信仰之一直向上超越、求無限而俱往，而一面涵蓋之，一面凝攝
此信仰中所表現之價值，而歸其根原於吾人本心本性之自身。在此
處，吾人即必須於信仰一超越的存在或境界之外，轉而自信吾人之
本心本性之自身，而有一超越的自我之主體之自信。〔註113〕

唐先生所闡發人對於本心本性的自信，即對於「超越的自我之本體」的
自信，以一切莊嚴神聖的價值，都以人性的這個「超越的自我之本體」爲最
後的根據，此外別無根據。

然而唐先生所謂本心本性的自覺，是怎樣的自覺？它是一種道德意識之
內在自發的自覺？還是超越於道德意識之上的自覺？爲什麼有限的人性足以
有此自覺？人的這種自覺是人所生發的，別無來源？如果把絕對的信心放在
人性這個本性本心的自覺上，這種超越性除了表達出人的理想與嚮往外，當
人性無法生發這個內在自覺；或者生發了這個內在的自覺，卻不能實現於現
實生活中時，這個自覺的根據與支持的動力在哪裡？這些問題都有待進一步
的克服。

唐先生在另一處提出的觀點，可以解決我們一些問題。他認爲人的本心
本性（即仁心仁性）不爲我所私有，既內在又超越於我。當人的道德實踐，
生命靈覺的自覺，到了人心本性全幅呈露的境界，自然不會以仁心仁性爲我

〔註112〕參閱《文化意識與道德理性》，頁521～522。
〔註113〕參閱《中國人文精神之發展》，頁368。

所私有，必然肯定他人甚至人人都有此心性。因此當此貫通於仁人之間的仁心仁性呈露於我時，就如同表現為一由天而降的命令，感召我從私欲私執之中超越而出。所以我直覺此仁心仁性既內在於我，又超越於我。於是我承認這仁心仁性不是我自己的能力所能擁有，乃是天命所賦予我的。〔註114〕在此，唐先生對天命之內在又超越之深義，實有深切的把握。但是其中仍然存在著問題有待釐清。

筆者認為根據上文對於道德意識與宗教意識的分辨，這裡唐先生所提出之仁心仁性全幅呈露的境界與直覺此仁心仁性既內在於我，又超越於我的自覺所表達的理想境界，應該是包含了道德意識與宗教意識兩個層面，唐先生卻未能加以區分地一概歸於道德意識的呈現。因為這既內在於我又超越於我的仁心仁性之自覺，如果沒有超越了道德意識的主體性，而進昇於宗教意識的超主體性，則它只能是根源於道德意識之內在的超越。雖然真正的宗教意識中也須透過人的內在的自覺來表達出。但在宗教意識中並不是以內在的自覺作為信心的最後根據，而另外有其超越的啟示性之根源。此孔子之所以敬畏天命之不已，孟子之所以確信「天之所與我者」而不疑。〔註115〕

第四節　道德意識與宗教意識的關係

在比較辨別宗教意識與道德意識的差異性之後，最後筆者對於宗教意識與道德意識的關係加以討論。

一、唐君毅論宗教意識蘊含最深刻的道德意識

（一）唐君毅論「宗教意識隱含道德意識」

唐先生認為只要我們自覺或不自覺的有了宗教意識中之悔罪的意識，我們便同時有了善惡分判的道德意識。因為，只要我們的宗教意識讓我們有了要從自己的罪惡中解脫而出的意識時，我們的道德意識便有了去惡以趨善的契機，使得我們的人格有了實現道德價值的可能性。再者，當我們能承認自

〔註114〕 參閱《生命存在與心靈境界（下）》，頁201。
〔註115〕 《論語》〈季氏〉：「孔子曰：君子有三畏：畏天命、畏大人、畏聖人之言。」
　　　　《孟子》〈告子〉：「孟子曰：從其大體為大人，從其小體為小人。……心之官則思；思則得之，不思則不得也。此天之所與我者。先立其大者，則其小者不能奪也。此為大人而已矣。」

己的無能爲力，而在神面前表現出一種絕對的謙卑與忘我的宗教情操時，我們同時也不自覺的表現出道德品性的價值。而且在宗教意識的對神的信靠裡，仍然可以保持一種自覺或不自覺的自己支配自己之道德意志，而使得自我的道德意識隱含在其宗教意識之中。〔註116〕

（二）唐君毅論「宗教意識所依據與成就之道德意識是最深刻的道德意識」

唐先生指出：在宗教意識的解脫意識與虛己意識中，對於自身之罪惡的深刻認識，一如佛家所謂無始以來的「無明」之束縛，或基督宗教所謂「原罪」，是不僅在意識的表層上；更深入潛意識的底層中對自我所下的道德判斷。如此追求超越罪惡的道德判斷，是在宗教意識的敬虔中同時表現出一種極高之道德價值之自覺的道德行爲。

而當自我認識了自身的罪惡之後，能對神謙卑痛悔，化作懺悔心，慈悲心而自我更新以做新造的人。如果能進一步地感恩讓德於神的恩典，則是一種表現出更高的道德價值之不自覺的道德行爲。最後，唐先生也明確地標舉出宗教意識一方面根源於這最高的道德意識；另一方面宗教意識也成就了這最高的道德意識。〔註117〕

筆者認爲這是唐先生有所發現於宗教意識與最深刻的道德意識之相關連的地方。雖然這有助於我們認識宗教意識與最深刻之道德意識的關連性，但是如果不能分辨出宗教意識與道德意識本質上的區分，往往會把宗教意識看成是道德意識的發展結果，這時的宗教意識便成爲唐先生所要批判的種種變形意識，諸如：社會意識、藝術意識……等之外的又一種變形意識：即以道德意識取代宗教意識。因此也就有所謂的「道德的宗教」。甚至有人主張只要道德不要宗教，或道德便是宗教等。這都是不能區分宗教意識與道德意識之本質的差異所導致的結果。

二、論道德意識不能成爲眞正的宗教意識

誠如唐先生所已指出的：宗教意識中隱含有道德意識，甚至是最深刻的道德意識。但筆者則更進一步強調：道德意識本身不能成爲眞正的宗教意識。這也成爲我們探討人文宗教之可能性的基本前提所在。其理由在於：

〔註116〕參閱《文化意識與道德理性》，頁512～513。
〔註117〕參閱前書，頁513～514。

（一）道德意識沒有真正的虛己意識

筆者認為由上文對於宗教意識與道德意識的本質區分，我們知道宗教意識中的虛己意識根源於對自身之罪惡或無能為力的深刻認識；也就是一種對於自我之身體、情感、意志、思想與德行之有限的自覺，使得自我以謙卑懺悔的宗教情操，走出了欲望自我、理性自我與道德自我之主體性的侷限，而使得超越主觀也超越客觀之「超主體性」的宗教境界成為可能。而這天人之際的超越嚮往，所開啟之有限存有與無限存有之間純全豐盈的天人關係，便建立在宗教意識之虛己意識這個必要條件之上。

但是相反的，雖然道德意識也有自省克己的自我要求，也表現了超拔於自然的欲望自我的超越性，和超越於理智自我的超越性。道德意識也可以表現出其超越向上之無限的嚮往。道德的理想可以是無窮無盡的，因此可以說它是無限的，這乃源於道德理想的「對象」是無限的；但是人的道德能力是有限的，有限的道德能力追求無限的道德理想，這就不得不呈現出其中莫大的張力，也不得不呈現出道德意識的侷限性。〔註118〕

再者，不具有虛己意識的道德意識其本質的表現正在於道德自我之內在主體性的持守。道德意識的超越性根源於其自立自律的主體性所表現出絕對的自我肯定。由此可知，道德意識的本質與虛己意識正相衝突。因此筆者認為道德意識不能成為真正的宗教意識。

（二）道德意識沒有真正的皈依崇拜意識

筆者認為道德意識因為沒有真正的虛己意識，因此無法產生真正的皈依崇拜意識。道德意識雖然也可以追求其無限理想的嚮往，甚至可以把無限的理想作為主體之精神價值予以「客觀化」和「外在化」為「天」、「神」、「佛」的崇拜或對於聖賢的崇敬意識。但是這種主體精神價值之客觀化或外在化的神，是道德意識之主體以其絕對的自我肯定所形成的人造神。這樣的人造神也許可以作為人的情感心靈的寄託、或理想人格的典型、或精神偶像的崇拜，但絕不是真正的皈依崇拜意識所相遇（meeting）的那個能夠令人神往及敬畏；可與人產生深刻的密契關係；並充滿了奧祕與豐沛動力；且可以成為一切存有與活動之根源的神。

〔註118〕 筆者認為唐先生所提出之「仁心仁性全幅呈露」又「直覺此仁心仁性既內在於我，又超越於我」的理想境界，其實其中包含了道德意識與宗教意識，兩者融合為一未加分辨。

第四章　論儒教理論在儒家傳統上的思想傳承

引言

唐先生的儒教理論，非孤心所自造，乃有其歷史的傳承。唐先生在《中國文化之精神價值》（v4, 1953）一書中，有一小節「中國儒者證天道之方——天或天地可指宇宙生命、宇宙精神、本心即天心」論述歷代儒者對於天道的體會。〔註1〕唐先生《中國哲學原論》諸篇之詳論，特別是《原性篇》（v13, 1968）、《原道篇（一）》（v14, 1973）、《原道篇（二）》（v15, 1973）、與《原教篇》（v19, 1975），對於儒家之「心性、天道」思想的發展，都有一番詳細的考論與詮解。還有在最後系統之作《生命存在與心靈境界（下）》（v24, 1976）一書中亦有一小節「略說中國儒者觀性命之思想發展」〔註2〕概略地述說儒者性命思想之歷史脈絡。

筆者認為儒教理論的思想根源，應該追溯到孔子思想之前。〔註3〕唐先生論述中國文化與宗教的起源，特別重視兩件文化史上的大事：

（一）其中一件是大禹的功業。唐先生指出大禹治水的功績被後世所稱美，主要著重在其勤勞刻苦的德性。由於推崇大禹的精神，塑造了中國民族

〔註1〕 參閱《中國文化之精神價值》，頁449～458。
〔註2〕 參閱《生命存在與心靈境界》，頁249～252。
〔註3〕 克里斯蒂安·喬基姆說：「儒教的基礎可以追溯到孔子以前中國的歷史與傳說。因此孔子與門徒們對於古代的聖賢懷著崇敬的心情，他們相信遠古時代是一個理想的神聖的時代」。參閱克里斯蒂安·喬基姆著，王平等譯，《中國的宗教精神》北京：中國華僑出版公司，1991年，頁8。

文化重視勞動及對自然的治理。這使得中國文化的原始精神歸於樸厚老實，而不作希高慕外的幻想。〔註4〕

（二）另一件文化史上的大事，則是周代的封建宗法制與禮樂文化。王國維先生在〈殷周制度論〉中指出殷周之際在制度上有很大的變革，這些變革影響後代的社會制度非常深遠。即使是君王權力的轉移以世襲為制度、或封建諸侯的制度，在當時的社會政治條件之下，都是出自於明智的用心設計。它的目的是要把整個國家規範在一個講求人倫、道德、禮儀，並可以防範爭亂的組織團體之中。而在這個組織團體當中，尊尊、親親、賢賢與禮儀是最高的原則。即使是刑罰也建立在這些人倫道德的原則之上。王國維先生說：

中國政治與文化之變革，莫劇於殷周之際……周人制度之大異於商者，一曰立嫡之制，由是而生宗法及喪服之制，并由是而有封建子弟之制，君天子臣諸侯之制。二曰廟數之制。三曰同姓不婚之制。此數者皆周所以綱紀天下，其旨則在納上下於道德，而合天子、諸侯、卿、大夫、士、庶民以成一道德之團體。

然尊尊、親親、賢賢此三者治天下之通義也。周人以尊尊、親親二義上治祖禰、下治子孫、旁治昆弟，而以賢賢之義治官。故天子諸侯世，而天子諸侯之卿、大夫、士皆不世。蓋天子諸侯者有土之君也，有土之君不傳子不立嫡則無以弭天下之爭。卿、大夫、士者，圖事之臣也，不任賢無以治天下之事。

周之制度典禮乃道德之器械。而尊尊、親親、賢賢、男女有別四者之結體也，此之謂民彝；其有不由此者謂之非彝。……周公誥康叔治殷民之道，殷人之刑惟寇攘姦宄；而周人之刑則并及不孝不友。故曰惟弔茲不於我政人得罪，又曰乃其速由文王作罰其重民彝也。如此是周制刑之意亦本於德治禮治之大經，其所以致太平與刑措者蓋可睹矣〔註5〕

唐先生強調周代封建與宗法制的結合，使得人倫上的親親之誼與政治法制的融合，不僅促使了民族的協調與凝合，更在政治、社會、與道德的文化

〔註4〕 參閱《中國文化之精神價值》，頁23～24。
〔註5〕 引自王國維著，《觀堂集林》第十卷，《王觀堂先生全集》（冊二），文華出版公司印行，頁435～436、454、459。

生活上有著禮樂的薰陶。〔註6〕唐先生說：

> 由於政治局度，至周代而後闊大。嚴宗法而重倫理道德之生活，人
> 之精神乃可上通百世，下通子孫，橫通兄弟親戚之倫，生命精神發
> 皇而充沛，禮樂方有所依也。禮樂者純文也，政治、社會、倫理之
> 文，乃禮樂之質也。〔註7〕

孔子對於大禹德業的推崇與周公制禮作樂的景仰，以及孔子對於周代禮樂文化的推崇〔註8〕都表現出以上這兩件中國文化史上的大事，對於儒家思想都起著決定性的影響。

再者，特別就天人關係的思想領域上來看，唐先生肯定人的生命存在，應當有其超越的形上根源。這個形上根源，中國先儒名之為「天」、「天命」，為一「絕對之精神生命實在」，原本就兼有宗教人格神的信仰與哲學形上學的涵義。〔註9〕唐先生也肯定在《孟子》、《中庸》、《易傳》諸儒家經典的思想義理中，都肯定一個具有形上的精神生命性的絕對實在。因此，唐先生明確地指出：中國人之祭天、祭天地，與「天地君親師」之神位的崇拜，其中「天地」的義涵，必然不只是物質生命的自然而已。但是到了宋明儒者的心性之學的思想中，貫通了天道與人道，把宗教融入於道德，宗教終究不能成為一個獨立的文化領域。

唐先生指出在現代文化的會通中，如果我們追求精神自我的客觀化，即客觀化為各種社會文化的客觀精神，則我們必須在原先重視「天人合一」的思想形態中，重新釐清「天」與「人」的分際，即釐清宗教與道德的分際。唯有如此才能使得宗教成為社會文化之創造活動中一個獨立的領域。〔註10〕

〔註6〕　宗法制度的內涵，包括了「宗廟制度」、「族墓制度」、「姓氏制度」、「內婚制度」、「嫡長子繼承制度」、「宗子主管制度」等。另外諸如：「策命禮」、「覲禮」、「聘禮」、「即位禮」、「委質禮」都是宗法等級制度下的控制機制。參閱陳來著，《古代宗教與倫理——儒家思想的根源》，北京：三聯書店，1996年，頁317。

〔註7〕　引自前書，頁26。

〔註8〕　《論語》〈泰伯〉二十一：「子曰：禹，吾無間然矣！菲飲食而致孝乎鬼神。惡衣服而致美乎黻冕。卑宮室而盡力乎溝洫。禹，吾無間然矣！」〈泰伯〉十八：「子曰：巍巍乎！舜禹之有天下也，而不與焉。」〈述而〉五：「子曰：甚矣，吾衰也！久矣，吾不復夢見周公！」〈八佾〉十三：「子曰：周監於二代郁郁乎文哉！吾從周。」

〔註9〕　參閱《中國文化之精神價值》（v4, 1953），頁530。

〔註10〕　參閱前書，頁531。

而這釐清宗教與道德之分際，即還原宗教成為一個獨立的文化領域的工作，也正是筆者本文的宗旨所在。

筆者認為，如果要對這儒家傳統所推崇之超越之形上根源有一個較為完整的概念，必須釐清「天人關係」的觀念，經過歷代儒者不同的詮釋，所具有的不同的意義發展。以唐先生容納百家、萃取精華的廣大胸襟與思想空間，雖然有其摒棄門戶之見的遠大抱負，〔註 11〕但在義理的取捨之間，仍有其概略的軌跡可循。筆者認為唐先生特別於《詩經》、《書經》、《國語》、《左傳》，孔子、孟子、《中庸》、《易傳》、《禮記》、明道、象山、陽明到船山等諸典籍與儒者關於天人之際的思想，涵泳最為深刻。〔註 12〕

第一節　周初時代的奠基

一、《詩經》與《書經》中「天命」與「王德」、「民心」並稱的天人關係〔註 13〕

唐先生在《中國文化與世界》中說：「中國古代思想中，『天』的觀念明指有人格的上帝。」〔註 14〕李杜先生也從三方面論證周初是中國古代以天帝為至上神的形成時期。〔註 15〕並引據《詩經》與《書經》，從三方面：即以

〔註 11〕　唐先生勾勒出朱子、象山、陽明三賢不立門戶的學術態度。這種「只問是非，不問同異」、「惟理是從」之真誠的學術態度，也是唐先生自己的心志所在。參閱《中國哲學原論──原教篇》(v19, 1975)，頁 205～210。

〔註 12〕　唐先生於荀子、《中庸》、《易傳》、橫渠、與朱子之思想義理亦有所肯定而兼取。筆者於孟子兼論荀子、《中庸》、《易傳》；於明道兼論橫渠；於象山兼論朱子。唐先生說：「孔孟之精神在繼天，又知天即在人中，故以盡心知性立人道為事也。孔孟不重信天，而偏重盡心知性立人道者，因當時之禮中，原有郊祭之禮，人民原信天也。宋明之際，人不信天神，故宋明儒必重立天道，濂溪立太極，橫渠立大和，程朱識天理，陸王由本心良知以見天心，船山論天衷與天德」；引自《中國文化之精神價值》，頁 530。

〔註 13〕　「天命」或作「帝命」、「上帝命」。「王德」一詞筆者從「在昔上帝割申勸寧王之德」《書經・君奭》，「王其疾敬德」《書經・召誥》中取來。「民心」從「皇天無親，惟德是輔；民心無常，惟惠之懷」《書經・蔡仲之命》取來。《詩經》與《書經》中，常見「民」的語詞，「民心」取其義也。

〔註 14〕　引自唐君毅著，《說中華民族之花果飄零》，臺北：三民書局，1974 年，頁 143。又《中國文化與世界》(v4, 1958)。

〔註 15〕　參閱李杜著，《中西哲學思想中的天道與上帝》，臺北：聯經出版事業公司，1978 年，頁 12～14。李杜先生從(1)人類宗教思想縱的發展(2)天人相應的觀

（1）「天命」與「帝命」同義而可以互用，（2）「天」與「帝」合稱或並稱，（3）「天」、「帝」的德性相同，等三個命題論證「天」與「帝」是同一位至上神。〔註16〕

李杜先生並分析周代的「天」概念，具有四個不同的涵意：

1. 「神性義的天」，例如：「天生烝民」、「天監有周」（《詩經‧大雅‧烝民》）、「天降喪亂」（《詩經‧大雅‧桑柔》）、「天佑下民」（《書經‧泰誓上》）、「天亦哀於四方民」（《書經‧召誥》）。

2. 「主宰性的天」：「昊天有成命」（《詩經‧周頌‧昊天有成命》）、「皇天既付中國民」（《書經‧梓材》）、「皇天上帝，改厥元子」（《書經‧召誥》）、「昊天大降喪於殷」（《書經‧多士》），另有：

3. 「自然義的天」與 4.「天堂義的天」。〔註17〕其中，李杜先生所指出「天」的「神性義」與「主宰性」是很明顯的了。

（一）神性義與主宰性的天命觀

《詩經》與《書經》裡的「天命」最重要的是神性義與主宰性之「天」的命令的義涵。例如：「天命不又（佑）」（《詩經‧小雅‧小宛》）、「天命誅之」（《書經‧牧誓》）、「有殷受天命」（《書經‧召誥》）。〔註18〕相當於西周這個時期的天命觀，是隨著君王的德行而轉移的。唐先生指出：「天命」在殷周之書，常被稱爲「大命」。周書稱「天」，多簡稱爲「皇天」或稱「皇天上帝」。「皇」即「大」的意思。因此君王之奉答「皇天大命」，固然應當具有寬大能容的氣象。我們從文、武、周、召諸君王的誥書中，確實能看見一種承接皇天大命，以寬厚包容的君王之德，來開創大時代、作新民的精

點（3）周人對夏商滅亡的反省，三方面論證周初是以天帝爲至上神的形成時期。

〔註16〕參閱前書，頁 16～19。
又傅佩榮先生認爲：「天與帝在周朝具有共同的意義。」參閱《儒道天論發微》，臺北：台灣學生書局，1985 年，頁 28。
何柄棣先生依據漢學家高本漢（Bernhard Karlgren，1889～1978）的史料方法原則（未經儒家系統化的神話比較可信），由《山海經》、與《楚辭》論證殷周同一祖宗與至上神：帝俊＝帝嚳＝舜。參閱何柄棣著，〈「天」及「天命」探原：古代史料甄別運用方法示例〉，1994 年，頁 40～41。

〔註17〕參閱李杜著，《中西哲學思想中的天道與上帝》，頁 31～34。李杜先生引《詩經》與《書經》中「天」的概念，包含了「天命」的概念。筆者則把「天命」移到與「人性」對稱時再討論。

〔註18〕參閱李杜著，《中西哲學思想中的天道與上帝》，頁 31。

神。〔註19〕

（二）「天命」與「民心」的對稱

筆者在接受「天」的神性義與主宰性的前提下，嘗試從「天命」與「王德」及「民心」的三角關係，論述西周時代的天人關係。在神性義與主宰性的「天」的宗教信仰之下，首先和「天命」對稱的是「民心」的概念。「民」不同於普遍性的「人」，在具有宗教與道德的義涵之中，同時具有了宗族與政治的義涵。因此，「民」應該是指封建宗法政治制度之下的統治階級。〔註20〕指稱普遍人性的「人」的概念，應該是到了封建宗法制度瓦解、禮樂文化被破壞之後的春秋時代才得以出現。例如：「天生烝民，有物有則，民之秉彝，好是懿德。」（《詩經·大雅》）「天矜于民，民之所欲，天必從之」（《書經·泰誓上》）「天視自我民視；天聽自我民聽」（《書經·泰誓中》）「天聰明自我民聰民，天明畏自我民明威。達於上下，敬哉有土。」（《書經·皋陶謨》）「夫民，神之主也。是以聖王先成民，而後致力於神。」（《左傳·桓公六年》）等。「天」作為人民的「造生者」〔註21〕，人民所受之於天的稟賦，是人民本身內在的美德。再者，「天」矜愛著人民，必能體貼人民的心願與需要。而且天命與天意會透過民心民意來展現，人民福祉的重要性漸漸地超過了鬼神的祭祀，而成為君王施政的重心。

（三）「王德」作為中介的連結

在「天命」與「民心」對稱的天人關係中，「王」（君王）有其神聖的職責。「天」與「民」的關係便是透過「王」的「敬德」或「明德」作為中介來連結的。例如：「天佑下民，作之君作之師，惟其克相上帝，寵綏四方。」（《書

〔註19〕 參閱《中國哲學原論——原道篇（一）》（v14, 1973），頁59。
〔註20〕 在「天子、諸侯、卿、大夫、士、庶民」的封建等級中，如果以「天、王、民」三個階層來看：「天子」是「天帝」在地上王國的代表，也就是「天命」所在的「王」，是「天」與「民」之間的中介；而「諸侯」以至「庶民」也可泛稱為「民」或「國人」，其中「庶民」雖然已經不再有統治貴族的身分，但是仍然與貴族有血親的關連。另外還有「民」之外的「奴隸」。陳明先生指出：「封建所立之邦國是一個民族對另一個民族的軍事征服和政治控制。一個部族幾乎整個地構成統治階級，另一個部族則幾乎整個地「子孫為隸」。一般來說，前者作為「國人」居於城郭之內，後者作為「野人」居於城郭之外，構成中心和邊緣或統治與被統治的關係。」引自陳明著，《儒學的歷史文化功能——士族：特殊形態的知識分子研究》，上海：學林出版社，1997年，頁18。
〔註21〕 參閱傅佩榮著，《儒道天論發微》，臺北：台灣學生書局，1985年，頁27。

經・泰誓上》)「天亦哀于四方民，其眷命用懋，王其疾敬德。」(《書經・召
誥》) 〔註22〕而文王的德行是後代君王最好的典範。「維天之命，於穆不已，
於乎不顯，文王之德之純。」(《詩經・周頌》)「上天之載，無聲無臭，儀刑
文王，萬邦作孚。」(《詩經・大雅》) 〔註23〕

唐先生在追溯孔子所承繼中國人文之道時，就《洪範・皇極》之所論「王
道」，也是「天命」實現於人民生活的具體表現。唐先生指出：

> 故王者欲「奉答天命」，必「和恒四方民」。(周書洛誥) 此理初非難
> 知。在殷周之際，人歷觀桀紂之所以亡國之故必悟及天子當如父母
> 之保民，乃能奉天命；而爲天子者以爲民父母之心待民，亦自必當
> 自勉於無偏無陂、蕩蕩平平之王道也。〔註24〕

再者，傅佩榮先生指出：君王之自稱「余一人」代表著君王對於自己作
爲天人之間，伴隨著天命而來的職責與道德要求，有所認知。例如：「(湯：)
其爾萬方有罪，在予一人；予一人有罪，無以爾萬方。」(《書經・湯誥》)「(武
王：) 百姓有過，在予一人。」(《書經・泰誓中》) 我們可以從其中看到殷周
之開創君王充滿著來自於天命的使命感與爲人民承擔罪過的責任感。

(四)「預定的天命觀」

但是後來「余一人」卻漸漸淪落爲君王貪顧自己之福禍的特權代號。這
種發展趨勢也顯示出，在宗教與政治的緊密結合之下，天帝在人民心目中的
地位隨著王權的沒落而漸漸淪喪了。例如：「(周穆王：) 爾尚敬逆天命，以
奉我一人。……一人有慶，兆民賴之。」(《書經・呂刑》)「(周平王：) 嗚呼！
有績予一人，永綏在位。」(《書經・文侯之命》) 〔註25〕

在這「天命」與「王德」漸漸沒落的時候，也就形成了所謂的「預定的
天命觀」。這種天命觀認爲先王所受之於上天之命，不會隨著德業的衰落而轉
移，可以傳給後代的子孫。例如《左傳・宣公三年》：

> 天祚明德，有所底止。成王定鼎於郟鄏，卜世三十，卜年七百，天
> 所命也。周德雖衰，天命未改，鼎之輕重，未可問也。〔註26〕

〔註22〕 轉引自前書，頁30～33。
〔註23〕 轉引自前書，頁35。
〔註24〕 引自《中國哲學原論——原道篇》(v14, 1973)，頁57。
〔註25〕 參閱傅佩榮著，《儒道天論發微》，頁56～57。
〔註26〕 參閱李杜著，《中西哲學思想中的天道與上帝》，頁42。

在君王喪失了對於上天的敬畏與對於人民的責任感之後，「天命」已淪爲後代君王棧戀權位的藉口。這種「預定的天命觀」如果再往前演變，即成爲人的福禍必然被註定而人力不可轉移的「命運」觀念了。這種趨勢發展到最後，人民因著君王的昏庸殘虐與生活的困難艱苦，開始責怪上天的不仁不義。如此的結局，原先「天命」、「王德」與「民心」的關係連結就徹底地被破壞無遺了。例如《詩經·小雅》：

> 浩浩昊天，不駿其德。降喪飢饉，斬伐四國。昊天疾威，弗慮弗圖。
> 捨彼有罪，既伏其辜。若此無罪，淪胥以鋪。〔註27〕

二、《國語》與《左傳》中「天道」與「人道」對稱的天人關係

（一）「天道遠，人道邇」

在《國語》與《左傳》所記載，孔子之前的春秋時代，已有「天道」與「人道」對稱的觀念。例如：《國語》〈晉語六〉：「天道無親，唯德是授。」其中指出相對於天道；人所必須敬畏於天道而應該做的是人本身道德的實踐。鄭國大夫子產說：「天道遠，人道邇。非所及也，何以知之」（《左傳·召公十八年》）明白以人道與天道對舉，並以人道比天道更切近於人的德行與福祉。〔註28〕

（二）人道先於鬼神之道

再者，唐先生指出：《國語·楚語》記載觀射父之言：「（顓頊乃）命南正重司天以屬神，命火正黎司地以屬民，而絕地天通」「使民神復不雜」表現出人道與鬼神之道的分別；還有《左傳·桓公六年》記載季梁之言：「所謂道，忠于民而信于神……夫民，神之主也。是以聖王先成民，而後致力于神。」更表現出重視人道過於鬼神之道的轉變。〔註29〕筆者認爲這些釐清「人道」與「天道」或「鬼神之道」的思想對於孔子「人能弘道，非道弘人」，以及「敬鬼神而遠之」的人文態度具有決定性的影響。〔註30〕

〔註27〕 轉引自前書，頁58。

〔註28〕 參閱前書，頁84。又參閱《中國哲學原論——原道篇》（v14, 1973），頁65。

〔註29〕 參閱《中國哲學原論——原道篇》，頁64。

〔註30〕 謝大寧先生推測孔子在「德——禮樂」傳統的變遷過程中所受於子產與叔向的影響，使得孔子對於禮樂的理解方式由宗教性過度到道德性及倫理性。參閱謝大寧著，〈儒學的基源問題——「德」的哲學史意涵〉，《鵝湖學誌》第16期，1996年6月，頁32～34。

第二節　先秦時代的開創

一、孔子之「天命」與「仁者」的呼應

（一）立人道即所以見天道

唐先生在《中國文化之精神價值》一書中，明確的說：

> 孔孟之未嘗明白反對中國古代宗教，而否定天帝，正見中國古代之
> 宗教精神，直接爲孔、孟所承。孔、孟思想，進於古代宗教者，不
> 在其不信天，而唯在其知人之仁心仁性，即天心天道之直接之顯
> 示，由是而重在立人道，蓋立人道即所以見天道。〔註31〕

唐先生所指出孔孟承續了古代的宗教精神，並不否定天帝的信仰。這是
筆者所深信的。但是如果以「人道」對稱「天道」，論述孔孟的思想中已經具
有「立人道即所以見天道」的思想，則我們要注意孔孟的原始思想，與儒家
後來宋明時期心性之學的思想所存在著的差異。孔子「人能弘道，非道弘人」
的揭示，指出天人合一之道可以透過人的仁心仁性的具體實現而呈現，以此
強調了人的道德實踐的主動性。這不同於宋明心學，特別是陽明後學的思想，
以人道的實踐即天道的實踐，即以人道涵蓋了天道，甚至取消了獨立自存的
天道。如果我們釐清了「存有次序」、「認知次序」與「道德實踐次序」的不
同，〔註32〕則可見唐先生在此指出孔孟之「立人道即所以「見」天道」，而不

《左傳》另有「天命不謟」的觀念：天的祚佑興廢並非隨意所爲乃是遵循賞
善罰惡的原則，有其恆常不變的原則。即「天道不謟，不二其命。」但天生
民愛民，不棄其天地之性。故左傳：「民之所欲，天必從之。」「天生民而立
之君，使司牧之。……天之愛民甚矣。豈其使一人肆於民上，以從其淫，而
棄天地之性？必不然矣。」轉引自張立文主編，《天》，臺北：七略出版社，
1996年，頁40。

〔註31〕 引自《中國文化之精神價值》，頁448。

〔註32〕 唐先生說：「陽明以人道攝天道，無獨立之天道論。而船山之言即器明道，即
是見理，即用見體，則不僅據以明人道，同時據以明天道，而有獨立之天道
論。」引自《中國哲學原論——原教篇》（v19, 1975），頁516。又李明輝先生
依據康德之區分「存在根據」與「認知根據」的差別，（即意志自由是道德法
則的存在根據；道德法則是意志自由的認知根據。） 論述儒家的思想：「從存
在次序上說，儒家底「天」或「道」先於「人」，而爲其所本；但在認知次序
上，「天」或「道」底義蘊卻須透過人才彰顯，這是「人能弘道」一語之涵
義。」參閱李明輝著，《當代儒學之自我轉化》，〈儒家思想中的內在性與超越
性〉，臺北：中央研究院中國文哲研究所籌備處，頁141。筆者認爲這是研究
儒家思想時，一個很重要的區分。如果再加上儒家學者之以道德爲一種理想

是「立人道即所以「立」天道」，實表現出其慧解與用心。這可由以下筆者所論述歷代儒者對於天命思想的詮釋之差異呈現而出。

唐先生指出孔子承繼周初人文禮樂之道，以人能弘道的精神「立人道」「修人德」，以承「天命」之不已。默識天道與人心之合一，而有「知我者，其天乎」之嘆。特別是孔子的天命觀則表現出開創新局面的氣象。

（二）「義之當然之理」的天命觀

唐先生特別從「義之當然之理」與「對於天命之呼召的回應」兩方面闡揚孔子的天命觀。〔註33〕唐先生說：

> 孔子于天，雖不重其人格神之義，然于此命仍存舊義。其即義見命，即直接于人之知其義之所當然者之所在，見天之命令呼召之所在，故無義無命，而人對此天命之知之畏之俟之，即人對天命之直接的回應。此即成孔子之新說也。〔註34〕

其中，唐先生推崇朱子之能詮解孔子的天命為天道，乃是「義之所以當然（應然）之故」。例如「子女應當孝敬父母」這個道德教訓之所以可以成立的理由，在於人本身具有能認識「子女應當孝敬父母」之道德教訓的「性理」，亦即人的「道德理性」。若繼續追問人為什麼具有這個能認識道德教訓的道德理性，則追溯到賦予人「道德理性」的「天命」。因此可以說「天命」乃是道德教訓最後的理論基礎，即「義之所以當然之故」。即使在客觀處境有所阻礙的遭遇（命）之下，例如父母之虧負惡待我，則我本身源於天命的道德理性，仍然能在面對當下客觀處境之下，為我開啟一條義之所應當行的途徑。

性的創造實踐，而為之成立一個「道德實踐的次序」。則可知，傳統儒家的思想問題，諸如：「人道」、「良知」、「心性」等等問題，便是糾纏在這「存在次序」、「認知次序」與「道德實踐次序」三者不分的迷魂陣之中。

〔註33〕 唐先生看重的是孔子對於天命有了新的體認。參閱《中國哲學原論——原道篇（一）》，頁110～113。唐先生指出孔子的天命觀，雖然從局部看有傳統三種天命觀的質素：即(1)「上天的使命」（如「天生德於予，桓魋其如予何？」），(2)「安順於人之不可轉移的命運」（如「道不行，乘桴浮於海」），(3)「觀照天地萬物的變化流行」（如「天何言哉，四時行焉百物生焉，天何言哉？」），等等。可參照傅佩榮先生從概念的分析，客觀地辨別論語中孔子的言論所隱含的四種「天」的不同含意：(1)「以天為自然界」、(2)「以天為關懷人世的主宰」、(3)「以天為孔子使命的本源」、(4)「以天為命運」。參閱傅佩榮著，《儒家哲學新論》，臺北：業強出版社，1993年，頁129～131。

〔註34〕 引自前書，頁116～117。

我們可以用這樣的觀念印證孔子的一生。孔子一生的生命歷程，從懷抱著「知其不可爲而爲之」的態度，欲得明君以行王道。當道不行，則退而著述講學，以宣揚仁道的人格典型與文化理想。這樣的生命歷程便是一條由「當然之義」契入「天命」的進路。〔註35〕

（三）「對於天命之呼召的回應」

再者，由以上所論述「當然之義」契入「天命」的進路更進一步，唐先生更指出孔子的天命觀明顯的具有一種動態的命令、或呼召的意義。唐先生說：

> 孔子所言之天命，則明有一命令呼召義，亦明可說爲在生命歷程或成學歷程中之所遭遇，而爲人所必當知之、俟之、畏之，以爲回應者。〔註36〕

「天命」作爲一種上天之動態地命令或呼召，原是周初君王對於天帝至上神的信仰，也就是把「天命」當成建立政權的合法性基礎。君王對這個建立政權的合法性基礎，則回應以敬德或明德。例如《詩經・周頌》：「維天之命，於穆不已，於乎丕顯，文王之德之純」，其中上帝的命令或呼召所呈顯出令人敬畏不已的肅穆，使得文王回應天命之呼召的明德、敬德的呈現亦純粹不已。〔註37〕

而孔子對於天命的體會，表現在《論語》一書中，諸如：「知天命、俟天命、畏天命」、「不知命，無以爲君子也」、「君子居易以俟命」、「五十而知天命」等對於「天命」或「命」所啓示或呼召的體會，正表達出孔子在一生的成學歷程與生命歷程中，所眞實遭遇的存在情境，以及孔子以眞誠的生命所給予的回應。〔註38〕

因爲這樣的天命對於人的心志的呼召是又眞實又有動力的呼召。因此孔子一生立志所表現出的眞誠生命對於天命的回應，也時時表現出與天命相遭遇的新境界，而處處有所超越於習以爲常的舊我。在這日新又新之天命與人

〔註35〕 參閱《中國哲學原論——原道篇（一）》，（v14, 1973），頁114～115。

〔註36〕 引自前書，頁115。

〔註37〕 起初唐先生認爲君王先具備了敬德、明德之後，才有天命的呼召。參閱《中國哲學原論——導論篇》（v12, 1966），頁504～505。後來改爲君王的敬德、明德是對於天命之呼召的回應。參閱《中國哲學原論——原道篇（一）》，頁116。最後則以「天命」與「自命」作爲同一事件的兩個不同側面而呈現。

〔註38〕 參閱前書，頁114。

的心志的相感通之中，孔子的一生不知不覺地流露出一種「發憤忘食，不知老之將至」的生活態度與「樂且不憂」的生命情調。〔註39〕這是作爲一個儒者所達致天人合一的生命境界之既具體又眞實的呈現。

筆者發現唐先生晚年之作《生命存在與心靈境界》之中論述「天命」與「自命」的天命觀，便是脫胎於他在這裡對孔子天命觀的體會與詮解。

二、孟子的「存心養性」以「事天立命」

（一）《詩》、《書》興發心志的向上精神

唐先生指出孟子的學術思想包含了「經學傳統」、「民貴君輕之政治思想」與「心性論」三個側面。〔註40〕唐先生發現孟子的「心性論」與「民貴君輕的政治思想」都受到孟子擅長於《詩》《書》之經學傳統的決定性影響。《論語》記載孔子曾經說過：「興於詩」、「詩可以興，可以觀……」即《詩經》具有興發心志的教化作用。而《書經》所記載古代聖賢的德行人格，對於後人的心志也具有極大的鼓舞作用。這正符合孟子思想的一貫風格。孟子主張「即心以言性」、「反身而誠，善莫大焉」的心性論，便是教人緣著本有的善端本心，興發人性之自覺地向上向外推擴、以尚友古聖先賢的心志。而孟子民貴君輕的政治思想也是足以興發民志，以自貴自重的思想風格。因此「興起一切人之心志，以自下升高，而向上植立之道」便成爲孟子思想的一貫精神。〔註41〕

根據以上所論孟子之興發向上的精神，孟子開創一條從自己的內心的自省出發，以次第擴充、向上奮進的超拔之道。這也是一條由有限向無限超越向上的途徑。在這一條超越向上的途徑上，孟子的天命觀很自然地便由他的心性論所推擴而來。孟子說：

> 盡其心者，知其性也，知其性，則知天矣。存其心，養其性，所以事天也。夭壽不貳，脩（修）身以俟之，所以立命也。（《孟子·盡心篇》）〔註42〕

孟子的性善論始於人所異於禽獸的四端。唐先生認爲這惻隱、羞惡、辭讓、是非四端之心，起初只是人之心靈內在所自覺之不安不忍之情。這是人

〔註39〕　參閱前書，頁 120～123。

〔註40〕　參閱前書，頁 211～212。

〔註41〕　參閱前書，頁 212～213。

〔註42〕　引自朱熹集註，蔣伯潛廣解，《四書集註·孟子》，啓明書局印行，頁 309。

類所獨有的主觀的內在感動。〔註 43〕有了這個內在最原初的感動，才可以依序由本而末、由內而外地存養擴充，向上超拔以至於無盡無窮。

（二）「盡心知性知天」與「存心養性事天」

唐先生認為孟子所提出「盡心知性知天」與「存心養性事天」，便是在描述這存養擴充、向上超拔的歷程。兩者實是一事的兩面，「知」與「行」原本只是從兩個不同的角度看同一件事情。〔註 44〕筆者認為「知性知天」的「知」不是抽象推理的思辨之知，也不是感覺經驗的見聞之知，乃是道德理性的內在性情所自覺體證的道德之知。因此，若沒有存養的工夫，則所知並非真知。反之，有了內心真正的感動並持續擴充這個感動，即是真知，也是存養。

人的道德實踐的起點，便是充分地持續地讓這個內在的感動不受種種攔阻地流露出來（盡心）。只有人本身持續地經歷著這個內在感動的自然流露，才能真正體會與證知自己的本性（知性），並深信這個本性當然有其源源不絕的泉源（知天）。唐先生用人在河水中順流游行的經驗來類比說明這個歷程：當人自己全身泡在河水裡面，去真實感受河水的寒暖與流動，才能真正明白河水的特性，也因此而可確信這河水必然有其泉源。〔註 45〕所以，只要我們能在日常生活當中，擺脫私欲、俗套與利害的種種牽絆，真正去體會自己內心真誠的感動：什麼事讓我們的內心自然地感到不安、愧疚或忿忿不平？什麼事讓我們的內心自然地感到真正的平安、滿足與喜樂？我們就可以證知本身內在真誠的人性，並深信這真誠的人性，必然有其更為充沛豐盈的根源。

（三）「修身以俟命、立命」

再者，「殀壽不貳，脩（修）身以俟之，所以立命也。」更表現出孟子所景仰之一往向前的大丈夫的氣概。孟子「俟命」、「立命」的思想，是承續孔子「知命」的思想而來。前面「盡心，知性，知天」與「存心，養性，事天」的心路歷程，雖然有所接觸於外在的事物，最終畢竟是屬於我們主觀的心靈世界的體證。但是當我們的真實生命真正落實在現實的客觀環境之中。生活中的得失、利害、順逆、吉凶與禍福，甚至生命的夭壽，種種不是我們自己

〔註 43〕參閱《中國哲學原論──原道篇（一）》（v14, 1973），頁 219。
〔註 44〕參閱前書，頁 245。
〔註 45〕參閱前書，頁 244。

所能自主的情境，都會實實在在地磨練著我們的心思意念。我們能不能安然處身於逆境、禍害、甚至生命的威脅當中而不改變心志呢？孟子認爲面臨逆境、禍害或者生命的威脅時，唯有反求諸己，自我修養，並甘心承受（或等待）這當下的客觀處境之中，所呈現於我，使我徹知「道」「義」所當行之所在，才是眞正回應所呼召於我以自行其義、自盡其道的「正命」。這時如果有人能表現出「盡其道而死」的氣概，那一定是他的心志未曾有一個念頭從這個不息不已的興發歷程中逃逸而出。因此他的心思意念早已超越了自然生命的生死欲望之上，而能以其德性的生命投注於一心所嚮往的頂天立地的浩然正氣之中。〔註46〕這種「只見道義不見生死」之「大人」、「君子」的氣概。如同孔子「發憤忘食，不知老之將至」與「樂且不憂」的生活態度，都是源於「知命」、「俟命」般天人合一的眞實感通而來。

　　筆者發現：唐先生所建立的「性情形上學」，特別是「絕對論」的「性情形上學」。便是建基於孟子這「存心養性」、「先立其大」的心性論。還有唐先生「立命」、「俟命」的觀念，也是脫胎於他對於孟子天命觀的理解。

　　再者，筆者認爲孟子的心目中之人性內在的眞實感動，既然這般的眞切且充滿了奮進向上的活力。那麼在這天人之際眞實的感通之間，「天」或「天命」作爲人性內在的眞實感動的義理根據與動力根源，當然不能只是一個認知上之抽象的形上原理。反之，「天」或「天命」應該是一個比人的內在心性更爲眞實、更有動力、意義價值更爲豐盈的精神生命的存在。因爲筆者認爲只有那最爲眞實、最有動力、意義價值最爲豐盈的精神生命的存在，才可能同時成爲人的心性在認知次序、道德次序與存在次序上的終極根源。

（四）荀子的「虛壹而靜的主宰心」與「人文統類之道」

　　荀子的心學雖然不同於孟子的心性論，但仍有其勝義之處。唐先生對於荀子的思想義理所肯定與攝取，主要在於「虛壹而靜的主宰心」與「人文統類之道」。荀子說：

> 人何以知道？曰：心。心何以知？曰：虛壹而靜。心未嘗不臧（藏）也，然而有所謂虛；心未嘗不滿（兩）也，然而有所謂壹；心未嘗不動也，然而有所謂靜。人生而有知，知而有志；志也者，臧也；然而有所謂虛。不以所已臧害所將受謂之虛。心生而有知，知而有

〔註46〕參閱前書，頁246。

異；異也者，同時兼知之；同時兼知之，兩也；然而有所謂一；不
以夫一害此一謂之壹。心臥則夢，偷則自行，使之則謀；故心未嘗
不動也；然而有所謂靜；不以夢劇亂知謂之靜。未得道而求道者，
謂之虛壹而靜。……虛壹而靜，謂之大清明。〔註47〕

　　唐先生指出荀子講心之「虛」，不同於道家莊子的「坐忘」、「應而不藏」
的講法。荀子並舉心之「虛」與心之能「藏」兩個功能。心必須能「虛」，才
能不固著在舊有的觀念思想的侷限裡而阻礙了新知的獲取；也才能預留廣大
的思想空間以含藏人文禮義世界的諸多道理。〔註48〕荀子講心之「壹」也是
與「兩」兼備並說。世間的道理常常言之有理，卻又針鋒相對。往往是各有
所見，卻又有所不見。如何能化解義理之間的衝突而不相妨害，分辨與兼取
各個義理之勝義所在，又能統合於一貫通之道。這是荀子能建立人文統類之
道的精義所在。〔註49〕荀子講心之「靜」也是與心之「動」合著講，唐先生
指出這心之「靜」即如同「用心之專注」，在心思的專注中才能避免種種的雜
念與妄想（心之妄動），所以能專注地進行思辯的細察工作（心思以靜為基礎
的健動）。〔註50〕

　　因此，心能「虛」故能無盡藏而成其「大」；心能「壹」故能兼取於兩而
成其「清」；心能「靜」故能密察思辯以成其「明」。這個能虛壹而靜以成大
清明的心可以成為自我主體真正的主宰。〔註51〕並以此為基礎建立一個「疏
觀萬物而知其情」與「參稽治亂而通其度」，並能「經緯天地」、「材官萬物」
的「人文統類之道」。〔註52〕

　　筆者認為荀子這個「虛壹而靜的主宰心」，對於唐先生所提出「道德理
性」作為文化創造的主體，能判斷、主宰文化活動的善與不善，起著協調、
開拓、延續文化活動的作用，有其一定的影響。再者，荀子兼取「虛」與
「藏」、「壹」與「兩」、「靜」與「動」以論述心靈的作用，也有助於唐先生

〔註47〕引自李滌生著，《荀子集釋》，臺北：台灣學生書局，（1979）1994年，頁484。
〔註48〕參閱《中國哲學原論──原道篇（一）》，頁446。
〔註49〕參閱前書，頁448。
〔註50〕參閱前書，頁448，筆者認為荀子重視「虛壹而靜」，但於相對相合之「藏」、
　　　　「兩」、「動」三者並無貶義，故不解「動」為「妄動」。又參閱《荀子集釋》，
　　　　頁485，註5。
〔註51〕荀子曰：「心者，形之君也，而神明之主也，出令而無所受令。自禁也，自使
　　　　也，自奪也，自取也，自行也，自止也。」引自《荀子集釋》，頁488。
〔註52〕參閱《中國哲學原論──原道篇（一）》，頁460～461。

所提出「生命靈覺」的主體性所具有的既內在又超越於心靈活動的辯證特性。〔註53〕還有，荀子成其「人文的統類之道」，如同黑格爾精神哲學的體系，對於唐先生的建立「生命＝心靈的哲學體系」（即心通九境論）都有參考與鼓勵的作用。

三、《中庸》的誠道與「天命之謂性」的天人關係論

《中庸》是最先標舉以「誠」通貫其他各德性的儒家典籍。唐先生對於《中庸》有很高的評價。他說：

> 儒家之思想發展到中庸，即不只爲一人生之道德、倫理、政治與人性之哲學，亦爲一形上學與宗教哲學、歷史哲學。此即通過聖人之至德中之至道而見得天地之萬物之所以生之天道，以至尊天崇聖，而讚嘆此道之悠久不息之形上學、宗教哲學、與歷史哲學。〔註54〕

唐先生指出《中庸》的「誠」道可以橫通內外，以成己成物。又可以縱通天人，以貫通天命與人性。〔註55〕筆者認爲，唐先生所取於中庸的思想義理，主要有三個要點，茲分述於下：

（一）「自誠而明」與「自明而誠」仁智雙修的修養論

第一個要點是：區別「自誠明」與「自明誠」的工夫論。中庸：「自誠明謂之性。自明誠謂之教。誠則明矣；明則誠矣。」「自誠而明」的修養工夫是由直接啓發人的內心自性的自覺，讓天生的本心善性自然流露而出，即自然能明白道理。這類似於孟子所主張存心養性的修養論。反之，「自明而誠」的修養工夫則是由「博學、審問、愼思、明辨、篤行」的漸進工夫而來，〔註56〕這類似於荀子所主張合於禮義、由智成德的教化論。〔註57〕由此可知，「自誠而明」與「自明而誠」兩個修養工夫的不同在於「明」與「誠」的先後，也

〔註53〕另外唐先生對於主體性的思想，亦有所取於康德哲學中的「先驗統覺」（Transcendental Unity of Apperception）。

〔註54〕引自《中國哲學原論——原道篇（二）》（v15, 1973），頁94。

〔註55〕《中庸》：「誠者，非自成己而已也，所以成物也。成己，仁也；成物，知也。性之德也，合內外之道也」「天命之謂性」。參閱《中國哲學原論——原道篇（二）》（v15, 1973），頁76。又唐先生指出「成己之道」在於內在之「中」；「成物之道」在於對外之「和」。故《中庸》言：「中也者，天地之大本也；和也者，天下之達道也。」「致中和，天地位焉，萬物育焉。」

〔註56〕參閱朱熹集註，蔣伯潛廣解，《四書集註·中庸》，啓明書局印行，頁31。

〔註57〕參閱前書《荀子集釋》，頁1。

就是「智」與「仁」的先後。《中庸》把這兩種方法融合起來，認為兩種方法可以並行而不悖。

（二）以「誠道」融通「人道」與「天道」

再者，「自誠而明」與「自明而誠」兩個修養工夫，可以推展成兩種致誠之道，以融通人道與天道。《中庸》：

> 誠者，天之道也。誠之者，人之道也。誠者，不勉而中，不思而得，
>
> 從容中道，聖人也。誠之者，擇善而固執之者也。〔註58〕

這裡所謂的「天道」與「人道」，唐先生視為人的道德修養的兩條途徑：「誠者」的修養進路是性情真實無妄的聖人，能順著天生的本心善性「自誠而明」地自然流露，言行舉止能不必勉強、自然而然地合乎道理，如同真實無妄的天道自然而然地運行不息一般。故唐先生以「率性之謂道」詮釋這「誠者」的修養工夫。率性就是順著自己的本性，而自然發展。〔註59〕相反地，「誠之者」的修養進路是性情未能真實無妄的人，必須採取「博學、審問、慎思、明辨、篤行」的修養工夫，明辨是非，固守善道、更為奮勉有為地篤行真道。唐先生以「修道之謂教」詮釋這「誠之者」的修養工夫。他指出當人的心性如果仍然被雜念所拘礙，或誠道的表現有所間斷而不能持續時，便須擇善而固執地修治其行為之道，以合乎道義。〔註60〕

筆者認為「天道」與「人道」的修養論，也可以解釋成同一個人之道德修養的兩個境界：當我們未能自然而然地合乎道理，仍然被人欲之私所困擾，或被是非之不明所困惑時，必須確實地落實「學、問、思、辨、行」等循序漸進的修養工夫。並以擇善固執的心志，來修治自己的行為之道。這是「誠之者，人之道」的境界；到了我們心性存養的進境，到達可以自然而然合乎中道，性情中全無私欲、困惑與虛妄的阻礙，又能真誠而不懈怠時，便是一個天人合一，所謂「誠者，天之道」的境界。

（三）對於「天命之謂性」之天人關係的體認，與天地博厚高明之德的讚嘆

唐先生所取於中庸思想義理的第三個要點是：對於「天命之謂性」之天

〔註58〕引自前書《四書集註・中庸》，頁30。

〔註59〕參閱《中國哲學原論——原道篇（二）》（v15, 1973），頁83。

〔註60〕參閱前書，頁84。

人關係的體認，與對於天地高明、博厚的德性的讚嘆。《中庸》說：

> 天命之謂性，率性之謂道，修道之謂教。道也者，不可須臾離也；
> 可離非道也。〔註61〕

> 唯天下至誠，爲能盡其性，能盡其性，則能盡人之性；能盡人之性，
> 則能盡物之性；能盡物之性，則可以贊天地之化育；可以贊天地之
> 化育，則可以與天地參矣。〔註62〕

　　人性來自天命，人性與天命是同一的，因此可以說人性即是天命，盡乎天命之人性就是順乎天命。順乎人性的自然呈現，即是天道的呈現，因此天道並非只是高遠飄渺的奧妙，乃是貼近於人性的真實呈現之中。因此，一個能盡誠道的人，便是一個能真實地完全呈現其天命之內在於我的真性情的人。他便能真誠地與所接觸到的人與物的真實本性相感通，而參與於天地化育一片真誠無間的天德流行之中。在此，唐先生特別指出《中庸》不僅言「盡己性」、「盡人性」，更超越孔孟荀而提倡「盡物性」，以「化育萬物」，而表現出更爲涵攝承載的博厚精神。〔註63〕

　　再者，《中庸》對於天地高明、博厚、悠久、與生生不已之德，表現出極高的的讚嘆：

> 「博厚配地，高明配天，悠久無疆」「天地之道，可一言而盡也。其
> 爲物不貳，則其生物不測。天地之道，博也，厚也，高也，明也，
> 悠也，久也。」〔註64〕

　　唐先生順著孔子「下學上達」與孟子「盡心知性知天」的傳統，詮釋《中庸》「天命」與「人性」的關係。唐先生認爲孟子之論「性」、「命」的觀念：人「性」是天所賦與我而內在於我的良知良能；「立命」則是我所遭遇的情境所呈現與我的道義之所在。再者，孟子所說：「命也，有性焉。」明顯指出「性」與「命」的關連。因此，唐先生認爲孟子的觀念可以轉化成《中庸》「天命之謂性」的觀念。唐先生在《中國哲學原論——原性篇》中論述了性命思想的發展。他說：

> 在孟子之前，大約於由己出者乃謂之性，於由外之人或天所要求命

〔註61〕 引自《四書集註·中庸》，頁 1～2。
〔註62〕 引自《四書集註·中庸》，頁 33。
〔註63〕 參閱《中國哲學原論——原道篇（二）》（v15, 1973），頁 90。
〔註64〕 引自《四書集註·中庸》，頁 36。

令於我者，即謂之命。孟子之於「命也有性焉」而謂之性，乃由其視外之所命於我者，即我自己之命於我者，因而見我亦有能立此命之性在，命在性中，而命亦性。……至於中庸之自盡其性，而自誠自成之教，所以亦連於天命之謂性之義者，則其旨初不大殊於孟子。故吾於原心篇謂其原於：人在其盡性之事中，即見有一道德生活上之自命。此自命，若自一超越於現實之人生已有之一切事之原泉流出，故謂之原於天命。實則此天命，即見於人之道德生活之自命之中，亦即見於人之自盡其性而求自誠自成之中，故曰天命之謂性也。〔註65〕

唐先生在此是站在孟子心學的立場，來詮釋《中庸》「天命之謂性」的觀念。因此他不從客觀存有論的角度來認識天命的存在，而是從道德實踐的角度，順著孟子之「盡心知天知命」的途徑來認識天命，這也就是唐先生所謂「自命為天命所貫注」的體證。所以他會認為先肯定天命的存在是「獨斷的」，或先區分天命與人性，再求兩者的合一是「支離的」。他說：

則此「天命之謂性」一語，人皆可由其心之依道德上之普遍理想而自命，而有其心之生、心之性之表現時，當下得一親切之體證，便不同於先客觀的說。亦獨斷地說一天命，使人先對之作一懸想，然後說其貫注為人性：于天人之際，先分而後合之說之支離矣。〔註66〕

筆者認為：孟子與《中庸》的性命思想雖然有其可銜接之處。但是唐先生對於《中庸》所不同於孟子的思想發展，也一律純粹從孟子心學的脈絡發展來理解。唐先生也指出了《中庸》的思想，諸如：「中」的觀念、「化育萬物」的觀念，所受道家思想的影響。〔註67〕特別是「性」與「命」合稱，即始於道家《莊子・外篇》之言「安命致命而適性順性」、「任性命之情」。〔註68〕因此筆者認為，《中庸》必然也受到道家的「天道觀」與「宇宙論」的影響。所以《中庸》所言「天命之謂性」、「誠者天之道」、天地高明、博厚、

〔註65〕引自《中國哲學原論——原性篇》（v13, 1968），頁88。
〔註66〕引自《中國哲學原論——原道篇（二）》，頁79。
〔註67〕唐先生指出：中庸的「中」的觀念，不同於孔子「執其兩端，用其中于民」，也不同孟子表示通兩端之所謂「中道」執中」；卻合於道家《老子》所言「守中」，與《莊子》所言「養中」、又《中庸》「天地萬物」合稱、及「化育萬物」的語詞，也來自道家。參閱《中國哲學原論——原道篇（二）》，頁81～82。
〔註68〕參閱《中國哲學原論——原性篇》，頁88。

悠久與生生不已之道、不應該單單從孟子心學的發展脈絡，即「認知次序」與「道德創造次序」來解釋；反之，它們應該具有「存有次序」上之天道觀的含意。唐先生在後來的《生命存在與心靈境界》一書中，則修改爲同時肯定「天命」與「自命」兩個途徑可並行而不悖。

最後，《中庸》對於天地「生生」、「高明」、「博厚」與「悠久」之德的讚嘆與《易傳》對於天地之德的讚嘆若合符節，都爲唐先生的哲學體系所攝取。而《易傳》「天地人三才之道」的觀念，更爲完整而宏大精深。筆者在下一小節將予以論述。

筆者認爲由於對《中庸》仁智雙修的修養論的攝取，使得唐先生能在修養論上，融合孟子與荀子的心性論、調節朱子與陸象山的修養論，並且在「性情形上學」的建構上能「絕對論」與「相對論」兩者並行而不悖，表現出綜攝涵容的思想特色。

四、《易傳》之「天地合德」、「乾坤並建」與「天地人三才之道」

唐先生對於《易傳》的思想有高度的肯定。他認爲《易傳》的思想讓我們在萬物之各正性命中見天道，開啓了一個客觀宇宙的天命觀，人可以窮理盡性以體現「天地合德」、「乾坤並建」與「天地人三才之道」。

唐先生在《中國哲學原論──原性篇》（v13, 1968）中，對於《易傳》之「天地」、「乾坤」、「陰陽」的涵義，有他自己的一番界定。唐先生說：

> 所謂天地者，即指吾人所見一切形象之所託或總體。故曰在天成象，在地成形。所謂陰陽者，初當指此一切形象之往來相繼之狀態，而非必爲一陰陽之氣。陰字，原爲陰從雲，初爲雲蔽日之意。故凡有形象之事物，其顯以歸於隱，自今而歸於已往，皆爲陰。陽字，原爲昜從日，涵日出之意，故凡有形象之事物，其由隱而顯，方來者之至今，皆爲陽。一陰一陽，即吾人所見之一切有形象之事物，不斷隱顯往來不窮之別名；乾坤則指天地陰陽之德或道，亦即使一切有形象之事物，得生而顯，成而隱，生而來，成而往之天地之德性，或陰陽之道也。〔註69〕

（一）天地合德

唐先生在《中國文化之精神價值》（v4, 1953）一書中，指出能「開天地

〔註69〕引自《中國哲學原論──原性篇》，頁92。

爲二」是中國宗教的形上智慧。而這個「天地合德」的形上智慧，在《易傳》中便有極清楚的呈現。唐先生說：

> 而中國思想中之天，則遍在自然界而以化生萬物爲事，即爲眞有持載自然界之地德者。於是人與萬物同不爲枉生而爲直生，此即易經之所以乾元統坤元，以天統地，而乾坤又可並見，天地又可並稱之故。中國思想中，於天德中開出地德而天地並稱實表示一極高之形上學與宗教的智慧。〔註70〕

唐先生指出天地並稱之天地合德，並非是二元的宇宙論。乃是由天德中分出地德，使得天地合其德，能一方面不失其超越性，足以涵蓋、包覆並升舉一切的自然與人文世界，而表現出高明不已的德性；另一方面也能內在於一切的自然與人文世界之中，以持載、含藏與孕育宇宙萬有，而表現出博厚不已的德行。

（二）「乾坤並建」與「各正性命」

唐先生認爲「道」以「一來一往」、「一顯一隱」的流行呈現而出，故有「乾道」與「坤道」兩個側面。「乾道」是順「往」以迎「來」，使萬物的開始源源不絕地顯現出來。由此可見萬物之日日更新變化，而呈現出天地剛健不息的德性。「坤道」是迎「來」而順「往」，能順承「乾道」善始的剛健之德，使萬物持續發生完成，各成其本性，並能承載滋養萬物，由此可見萬物之充實豐富，而呈現出天地博厚不已的德性。〔註71〕故《易傳》說：

> 大哉乾元，萬物資始，乃統天。……乾道變化，各正性命。（〈乾象〉）

> 至哉坤元，萬物資生，乃順承天，坤厚載物，德合無疆。（〈坤象〉）

> 一陰一陽之謂道。繼之者善也。成之者性也。……富有之謂大業，日新之謂盛德，生生之謂易。……陰陽不測之謂神。（〈繫辭上第五章〉）〔註72〕

至於「乾坤之道」與人的「性命」的關連，唐先生並陳兩條互爲根據的途徑：一是「由人以知天」；另一是「由天以知人」。所謂「由人以知天」是

〔註70〕引自《中國文化之精神價值》（v4, 1953），頁461。
〔註71〕參閱《中國哲學原論——原性篇》，頁94。
〔註72〕引自朱熹註，《周易本義》，仿宋精印本，文化圖書公司印行，頁2、8、95～96。

指人以源於自身之性命所含有的「神明之知」，可以認識客觀宇宙中的乾坤之道，即內在於人的性命之中。因此，認識客觀宇宙的乾坤之道，與充分地實現自身的本性是合而爲一，只要能充分地實現自身的本性，便能認識客觀宇宙的乾坤之道，最終體認到上天之所賦命於我。故《易傳》說：「窮理盡性以至於命」。所謂「由天以知人」是指先客觀化地肯定人的性命與萬物的性命，都一同存在於客觀宇宙中之性命。人的性命與萬物的性命也一同依據於乾坤之道所生成的變化而得以自生自成，各自實現其自身之性命。故《易乾卦文言》說：「乾道變化，各正性命」。〔註73〕

（三）三才之道

唐先生對於《易傳》之思想觀念最重要的攝取，在於「三才之道」的存有論結構。即易道的生生變化，貫通了「天道」、「人道」與「地道」。《易傳》說：

> 易之爲書也，廣大悉備，有天道焉，有人道焉，有地道焉，兼三才而
> 兩之，故六。六者，非它也，三才之道也。（〈繫辭下 10 章〉）〔註74〕

> 昔者聖人之作易也，將以順性命之理，是以立天之道，曰陰與陽；
> 立地之道，曰柔與剛；立人之道，曰仁與義，兼三才而兩之，故易
> 六畫而成卦。分陰分陽，迭用柔剛，故易六位而成。（〈說卦 2 章〉）

筆者認爲這個「天地人三才之道」的存有論結構，是儒家的人文主義與道家的自然主義兩者融合的結晶。「天道」的形上原理「陰、陽」、地道的自然原理「柔與剛」、與人道的道德原理「仁與義」，天地人三才之道的貫通，使得儒家的存有論不再拘限於狹隘的人文主義之中。這三才之道的存有論不僅能繼續持載人文世界的豐富文化與高貴的德行；也能把這人文的世界培植在博厚的地德之中，使人文的壯美與自然的優美相和諧；更能把人文世界與自然世界同包含於高明的天德之護庇中，同享超越的形上嚮往。唐先生更以三才之道會通三教，以基督宗教之高明配天、佛教之廣大配地、儒教之立人極，同盡天地人三才之道。

筆者認爲唐先生對於《易傳》思想的攝取，最爲可惜的一點是唐先生對於「生生之謂易」的思想，即天地創化的「生生之德」的豐富義涵，未能加

〔註73〕 參閱《中國哲學原論——原性篇》，頁 95～96。
〔註74〕 引自前書，頁 113。

以重視。使得唐先生的天道觀軟弱無力，不足以開顯天道涵藏萬有、化生萬物的動力。

五、《禮記》的「禮樂之道」與「天地之道」

唐先生於《禮記》一書，最重視〈禮運〉與〈樂記〉兩篇文章。〈禮運〉不僅闡發了「禮」的「道德義涵」，更發揮了「禮」運行在天地、鬼神、山川、萬物，即宇宙萬有之中的「價值義涵」，與貫通於歷史文化中的「人文義涵」。〈樂記〉則把禮樂之道闡發為人生倫理政治的和序之道，與天地鬼神萬物的和序之道。唐先生指出兩者以人文的價值為基礎，通貫於宇宙萬有的自然世界與人倫政治的歷史世界，使得儒家所提倡之「禮樂」的客觀價值，無法為墨家、道家與法家的學者所否定。〔註75〕

再者，《禮記》對於「禮」的產生，不同於孔孟直接從人的仁義之心的自然表現來看；而是從原始人類的以飲食致敬於天地鬼神的喪祭的禮儀，所表現出人之求感通於天地鬼神之情。〔註76〕

（一）祭祀中「報本返始」之情

《禮記》所論「禮」的範圍，包含了「喪」、「祭」、「冠」、「婚」、「射」、「鄉」、「朝」、「聘」等種種禮節。這種種的禮節都表現了人倫的義理。而其中以祭禮最為重要。祭禮中又以郊天之祭為最大，其次為祭四方、山川與祖廟。〔註77〕唐先生發揮《禮記》中諸多祭禮的意義與精神：

> 此郊天之祭，以祖配享，更與其他對四方山川之祭、及祖廟中之
> 祭，相輔為用，即見人之祭祀之精神之一至高至大，亦至全至備，
> 而充極其量之伸展，亦復為一賢者之生命中，能有完滿之道福之所
> 係。〔註78〕

祭祀的重心仍然在於人的精神能上達于至高至大的鬼神世界，並因此而能受其完滿的道福。而且這道福並非一般由祈求鬼神而來之世間的福樂。這道福乃是根源於人之能充量地伸展發揚祭祀之報本返始的精神，唐先生說：

〔註75〕參閱《中國哲學原論——原道篇（二）》，頁94～95。
〔註76〕參閱前書，頁100～101。
〔註77〕參閱前書，頁105。
〔註78〕引自前書，頁106。

> 禮記言祭之義，雖亦有祈禱之意，然要在以祭表示人對天地鬼神之
> 一報本返始之意識或精神。故郊特牲言祭天，則以大報本返始爲
> 說。至于對有功烈于民之祭，更純是爲報其功烈，而非爲祈其鬼神
> 之降以福。如祭法言：「夫聖王之制祭祀也，法施于民則祀之；以死
> 勤事則祀之；以勞定國則祀之；能禦大菑則祀之；能捍大患則祀
> 之，……」〔註79〕

唐先生非常推崇《禮記》所闡揚的這種報本返始的精神，認爲其中表現出一種儒教所獨擅的「至高至大的宗教道德精神」。例如：周公有「宗祀文王以配上帝」與「郊祀后稷以配天」的祭禮，孔子以其高明、博厚、悠久之德亦足以配天。唐先生認爲既然古聖先賢的德行足以與「天」合其德。那麼用配天的祭禮來祭祀他們是理所當然的。再者，對於人的祭祀祖宗父母，唐先生援引〈祭義〉所言，認爲這也是本于君子之不忘本，所表現出「致其敬、發其情」、以報答雙親之生養自己的恩情。〔註80〕可知，唐先生儒教理論中「祭天地」、「祭聖賢」、「祭祖先」的三祭觀念即脫胎於此。

（二）禮樂之道與天地萬物鬼神之道

唐先生重視〈樂記〉對於禮樂之普遍精神的界定。〈樂記〉言：

> 「樂者爲同，禮者爲異。同則相親，異者相敬。樂勝則流，禮勝則
> 離。」〔註81〕

> 「大樂與天地同和，大禮與天地同節」、「樂者，天地之和也；禮者，
> 天地之序也。和故百物皆化，序故群物皆別。樂由天作，禮以地制。
> 過制則亂，過作則暴。明於天地，然後能興禮樂也。」〔註82〕

《樂記》賦予了「禮樂」普遍的精神，涵蓋了天地宇宙萬有與人文世界。「禮」代表「別異」、「節制」、「秩序」、「相敬」的精神；「樂」代表「和同」、「暢通」、「和樂」、「相親」的精神。《樂記》用禮樂之道貫通人倫道德之道，也貫通天地萬物鬼神之道。

〔註79〕 引自前書，頁107。

〔註80〕 參閱前書，頁108～109。

〔註81〕 引自王夢鷗註譯，《禮記今註今譯（下）》，臺北：台灣商務印書館，（1970）1980年，頁494。

〔註82〕 引自前書，頁496～497。

第三節 宋明時代的發展

一、明道之直接感應「一體之仁」，以言「天人不二」的天人關係

（一）「內外兩忘」的心性觀

唐先生所受於明道思想的影響極為深刻而關鍵。因此對於明道的思想義理能有所把握，非常有助於唐先生之思想體系的理解。明道〈定性書〉一文之作，乃是針對橫渠所提出「定性未能不動，猶累于外物」的問題而來。橫渠的問題在於他先把內在的本性與外在的事物析分為二，以人內在的本性，具有「虛而清通之神」，是上達天德的根本。因此便提出了一個如何定性的問題：如何免於外在事物的牽累，以恆常保持人的本性中這個「虛而清通之神」？〔註 83〕依此，橫渠在《正蒙》中提出了一套修養論，主張由本性「虛明之神」的存養，可以免於外物的牽累而變化其氣質。〔註 84〕

明道針對這個問題，首先提出「內外兩忘」的看法。他認為對於人的心性的認識，不應該析分「內心」與「外物」為相對的二元論。反之，他主張「一本論」，把內心與外物看成是一體兩面的感應關係。因此明道在〈定性書〉中說：

> 所謂定者，動亦定，靜亦定；無將迎，無內外。苟以外物為外，牽己而從之，是以己性為有內外也。且以性為隨物於外，則當其在外時，何者為在內？是有意于絕外誘，而不知性之無內外也。〔註 85〕

為甚麼明道要把「心」與「物」看成是一體兩面的感應關係呢？首先從消極的方面看，明道認為對於心性的認識，如果析分為內心與外物兩者相對的二元論，便會落入「自私」與「用智」的偏差觀念裡面。明道說：

> 人之情各有所蔽，故不能適道。大率患在于自私而用智。自私則不能以有為為應跡，用智則不能以明覺為自然。今以惡外物之心，而求照無物之地，是返鑑而索照也。……與其非外而是內，不若內外之兩忘也。兩忘則澄然無事矣。無事則定，定則明，明則尚何應物之為累哉？〔註 86〕

〔註 83〕 參閱《中國哲學原論——原教篇》，頁 130。
〔註 84〕 參閱前書，頁 137。
〔註 85〕 轉引自前書，頁 132。
〔註 86〕 轉引自前書，頁 132。

明道認為把心、物析分為內、外二元相對的結果：一方面把「心」當成內在的主體，認為「心」的認識是屬於自我所擁有的，便不免形成了固著於自我的自私心，以致把事物的有所成就，一概歸諸於自我主體主觀的努力，而遺忘了天理於天地萬物之中深密的行跡；另一方面，把「物」當成外在的客體，任由思辯之抽象分解與穿鑿附會，且全然以內心所對應的事物為外在的牽累，以致不能自然而然地直接感應「一體之仁」的明覺。

（二）直接感應「疾痛相感」的「一體之仁」

再者，明道不析分心、物為內外的二元論，有一個更為積極的意義：因為明道對儒家的「仁」有了深刻而親切的體會，使他主張「心」與「物」為一體的兩面。明道闡發了一個仁者的存養之道。而且他認為相對的二元論之所以產生，以及「防檢」與「窮索」的工夫之所以成為必須，最主要的原因是未能認識自我反省的明覺本性。他說：

> 學者須先識仁，仁者渾然與物同體，義理智信，皆仁也。識得此理，以誠敬存之而已；不須防檢，不須窮索。若心懈則有防，心苟不懈。何防之有？理有未得，故須窮索；存久自明，安待窮索？……孟子言萬物皆備于我，須反身而誠，乃為大樂。若反身未誠，則猶是二物有對；以己合彼，終未有之，又安得樂？〔註87〕

再者，明道用身體之各肢體上的血氣相連貫成一體，比喻仁者也以天地萬物為有如一個整體。而身體上的某個肢體的痲痺不仁，有如我與萬事萬物之間的有所隔閡，而不相感通。他說：

> 醫書言手足痿痺為不仁，此言最善名狀。仁者以天地萬物為一體。認得為己，何所不至。若不有諸己，自不與己相干。如手足不仁，氣已不貫，皆不屬己。……若至於仁，則天地為一身，而天地之間，品物萬形，為四肢百體。夫人豈有視四肢百體而不愛者哉？〔註88〕

唐先生指出修養工夫的關鍵，正在於我與萬事萬物之間處處所出現不相感通而有所隔閡的地方，但力求其感通。這正是明道主張直接感應一體之仁的宗旨所在。明道以「疾痛相感」、「以天地萬物為一體」說「仁」，是順著孔子之言生命的感通與孟子之以惻隱等四善端之內在的感動，所對於「仁」的最為深切的體會與詮解。

〔註87〕 轉引自《中國哲學原論——原教篇》（v19, 1975），頁 136。
〔註88〕 轉引自，頁 136。

　　唐先生指出明道與橫渠在仁心之根據上的不同：橫渠在〈西銘〉提出：

　　「民、吾同胞，物、吾與也。」「凡天下疲癃殘疾，惸獨鰥寡，皆吾
　　兄弟之顛連而無告者也。」〔註89〕

　　這「民胞物與」的仁者境界，與明道所論「一體之仁」的感通，意義極
為相近。不同的是橫渠立論的基礎在於我與同胞萬物都是由同一個「乾坤大
父母」所生而來。也就是，民胞物與的同情共感之所以可能，是根據於「乾坤
大父母」這共同的形上根源。反之，明道所主張「一體之仁」的感通，則並
不先追溯我與萬事萬物的共同形上根源，乃是內外兩忘地直接從我與他人及萬
物之當下的疾痛相感通之處，體驗這一個足以突破一切隔閡的仁體。〔註90〕
再以「敬以直內、義以方外」的存養工夫，〔註91〕下學「忠信」、「忠恕」與
「敬義」諸德行，以上契天命之肅穆不已，及上達天道之生生不已。

（三）「天人不二」的天人關係

　　在天人關係的課題上，唐先生也指出橫渠與明道的不同：橫渠對於人的
心性與天命的看法，是依據《詩》、《書》中人性與天道（天命）相對的傳統，
先承認人性與天道具有主體與客體兩方面的相對關係，再由人之心性之行
義，諸如「大其心以知天」與「盡心盡性以知天」之修養工夫，〔註92〕以合
於天命之不已，即合天道天理。橫渠雖然不在「聞見之知」上分解天道與人
道為二，然而在德性之知的修養體驗上，仍然預設著人道與天道的相對而企
求其合而為一。

　　因此，「天人合一」是橫渠之學最後的結論。反之，「天人合一」則是明
道之學最起初的前提。明道之論述人性與天命的關係，乃直接承繼中庸「天
命之謂性」的宗旨而來。明道提出：「天人本無二，不必言合。」他主張直就
人當下的仁心，以見此仁心即天心，不見天人之間隔。他說：「只心便是天，

〔註89〕　轉引自前書，頁137。
〔註90〕　參閱前書，頁138。
〔註91〕　唐先生說：「敬以直內，義以方外，即一心之兼應內外之二面之事，而通內外
　　　　　之事。敬以直內，即明道定性書所謂內之廓然大公之無間斷。義之方外，即
　　　　　定性書之物來順應。合此二者為一心之兩面之功，即開此定性之一功為二。」
　　　　　引自前書，頁147～148。
〔註92〕　橫渠在〈大心篇〉中，「大其心以知天」的觀念，主張合「德性之知」與「聞
　　　　　見之知」以知天。在〈誠明篇〉中，「盡心盡性以知天」的觀念，依循孟子的
　　　　　修養論，主張盡心盡性，而變化氣質以至命，以呈現其誠明所知之天德良知，
　　　　　以上契神化之天道天德。參閱前書，頁85。

盡之便知性，知性便知天，當處便認取，不可更外求。」〔註93〕因此可以從當下「人性」的呈現，即是「天命」的體認，這人性的內容即是「天命」，亦是「天理」。對於「天道」、「天理」與「天神」三者的理解，明道說：「上天之載之無聲無臭，其體即易，其理即道，其用即神」〔註94〕筆者以「體」、「理」、「用」三分疏解於下：

1.「其體即易」的「天道」

首先「天」的生生易道，以其生生不息的運行與創造精神，表現出極其真誠而從不間斷的德行，有其肅穆隱藏的深密意蘊。〔註95〕人也應該常常「洗心而退藏于密」，以體會天道生生不息的創造精神。

2.「其理即道」的「天理」

再者，唐先生認為「天」有「包涵遍覆」的意思，而人心即是天心，因此人心中自然具有「包涵遍覆」中的「天理」。除了可以用「包涵遍覆」形容天理之外也可以用「無偏私」、「無不中」、「廓然大公」或「渾然與物同體」來形容天理。唐先生說：

> 在此心包涵遍覆的意思中，同時有生生而不已不息的意思，而此意思遍運于其所感知之萬事萬物，無定在而無所不在，亦無偏私而無不中。此即一廓然大公、物來順應之心，亦仁者之渾然與物同體之心。此能包涵遍覆、無偏私、而無不中、廓然大公、渾然與物同體，亦皆並是可用以狀天理之辭。〔註96〕

3.「其用即神」的「天神」

明道用「神」形容天人不二之道，其變化不測之奧妙。「聖人之神化，上下與天地同流者也。」（《遺書十一》）〔註97〕伊川為明道行狀，謂明道之學：「盡性至命，必本于孝弟；窮神知化，由通于禮樂」〔註98〕最能形容明道「一

〔註93〕參閱前書，頁127。所引言，見〈遺書，二先生語〉。
〔註94〕轉引自前書，頁146。
〔註95〕唐先生說：「凡德之無間斷，是敬；無間斷而真實化此德，為誠；昭明此德，為明。凡德之無間斷而不已，皆是由微之顯，由寂之感，而見其由無聲無臭之心之深密之地而出。其出而不已地出即是終日乾乾，即是生生之謂易。」引自前書，頁148。
〔註96〕轉引自前書，頁155。
〔註97〕轉引自前書，頁149。
〔註98〕轉引自前書，頁159。

內外、徹上下、天人不二」之學的明體達用。對於萬物的化生之神妙莫測的體會，是依據《易傳》的形容而來：

　　「故神無方而易無體。」（〈繫辭上‧第四〉）

　　「陰陽不測之謂神。」（〈繫辭上‧第五〉）

　　「子曰：知變化之道者，其知神之所爲乎。」（〈繫辭上‧第九〉）

〔註99〕

　　如果我們從存有論、認識論與道德修養論的不同向度，區分「存有次序」、「認知次序」、「道德實踐的創造次序」的不同涵義。我們可以看出：雖然明道之言「人道即天道、人心即天心」，兼具了存有論、認識論與道德修養論的義涵。然而，明道「由人道以實現天道」、「由人心以實現天心」的「下學上達」的主張，主要還是屬於認識論與道德修養論的層面，指出人的自我主體在「認知次序」與「道德實踐的創造次序」上的優先性。但明道並不主張人的自我主體具有「存有次序」上的優先性。因此，並不是唯心論的思想；也與陽明後學之肯定「良知的造化可以生天生地」的觀念有所不同。

　　筆者認爲唐先生儒教理論的建立，所攝取於明道的思想義理最爲關鍵。明道之闡發「疾痛相感」的「一體之仁」，在唐先生的思想體系中表現爲「性情形上學」所提倡的「仁心的感通」。可知，唐先生有關天人關係課題之思想義理的重要部份，應當是由明道的「一內外、徹上下」的「天人不二」的思想義理所攝取而來。〔註100〕

　　再者，唐先生在《生命存在與心靈境界》一書中，「生命＝心靈」的哲學體系的建立，其中論述心靈主體的「體」、「相」、「用」三分的思想邏輯，與明道「體」、「理」、「用」三分之天道觀的思想邏輯，也極爲相似。

二、象山主「心即理」，與「發明本心」即「天理流行」的天人關係

　　象山之於朱子，有如明道之於橫渠，同樣有「絕對論」與「相對論」之對比，或「頓教」與「漸教」之對比的傾向。因此，筆者論明道兼論橫渠；論象山兼論朱子。

〔註99〕轉引自羅光著，《儒家哲學的體系》，臺北：台灣學生書局，（1983）1990年，
　　　　頁188～189。其中，《周易本義》對「故神無方而易無體」的注釋說：「如此，
　　　　然後可見至神之妙，無有方所，易之變化，無有形體。」
〔註100〕唐先生「良知」的觀念，則取之於陽明之學。

（一）「心即理」、與不分「天理」「人欲」為二的天人關係

朱子承繼了二程的天命思想，又結合濂溪的「太極」及「誠」的觀念，與橫渠的「氣」的觀念，在存有論方面有其精心的理論建構，即「理氣論」。〔註101〕朱子把「天命流行」分疏為「動」、「靜」兩個側面，又以「理」、「氣」區分「命」的三個不同意義：(1)專以「理」（道）言「命」，即「天命之為性」之「命」。如《中庸》孟子之言「性命」。(2)合「理」「氣」以言「命」，如人之貧富貴賤死生壽夭。(3)專以「氣」言「命」，即「氣質之性」。如人之「智」、「愚」、「賢」、「不肖」源於氣稟有「清」、「濁」、「正」、「偏」之不同。〔註102〕朱子以理氣二元的存有論為基礎，主張嚴別「天理」與「人欲」的修養論。

象山對於宇宙萬物化生的存有論並未認真思考，而一概表現出「攝天、道、理、性於心的一本論」。〔註103〕唐先生指出象山攝「太極」、「皇極」與「人極」三極之義同於此心此理。此理即天理，此心即人的本心。象山認為人的「本心」即是「天理」，即是「道」或「性」。因此，象山在心性論上主張不分「心」與「理」為二，以「心之靈」與「理之明」並舉。〔註104〕「發明本心」即是「天理流行」。象山多次批評「天理人欲」與「道心人心」之二分的不適當：

> 「天理人欲之言，亦自不是至論。若天是理、人是欲，則是天人不同矣。」〔註105〕

> 「人心，人偽也；道心，天理也。非是。人心只是說大凡人之心。惟微是精微，纔粗便不精微。謂人欲天理非是。人亦有善有惡，天亦有善有惡，（日月蝕惡星之類）豈可以善皆歸之天，惡皆歸之人，此說出於樂記，此說不是聖人之言」〔註106〕

〔註101〕參閱羅光著，《儒家哲學的體系》，〈朱熹的形上結構論〉，臺北：臺灣學生書局，（1983）1990 年，頁 49 以下。

〔註102〕參閱《中國哲學原論——導論篇》（v12, 1966），頁 594～497。

〔註103〕參閱曾春海著，《陸象山》，臺北：東大圖書公司，1988 年，頁 62。

〔註104〕參閱《中國哲學原論——導論篇》（v12, 1966），頁 495～496。《象山全集》〈卷十：書〉（與邵叔誼）：「則此心之靈，此理之明，誰得而蔽之？」，（與詹子南、二）：「此心至靈，此理至明，要亦何疑之有？」臺灣中華書局印行。

〔註105〕引自《象山全集》，〈卷三十四：語錄上〉，臺灣中華書局印行。

〔註106〕引自《象山全集》，〈卷三十五：語錄下〉，臺灣中華書局印行。其中所指《樂記》有關「天理人欲」之言為：「人生而靜，天之性也；感於物而動，性之欲

（二）象山「發明本心」的修養論：「知心之即理之自覺自信」與
「立志開拓其心量以去障蔽」

　　朱子的修養論是知行並重的。一方面主張「即物窮理以致知」；另一方面則要「主敬以存養此心之虛靈明覺」。首先，朱子之所以主張「即物窮理以致知」，是由於他有見於人心常常為氣稟物欲之雜所昏蔽，而有所不知，故主張先客觀地研究外在事物的實然道理。並使我們內心明白如何應對外在事物的應然道理。再者，「主敬」以凝聚身心，使物欲雜念無法產生，再積極地存養這心的虛靈明覺，使得「超越的內在性理」得以自然呈現。〔註107〕

　　唐先生指出象山的修養論其實也是知行並重的。首先，對於「心即理」的體認，認識「心」的發用即是「理」的流行，以此形成了「本心」的自覺與自信。這是屬於向內凝聚的「凝道」工夫。這「凝道」工夫雖主「靜」卻又不離「動」。而對於這體認「心即理」的凝道工夫的指點與講明，則屬於「道問學」的層面。再者，循著這「心即理」之自覺與自信的同時，須立志開拓本心的涵量，向外開拓以去障蔽與去病害。此本心所產生內在的震動，雖「動」而未嘗離「靜」，使此心的發用流行無不具理。這是屬於「尊德性」的層面。〔註108〕對象山而言，這道問學與尊德性的工夫是「發明本心」之同一件事的兩面。其中，「知」與「行」並而行之，「動」與「靜」合而為一。

　　象山雖然自謂其學乃直接承繼孟子心學而來，但是象山之修養論實有其更進於孟子者。孟子純粹從心之四端發用處，正面地求加以存養擴充，至多僅輔以「寡欲」的修養工夫，以克制「小體」的感官之欲而已。〔註109〕象山「先立乎其大者」的立志工夫，乃是一種面對種種蔽障，諸如：私欲、意見、習氣等，力求加以破除；或從網羅之中直下超拔而出之披荊斬棘的修養工夫。象山說：

　　　　以九成之質直，誠能深思俗見俗習之可惡：能埋沒性靈，蒙蔽正理。

　　　也。物至知知，然後好惡形焉。好惡無節於內，知誘於外，不能反躬，天理滅矣。夫物之感人無窮，而人之好惡無節，則是物至而人化物也。人化物也者，滅天理而窮人欲者也。」引自王夢鷗注譯，《禮記今著今譯（下）》，臺北：臺灣商務印書館，（1970）1980年，頁493。

〔註107〕　參閱《中國哲學原論——原教篇》（v19, 1975），頁284～285。
〔註108〕　參閱前書，頁286～287。
〔註109〕　參閱前書，頁239。

思之既明，幡然而改，奮然而興，如出陷阱，如決網羅，如去荊棘，而舞蹈乎康莊，翱翔乎青冥，豈不快哉！豈不偉哉！尚誰得而禦之哉？誠能於此自決，則名方乃在九成肘後，良劑乃在九成囊中。反而求之，沛然甚足，尚何事觀我朵頤云哉？〔註110〕

唯有如此自覺自信地立志，才能使我收拾精神，自作主宰，反求諸己以開拓本心無限的涵量，而表現出其含藏宇宙萬有的氣概。故象山說：

「宇宙內事即己份內事，己份內事即宇宙內事。人心至靈，此理至明。人皆有是心，心皆具是理。」

「宇宙便是吾心，吾心即是宇宙。千萬世之前，有聖人出焉，同此心同此理也；千萬世之後，有聖人出焉，同此心同此理也。東南西北海有聖人出焉，同此心同此理也。」〔註111〕

象山認為我的「本心」即是「天理」，兩者合而為一，與古今中外之聖人相同，無非是這個「本心」這個「天理」。如果我的心有不合理的地方，便是自己限隔了、自己沈霾了，即本心為私欲、意見、習氣種種障蔽或病害所拘限隔絕，未能剝落而已。只要一剝落障蔽，本心即恢復原來之一番清明。〔註112〕

唐先生在《中國哲學原論——原性篇》中〈原德性工夫——朱陸異同探源〉一文，追溯朱子與象山存有論與心性論的差別，以辨別兩者修養論的同異，其宗旨在於會通朱陸之學，而融合兼取之。唐先生指出朱子雖然針對人心氣稟物欲之雜，而強調心性論中的主敬的涵養工夫。但是，對於心之本體原有的明德，即朱子所謂心之「虛靈明覺」，渾然全具萬理，仍然相信其不會完全被氣稟物欲之雜所蒙蔽。〔註113〕因此朱子主敬的涵養工夫，並不完全是後天外加的工夫；也可以看成是心之本體的自明自覺，而可兼合心之明覺的「靜、動」、「體、用」、「已發、未發」兩個側面，而會通於象山的一本論。

再者，唐先生認為象山發明本心的工夫，也可會通於朱子之分別心之體用、動靜與未發已發，而貫徹朱子所主張「涵養省察」、「格物窮理」等工夫。朱子主張心在接觸外在事物之先，是一個未發的心體，須在「靜」中「主

〔註110〕引自《象山全集》，〈卷十二：序贈〉（與倪九成），臺北：臺灣中華書局印行。

〔註111〕引自《象山全集》，〈卷二十二：雜著〉，臺北：臺灣中華書局印行。

〔註112〕參閱《中國哲學原論——原性篇》（v13, 1968），頁633～634。

〔註113〕參閱《中國哲學原論——原性篇》（v13, 1968），頁641～642、648。

一無適」地加以涵養。當心在接觸外在事物之時，其發用之思慮，則對內須有一番「察識」工夫加以省察；對外須有一番「格物窮理」的致知工夫可以照明。唐先生指出：如果能不把朱子所論心之「已發」、「未發」看成「體、用」的關係，而看成是同一心體的不同發用，則無論「已發」、「未發」；或「靜」或「動」；思慮時之省察或無思慮時之涵養；對內的察識或對外的窮理致知等工夫，都可以與象山所謂「發明本心」之自立自主的立志工夫，相並行而不悖。因此，唐先生認爲朱子所提出的窮理、涵養、察識等等一切細密的工夫，都可在象山所提挈的綱領中貫徹統攝，兩者實可「博約相資」，「簡密並濟」，而融合爲一。〔註114〕陽明「致良知」之教，即是一個綜攝朱、陸的思想結晶。

三、陽明主「致良知」與「良知天理即是天命流行」的天人關係

（一）承繼象山「心即理」與朱子之言「天理、人欲」而成「良知」

陽明承繼象山「心即理」的觀念，更加堅固與發揚了孟子、象山之心學的傳統。陽明重申孟子、象山之學的宗旨說：

> 孟氏所謂學問之道無他，求其放心而已矣。……心外無事，心外無理，心外無學。〔註115〕

陽明承繼象山的地方在於：以本心即是天理，故以良知的靈明，即是天理的流行。而陽明承繼朱子的地方在於：以良知可以「知善知惡」、「好善好惡」與「爲善去惡」，嚴別善惡，以存天理、去人欲。

然而陽明與朱子又有所不同：原先朱子分別「致知」與「誠意」爲兩個不同的工夫，陽明則把「誠意」當成「格物」、「致知」的實際內容，並通貫「格物」、「致知」與「誠意」三者，而加以綜攝爲一「致良知」之教。陽明說：

> 故致知者，誠意之本也；格物者，致知之實也。物格則知致意誠，而有以復其本體，是之謂止於善。……不務于誠意，而徒以格物者，謂之支；不事于格物，而徒以誠意者，謂之虛；不本于致知，而徒以格物誠意者，謂之妄。〔註116〕

〔註114〕參閱前書，頁659。
〔註115〕引自《陽明全書》〈卷七〉（紫陽書院序），台灣中華書局印行。又參閱《中國哲學原論──原教篇》（v19, 1975），頁218～219。
〔註116〕轉引自《中國哲學原論──原教篇》，頁303。

朱子分別心之體用、動靜、已發未發，亦分別「致中」與「致和」工夫之不同。依朱子「存養主敬」的主張，在於存養原具于心之內在超越的性理，得以呈現之幾，使除盡一切由氣稟物欲之雜而來的意念。這是主靜以涵養心體的「未發工夫」，也是「致中」工夫；而「格物致知」與「省察」，都是心體之向外動而發用之「已發工夫」，也是「致和」工夫。陽明既以「格物」、「致知」、「誠意」合而為一，故亦通貫體用、動靜、已發未發，而歸併「致中」與「致和」為「致良知」工夫之一體的兩面。〔註117〕因此，陽明致良知的工夫論，在兼取象山、朱子的修養論之下，同時具備「博約相資、簡密並濟」的工夫論：一方面可以正面肯定良知本心之無限心量，肯定良知之虛靈明覺即是天理之虛靈明覺；另一方面可以對治物欲、蔽障之雜。〔註118〕即「雙管齊下，而一面存養天理以知是，一面省察以知是而亦知非。」〔註119〕以使良知顯現為「知是知非」、「知善知惡」、「是是非非」、「好善惡惡」的靈明，而貫徹為「為善去惡」的全體大用。這心性的即認知即修養的工夫，都可以被包含在陽明的「四句教」裡面：

> 無善無惡心之體，有善有惡意之動；知善知惡是良知，為善去惡是
> 格物。

再者，陽明所指的「良知」是一種道德理性。這種道德理性之所以可以成為「天地萬物的靈明」〔註120〕，主要是在道德實踐次序上發揮其極為重要的意義。良知的道德理性與唯心論之主張「此心足以變現天地萬物」有所不同〔註121〕，因此良知不具有存有次序的意義。陽明之界定良知，多半由道德理性上立說：

> 見父自然知孝，見兄自然知弟，見孺子自然知惻隱：此便是良知。
> （《傳習錄上》）

因此這「心即理」所指的「理」，即是「良知天理」。泛指一切源於本心之善端，因此，諸如「四端」、「仁義禮智信」等道德理性當然可以總括於其中。

〔註117〕 參閱前書，頁307。
〔註118〕 參閱前書，頁309。陽明：「心之本體，即天理也；天理之昭明靈覺，即良知也。」
〔註119〕 參閱《中國哲學原論──原性篇》，頁467。
〔註120〕 參閱前書，頁214。
〔註121〕 參閱《中國哲學原論──原教篇》，頁215。

　　再者，陽明的四句教依據人的根器的不同，也有絕對論與相對論的兩個不同的修養進境。陽明在天泉橋回答門徒有關四句教的問題時指出：只有「利根之人」可以直接領悟眞理的本體；具有「習心」的人，則須落實在意念上一番爲善去惡的功夫。兩者如果能「相取爲用」則無論中人上下，都可引入於道。陽明說：

> 利根之人，世亦難遇。本體功夫，一悟盡透。此顏子明道所不敢承擔。豈可輕易望人？人有習心，不敎他在良知上實用爲善去惡功夫，只去懸空想個本體。一切事爲，俱不著實。不過養成一個虛寂。此個病痛，不是小小。不可不早說破。〔註122〕

（二）「良知天理即是天命流行」的天人關係

　　陽明致良知之敎，討論良知之是是非非，最先表現在天理、人欲的分辨上。陽明在這一方面的觀念，實綜攝朱子的思想多於象山的思想。〔註123〕陽明對於「天命」或「命」的看法，與朱子的看法有所不同。朱子劃分修養之不同境界，所對於「命」的體會有所區別：(1)「盡心知性知天」屬於「學者之事」的境界，(2)「存心養性事天」屬於「賢人之事」的境界，(3)「夭壽不貳，修身以俟之，所以立命也」屬於「聖人之事」的境界。依照朱子區分「理」與「氣」、「知」與「行」、「天命」與「人性」、「天理」與「人欲」的思想特色，自然會認爲：(1)把「知性知天」看成致知境界，而劃歸於最低的學者境界；(2)以「存心養性」的存養察識境界爲更高的賢人境界；最後(3)「夭壽不貳，修身以俟命立命」的境界，能超乎人欲之私，而純乎天理之流行，故雖夭壽氣稟有所不同，仍然能不改其心，以俟命立命，是爲最高的聖人境界。

　　相反的，依照陽明的合知行、通貫天命人性的思想系統，則有相反的分判：首先，(1)把「夭壽的定命」與「修身而俟的天命」分別爲二，是屬於最低的學者境界；再者，(2)「存心養性以事天」的態度，雖然仍然以「天」、

〔註122〕引自陳榮捷著，《王陽明傳習錄詳註集評》，〈傳習錄卷下：黃省曾錄〉（315條），臺北：臺灣學生書局，1983年，頁359～360。

〔註123〕參閱《中國哲學原論──原敎篇》，頁293。又唐先生說：「陽明之學，雖歸宗近象山，其學之問題，則皆承朱子而來：其立意精處，正多由朱子義，轉進一層而致。」引自前書，頁289。又唐先生論證陽明雖以陸王之學爲孟氏之學，但他在修養工夫上卻承繼周程之推尊孔顏（回），而接近於朱子。參閱前書，頁296～297。

「人」爲二，但是已經能合踐履知行，而體會天命即在自心的存養中，所以屬於更高的賢人境界；最後，(3)「盡心知性知天」境界，能「心性」與「天命」合而爲一，體會盡心性即是知天命，沒有定命與性命相對的區分，則屬於最高的聖人境界。〔註 124〕因此，陽明認爲：良知天理的流行就是天命的流行。

（三）「致良知」的修養論

陽明延續了象山與朱子的修養問題與思想，不同意兩者之主張知行並進，而主張「知行合一」。唐先生說：

> 陽明合知行、通心之虛靈明覺與天理之義，皆由朱子所言格物致知、已發未發、中和、體用、動靜、存養、省察、戒懼之義而轉出。此則陽明之不同於象山之重明道辨志，以發明本心，而次中和戒懼等工夫之教，蓋正爲陽明之所以言象山之言「細看有粗處」之故。是見陽明之學正爲由朱入陸，以通朱陸之學者。〔註 125〕

陽明主張良知之應接外物，原是生生不息，隨時而變，不可事先加以規定。陽明肯定事先的存養預備工夫，諸如讀書、知義理、思量、省察等都有所幫助、而可充實於日後良知當下應機之表現。但更重要的是，良知應「機」之當下的表現。這一足以涵天蓋地之良知的靈明，能照見當下是非善惡的意念，以呈現出良知當機之全體大用。這也是良知天理生生不息之創發性的表現。〔註 126〕

唐先生對於朱子「即物窮理以致知」的主張非常肯定。朱子以一切事物，不管是「實然」或「應然」，都有其應當認識的道理，有待一一去研究。唐先生認爲這種客觀對待知識與學問的態度，具有學術分工的現代意義。〔註 127〕而象山、陽明「四民異業而同道」、「學者異學而同道」的觀念，更具有學術分工的超現代意義。也就是在職業分工，使各盡其能；與學術的分門別類，使各有所專的社會文化環境之下，每個人仍然可以共同的追求聖賢的人格修養。〔註 128〕

〔註 124〕參閱《中國哲學原論——導論篇》，頁 600。
〔註 125〕引自《中國哲學原論——原教篇》，頁 287～288。
〔註 126〕參閱前書，頁 334～336。
〔註 127〕參閱《中國哲學原論——原教篇》，頁 280～281。
〔註 128〕參閱前書，頁 283。

　　最後，唐先生對於朱子、象山、陽明三賢的思想義理的考論與分析極為細膩。他對於陽明「致良知」之教能綜合朱子與象山的心性修養論，也給予極高的肯定。但是筆者認為陽明的「致良知」之教發展到陽明後學時，則已接近與「狂禪」合流的境地。而這樣的發展趨勢是否在陽明的思想裡能找到關鍵性的根源呢？

　　陽明後學，諸如王龍谿與羅近溪，更善於發明人之良知的靈明。王龍谿把人的良知之一念的靈明，當成「生天生地、生人生物的主宰」。而羅近溪則以良知為「乾坤的智能」，是一個「絕對的精神實在」。王龍谿說：

> 予所信者，此心之靈明耳。一念靈明，從混沌裡立根基。專而直，翕而闢，從此生天生地，生人生物，是謂大生廣生，生生而未嘗息也。乾坤動靜，神智往來，天地有盡而我無盡，聖人有為而我無為。〔註129〕

　　筆者認為這種以主體的良知（我）足以「神鬼神帝」、「生天生地」、「生人生物」，可以無盡於天地、無為於聖人的看法，是一種絕對的自我崇拜。這種絕對的自我崇拜把自我主體的良知抬高到勝於天地的崇高地位，使得傳統以來對於「天」德的崇拜；對於以人性感通「天地」高明博厚之大德的開闊胸襟；對於以人道上契天道之超越向上的嚮往，都一律內在化為自我主體之良知的自我崇拜。如同王龍谿所言：「天地有盡而我無盡、聖人有為而我無為」。其中不僅天地的崇高消失無蹤，〔註130〕聖賢的榜樣也沒有了意義。而陽明承繼並融合於朱子、象山的修養論，所謂「博約相資」與「簡密並濟」的思想建構也被遺忘了。

四、船山主「乾坤並建」，與「天人合德」的天人關係

　　船山主張「乾坤並建」，以天之氣化流行，至誠而不息，其陰陽變化無一不善，其生物生人之盛德，純為一天德之流行。天人同化一氣，人德與天德同流行。聖人之仁德贊天地之化育，以其清明向上之氣立人德，齊天德以永垂萬古之不朽。船山並主張「敬天地」、「祀天」，表現出極為難得的宗教情操。

〔註129〕轉引自《中國文化之精神價值》，頁456。

〔註130〕杜維明先生指出：「敬天」在儒家傳統中代表一種深刻的價值，是一種對人的傲慢的全盤否定。參閱〈「儒學與宗教之對話」學術座談會記錄〉《中國文哲研究通訊》第7卷第3期，1997年9月，頁52。

（一）「乾坤並建」的氣化流行

船山之學主要根據他對於《易經》、《易傳》的研究。他主「乾元」與「坤元」並建，共同成為涵蘊易道變化的根源。〔註131〕宇宙萬物的變化流行在變化無窮之中有其常道：即一動一靜、一闔一闢、一往一來，相反相成的軌道，可統合為一現實宇宙健動不已之絕對流行。〔註132〕這個絕對流行往返於虛實之間而形成宇宙萬物的變化。因此宇宙是一個真實無妄的現實存在，無所謂的「虛無」的存在。〔註133〕船山說：

> 大化之神，不疾而速，不行而至者也。故曰闢戶之謂乾，闔戶之謂坤。一闔一闢之謂變，往來不窮之謂通。闔有闢，闢有闔，故往不窮來，來不窮往。往不窮來，往乃不窮，川流之所以可屢遷而不停也。來不窮往，來乃不窮，百昌之所以可日榮而不匱也。故闔闢者疑相敵也；往來者疑相反也。然而以闔故闢，無闔則何闢？以闢故闔，無闢則何闔？則謂闔闢以異情而相敵，往來以異勢而相反，其不足以與大化之神久矣。……方言乾而即言坤，鈞之所運、軸之所轉，疾以相報，合以相成。一氣之往來成乎二卦，而剛柔之用全。
> （《周易外傳・卷七說卦傳》）〔註134〕

依照乾元、坤元至健、至順的盛德，可以通達於天下無窮無盡的道理，使持續不斷地具體實現於氣化流行之中，以成就天下事物之無窮無盡。船山也用「大知」、「大能」來形容乾元、坤元。因為天道化生萬物，必先通於萬物之理，通理即是知理。萬物之理無窮而知亦無窮，足以見乾元大知至健的盛德；地道之氣化流行接著持載這萬物之理，使萬物得以生成。其載理以成物的大能無窮無盡，即見坤元大能至順的盛德。船山說：

> 乾至健而通天下之理，則為大知，坤至順以成天下之物，則為大能。〔註135〕

> 乃天則有其德，地則有其業，是之謂乾坤。知能者，乾坤之所效

〔註131〕參閱《中國哲學原論——原教篇》，頁526。
〔註132〕參閱前書，頁528。
〔註133〕參閱前書，頁530。
〔註134〕參閱前書，頁529～530。
〔註135〕轉引自前書，頁535。船山認為：自天地之既成，不見其天之知與地之能。但從天地乾坤之德業言則可言知能。乾坤之所以可以「知能」稱之，是因為以常言知，即通於理之謂。乾至健通萬變之理，以生萬物，故曰以知。

也。〔註136〕

（二）「命日降而性日生」的人性論

船山的人性論仍然建立在他對於《易傳》的理解上。他的人性論迴異於前賢，很有一番獨到的見解：

> 命日降、性日生，性者生之理，未死以前，皆生也，皆降命、受命
> 之日也。成性存存，相仍不舍。故曰維天之命，於穆不已。命不已，
> 性不具矣。謂生初僅有者，方術家所謂胎元也。性者，生理也，日
> 生而日成也。（《思問錄內篇》）〔註137〕

> 「天無一日而息其命，人無一日而不承命於天。故曰凝命日受命。」
> （《四書大全說・五卷》）〔註138〕

「天」以其「氣」授理於人為「命」，「人」以其「氣」受「理」於「天」為「性」。人之「性」不離其所受予天之「氣」，而天之氣化流行無時或息。人的氣質無時不與其所接之天地萬物相感應，因此在這感應關係中，有人的自動自發的自化自新。這不容自已的自化自新，也就是人性無時不受天之氣化所降生的「命」，以完成其「性」。〔註139〕可知，船山認為天所命的人性不是單單在出生的時候就已被決定的，乃是在人的一生中，時時與上天保持著持續不斷的性命貫通的感應關係。

船山認為上天在人出生之後，對於人有所予、有所奪，這天命的予奪固然由上天所決定，但受命在人，人只要發揮盡其在我的心力，並負其行為的責任。由此可知人一方面不可依恃天命；另一方面也不可埋怨天命。〔註140〕

再者，船山論述「心」與「性」的關係，以「性」為體、以「心」為用。「體用不二」，故「心性不二」。然「性」為「理」，「心」為「氣」之載「理」，「心」與「性」的意義終究有所分別。〔註141〕船山主張「心能盡性」：

> 「性者天道，心者人道。……弘道者，資心以效其能也。」（《張子

〔註136〕參閱前書，頁536。
〔註137〕參閱前書，頁556。
〔註138〕參閱前書，頁557。
〔註139〕參閱前書，頁556。
〔註140〕參閱前書，頁559。
〔註141〕參閱前書，頁563。

正蒙注・卷三誠明篇》）

「性自是心之主，心但爲情之主，心不能主性也。……此于性之發
見，乘情而出者，言心，則謂性在心，而性爲體，心爲用也。」（讀
《四書大全說・卷八》）

張子曰：合性與知覺，有心之名。性者道心也；（當言奉性之心爲
道心）知覺者，人心也。（當言可不奉性之心爲人心）人心道心，
合而爲心，其不得謂之心一理也，又審矣。（讀《四書大全說・卷第
十》）〔註142〕

上天之化生萬物本於「善」，但所化生的萬物有「能凝善之人物」與「不
能凝善之禽獸」的分別。同樣的，上天之化生人的心性也本於「善」，但所化
生的人的心性，依照其盡心或不盡心，而有善或不善的分別。〔註143〕

（三）「天道」與「善」、「性」關連的天人關係論

船山在《周易內傳》中註解《易繫辭上傳》〈第五章〉所言：「繼之者，
善也；成之者，性也」，對於「善」與「性」的形成，有其創新的涵義：

人物有性，天地非有性。陰陽之相繼也善，其未相繼也不可謂之善，
故成之而後性存焉，繼之而後善著焉。（《周易外傳》）〔註144〕

唐先生的詮解指出：船山以「道」大於「善」、「善」大於「性」。以「道」
爲大，即所以尊道。但是唯有人性能載道之大以無遺，所以也尊人性。因此
大道生生不息，人若能紹繼其生生不息之理，以盡其性，則可承繼上天之善，
而明白天人合一的道理。〔註145〕

船山具有重視祭祀的宗教意識。他本於橫渠《西銘》之對天地的虔誠，
而以天地乾坤爲父母。〔註146〕船山更提出「天衷」的觀念，以「敬天地」的
宗教精神建立在以天地之大知大能爲人的生命精神與一切善的根源之上。再
者，敬天地的精神恆須由敬父母的精神所透入。對於天地與父母的態度，船
山批評兩種極端的態度：

夫人之生也，莫不資始於天。逮其方生而予以生，有恩勤之者，而

〔註142〕參閱前書，頁 562。
〔註143〕參閱前書，頁 565。
〔註144〕參閱前書，頁 542。
〔註145〕參閱前書，頁 544～545。
〔註146〕參閱前書，頁 629。

生氣固焉；（父母）有君主之者，而生理宥焉。（君師）則各有所本，而不敢忘其所遞及，而驟親於天。然而有昧始者忘天，則亦有二本者主天矣。忘天者禽，主天者狄。（忘天者）知有親而不知天。（主天者）知有天而不恤其親。……嗚呼郊祀之典禮至矣。……合之以理，差之以量。德業以為地，不敢亢人以混於杳冥；知禮以為茅，不敢絕天以安於卑陋。故曰惟仁人為能饗帝。（《周易外傳・卷五繫辭傳第八章》）〔註147〕

船山以「敬天地」與「敬父母」兩者並重，或者由「敬父母」的精神以透入「敬天地」的精神的主張，對於儒教理論之宗教意識的形成，有其積極的貢獻。但是其中，對於「主天者狄」的批評，主要是針對基督宗教之傳教士利馬竇而發的。船山的批評源於他對基督宗教之教義的誤解。基督宗教《舊約全書》中的「摩西十誡」，前三誡是針對信仰而立；後七誡則針對人的倫理道德而立。上帝針對人的倫理道德所給人的第一條誡命是：

當孝敬父母，使你的日子在耶和華你神所賜的地上，得以長久。

〔註148〕

可知基督宗教的教義並不忽略孝道；相反的，基督宗教是非常注重孝道的，因為這條「當孝敬父母」的誡命不僅是人倫道德的第一條誡命，而且是唯一帶著應許（日子得以長久）的誡命。另外在《新約全書》中耶穌的教訓裡，有幾段話很容易引起誤解。例如耶穌差遣十二使徒時，對他們說：

愛父母過於愛我的、不配作我的門徒，愛兒女過於愛我的、不配作我的門徒。不背著他的十字架跟從我的、也不配作我的門徒。得著生命的、將要失喪生命，為我失喪生命的，將要得著生命。〔註149〕

在此耶穌強調一個人的宗教信仰的深刻與重要性過於一個人的倫理道德。因為世人從世界中被選召而成為耶穌的門徒是要背負十字架，在犧牲與奉獻的道路上與世界的罪惡作長期艱辛的對抗的。有如革命烈士若不抱著犧牲家庭天倫之樂、奉獻個人生命的決心，如何為國家的前途與全民的幸福全力以赴？何況宗教信仰的堅守與否，關係著人的永恆生命的存亡，這與人的

〔註147〕 引自前書，頁632。
〔註148〕 參閱《舊約全書》，《出埃及記》，二十章，（The Old Testament，Exodus，20：12）香港聖經公會本，頁93。
〔註149〕 引自《新約全書》，《馬太福音》，十章，（The New Testament，Matthew，10：37～39）香港聖經公會本，頁14。

世俗生命的層次是有相當大差別的。又耶穌在準備上十字架殉道，以完成普世的救贖計畫前，還特別把他的母親交託給他的一個門徒照顧，〔註150〕乃是實現大愛之下又兼顧親情的作法。

〔註150〕 參閱《新約全書》，《約翰福音》，第十九章，（The New Testament，John，19：26～27）香港聖經公會本，頁157。

第五章 論唐君毅之儒教理論的形成 與人文宗教的理想

第一節 唐君毅的儒教理念

一、從「宗教」的中國字義看「儒教」

　　唐先生指出「宗教」是中國傳統文化中原有的語詞。「宗教」兩字相連，即泛指一切具備一貫的宗旨，一定的立教義趣，與學理傳承的學派或宗派。〔註1〕唐先生認爲在這個「宗教」的界定下，儒教與道教、佛教可以並列爲三個宗教。他說：

> 儒家之學，祖述堯舜，宗師仲尼，亦原有宗旨——如求仁——仲尼
> 以之設教，後儒以之爲學，則稱儒家之學與教爲宗教，爲三教（儒、
> 釋、道）之一。〔註2〕

　　當然，從這個中國原有的語詞所規定出的這個「宗教」的界定，是最寬泛的界定。這樣的界定並不能表現出宗教之所以爲宗教的特殊性質。唐先生

〔註1〕 這個宗教界定類似於華嚴宗法藏「五教十宗」的判教論中，界定「教」是教人如何修行的實踐方法；「宗」是追溯立教所根據的基本義理。參閱本文頁189。筆者認爲這樣的宗教意涵是最寬泛的宗教意涵，不足以凸顯出宗教之所以爲宗教的特質。它的指涉對象不僅寬泛於西方傳統「宗教信仰」（religion）所指涉的特定意涵。更寬泛於唐先生自己所界定之「宗教意識」所涵蓋的範圍。

〔註2〕 參閱《中華人文與當今世界（下）》，頁463～464。

更進一步從「宗教」兩字之中國字義的根源上，指出：「宗」的原義是指「祖宗與對祖宗的祭祀活動」，並由此引申出「宗教」的三個涵義：(1)「祖宗」(2)「人與宇宙萬物的根源」，即「天」或「道」(3)「學術文化教育中之宗師」。這三個涵義也就是中國傳統所謂：「禮之三本」〔註3〕，即「天地」、「先祖」、「君師」；也是儒教所謂「三祭」，即「祭天地」、「祭聖賢」、「祭祖先」所表現的崇敬心情與祭祀禮儀。另外唐先生更以孝道的報恩精神，作為儒教「三祭」之禮與一切德性之所以成立的基礎。〔註4〕這三祭與孝道的宗教義涵是儒教之所以為儒教的精神所在，筆者將在本文第六章第三節論述「三祭與孝道的宗教實踐」中深入討論。

何光滬先生肯定地論證了這個涵義的「儒教」在中國歷史中的重要地位：

> 在佛道之外，還有一種在中國歷史上佔統治地位的宗教，那就是到二十世紀至少綿延三千年不絕的，以天帝信仰和祖先崇拜為主要內容的觀念和祭儀體系。它遠在佛教傳入和道教興起之前就已產生（早在甲骨文中即有記載），即在佛道最盛時亦未消失（隋唐時仍被奉為正統），既非佛亦非道。但它確實是一種宗教，因為它不但具有宗教的本質特徵，即對終極者（天）的信仰，而且具備宗教的所有基本要素，即與此信仰相關的情感體驗和思想觀念。〔註5〕

何光滬先生更從儒家的思想發展與這個中國固有之傳統宗教的關聯，論證這個真正的宗教是「儒教」。他從以孔子為代表的先秦儒家對於天道天命觀念與宗法祭祀制度的維護、以董仲舒為代表的漢代儒家對於天命與政治的神學解說與獨尊為國教、以朱子為代表的宋代儒家提升了理論的高度並且增加了政治統治的強度三方面，指出用「儒教」來指稱這個中國固有之宗教的合理性。〔註6〕

〔註3〕 《荀子‧禮論》：「禮有三本：天地者，生之本也；先祖者，類之本也；君師者，治之本也。」引自李滌生著，《荀子集釋》，臺北：臺灣學生書局，(1979) 1994年，頁421。

〔註4〕 參閱《中華人文與當今世界》，頁463。

〔註5〕 引自何光滬著，〈中國宗教改革論綱〉，《東方》，北京：中國東方文化研究會，1994年第4期，頁5。

〔註6〕 參閱前文，頁7～8。
牟鍾鑒先生與鄭家棟先生則持相反的看法。他們把古代中國所流傳下來的原始敬天法族的宗教信仰與儒家哲學的傳統區分為二。參閱牟鍾鑒著，〈儒家

二、從「安身立命之道」看「儒教」

　　唐先生認為儒教在道德實踐與哲學智慧之中，實有其「宗教信仰」（religion）的層面。首先，唐先生指出儒教的主張道德實踐，是建立在他們對人性之良知仁心的基本信念上。儒教的這個基本信念有它一套完整的義理與道德實踐的途徑，可以安頓人的身心生命，成為人生的意義與價值所在。歷代儒教的志士仁人之所以能「殺身成仁」、「捨生取義」，可知他們對於道德實踐的信念，作為他們的「安身立命之道」，已然自我提昇到生死與共之終極關懷的境界。

三、從「人性的正面肯定」看「儒教」

　　唐先生建立儒教理論，雖然正視人性的罪惡與苦難，但是更重視闡發宇宙之美善，以持載人生的福德。他不從人的執障與罪惡處著眼，而給予當下之人生與世界正面的價值肯定。因此把人的道德理性、良知、性情與生命靈覺的呈現，作為人性之第一義。〔註7〕只要第一義的人性能真誠呈現，自然能使人性中的執障不得萌生，人的罪惡足以除去。再者，建立在這個人性性善的基礎上，儒教的具體的道德實踐，要實現「立人德」、「齊天德」、「立大教」、「興教化」的文化理想才有可能。而且當人把道德理性真誠而充足地實現時，自然不會把自己的德性仁心獨佔為私有，反而會以感謝反本的心懷而謙讓其德於「天、地、君、親、師」，表現出其感通於無限之崇敬謙卑的精神。這是儒教作為「順成之教」，所不同於佛教與基督宗教作為「逆反之教」的地方。因此，唐先生心目中的儒教是積極地當下肯定、更且崇敬讚嘆宇宙人生之真善美的宗教。〔註8〕

　　筆者認為佛教雖著眼於「無明」，但發展成「佛性論」、「真如心」之教理時，已接近「順成之教」。基督宗教雖言「原罪」，但在此之先，在上帝創造

宗教觀與新人文精神〉，《宗教哲學》第 2 卷第 4 期，臺北：中華民國宗教哲學研究社，1996 年 10 月，頁 11。又鄭家棟著，〈宗教性與儒家思想的現代闡釋〉，《儒學與二十世紀（下）》，北京：華夏出版社，1996 年，頁 1007～1009。筆者從探討儒教的「宗教理論」的角度贊成何光滬先生的看法。

〔註7〕　參閱《生命存在與心靈境界（下）》（v24, 1976），頁 158～159。

〔註8〕　正因為儒教對於人性與現實的人生採取肯定的態度，才會遭到德國宗教社會學家韋伯（Max Weber，1864～1921）的批評：儒教只是教導人適應這個世界及其秩序與習俗的一套入世的倫理規範而已。參閱 Max Weber 著，簡惠美譯，《中國的宗教：儒教與道教》，臺北：遠流出版社，1989 年，頁 217。

萬物與人類的教義中，一切看爲美好。這是人與萬物之價值的肯定。特別是人乃上帝依祂自己的形象所創造，具有內在的靈性或神性。上帝並且賦予人管理萬物的尊貴身分。〔註9〕所以筆者認爲在基督宗教，「原罪」也不是第一義的人性。

再者，唐先生之論述儒教能正面肯定人生，並非無視於罪惡的存在。反之，他以悲憫與憤悱之情正視罪惡，並憑著「超越的信心」相信罪惡終有消除的一天，而人的至性至情終能完全呈現於人文世界。筆者認爲在當代的儒家學者裏，這種能正視罪惡的智慧是非常缺乏的。特別在理論層面，很少有人能清晰透徹的把罪惡問題加以釐清，這是儒家人性論最脆弱的一環。而唐先生以其人生的具體經驗、綜貫中西傳統的哲學智慧與謙卑悲憫的宗教精神，能夠突破這個限制，是難能可貴的。因此，唐先生的儒教理念，不只是一套教導人適應這個世界的倫理規範而已，也不只是一個思辨理性中的理想國而已。

四、從「當機權用」與「三教會通」看儒教

唐先生之儒教理念重視人的主體之心靈境界、道德實踐之具體落實以及宗教精神的發揚與融合。他推崇儒教盡性立命之道，使用「執兩用中」的方法，使心境相感，無過與不及，並適合時間、場合、對象的當機運用，所以是最爲「中正圓融」的宗教智慧。〔註10〕他更運用「開權顯實」的方法，融攝一切智慧，予以方便融通，以探尋究竟的超越境界。〔註11〕這是儒教理論之所以能會通三教精神，容納各種思辨方法，化解某些衝突之所在。這也是此理論出色精彩的地方。但是，如此方便權說，預留很大的彈性空間。三教之會通，還有很多「實說」的義理與價值，如：「天」是否有獨立於人的神格義？「耶穌」的人性和神性？「佛」的神格義？靈魂是否不滅？人的良知或原罪？人的無限性或有限性？……等具體的義理問題，有待進一步的釐清。

〔註9〕 參閱《舊約全書》，〈創世紀〉第一章，（The Old Testament，Genesis 1：26～28）香港聖經公會本，頁1～2。

〔註10〕 參閱《生命存在與心靈境界（下）》，頁360。

〔註11〕 參閱前書，頁363。「開權顯實」源自佛教天台宗的判教論，以佛的說法因人的根器不同，而廣開種種權宜的方便法門。然而開權是爲了顯實，終可達致最後的究竟真理。

以上筆者循序漸進從四方面介紹唐先生對於儒教的界定。筆者認為，如果能依據唐先生在〈人類宗教意識之本性與其諸形態〉（1950 年 5 月）與〈宗教精神與現代人類〉（1950 年 3 月）〔註12〕二文中，對於宗教意識之本質要素之較為嚴謹的界定，來分析與檢驗唐先生自己所建構的儒教理念，應該會有出人意表的收穫。筆者將在第七章〈結論〉的「第一節」中，進行這個工作。

第二節　論唐君毅儒教理論乃哲學、道德、宗教融合的結晶

引言

唐先生指出傳統的儒教之所以能引導中國的政教禮俗，使中國成為一個最有宗教寬容的國家，〔註13〕其中一個很重要的因素是在孔子創立儒家之前，也就是在周初的「人文化成」之文化創建中，中國傳統文化的宗教信仰已經與其哲學智慧和道德實踐三者結合而為一，表現出一種不同於其他歷史文化的特殊表現形態。〔註14〕唐先生所嚮往的文化典型便是這種涵具儒家所繼承之既廣大又精微之原始精神的文化典型。唐先生說：

> 中國古代儒家精神，原是即宗教，即道德，即哲學者，亦重利用厚
> 生者，本當涵攝科學與宗教。然後代儒者，因要特重人而不免忽略
> 其中之宗教精神，並忽略對物界之了解與加以主宰之事；乃未能充
> 量發展此儒家原始之精神。如充量發展之，顯天地人三才之大用，
> 正須在社會文化上肯定科學與宗教之客觀地位。〔註15〕

筆者認為唐先生的儒教理論便是承繼了以上的原始文化精神，並以儒家心性之學的傳統，在道德的實踐中體驗「超越上契」、「天人合一」的嚮往作為理論的核心。另外再加以哲學之思辯反省，特別是康德之批判哲學，費希

〔註12〕〈人類宗教意識之本性與其諸形態〉，收入《文化意識與道德理性》（v20,
　　　　1958）與〈宗教精神與現代人類〉，收入《人文精神之重建》（v5, 1975）。

〔註13〕唐先生以儒教之主導中國之政教禮俗，使得佛道兩教在皇室中所引發的幾次
　　　　權力鬥爭只能成為中國歷史上的偶然事件。參閱《中華人文與當今世界
　　　　（下）》，頁 461～462。

〔註14〕唐先生以西方人之分哲學、道德、宗教為三，乃源於文化之多元。參閱前書，
　　　　頁 463。

〔註15〕引自《人文精神之重建》（v5, 1975），頁 29。

特以下之理想主義哲學，特別是黑格爾之精神辯證的歷程與佛教天台、華嚴之判教理論的思想義理等更加增益儒教理論的理論完整性。最後，還有對於基督宗教與佛教，諸如謙卑、懺悔、平等、捨己或虛己、博愛或悲憫、皈依崇拜等宗教精神的體會。因此，唐先生的儒教理論實在是融合了哲學思辨、道德體驗與宗教信仰的結晶。

一、道德的實踐

唐先生在《生命存在與心靈境界》一書中，區別「觀照凌虛境」的理解活動，與「道德實踐境」的道德理性的活動的不同。他說：

> 觀照凌虛境的主要依據是人的心靈的理解活動，道德實踐境的主要
> 依據則是人的心靈的道德理性的活動。……由於道德心靈所見到的
> 現實世界與自己的生活常有欠缺，而要求改進，故道德生活為一種
> 主動的實踐生活，而不是被動的感知或靜態的觀照的生活。因此人
> 從事道德的生活即永遠在改過遷善之中。〔註16〕

道德生活之反省自道德意識的覺醒而來，道德意識則源自生命靈覺之自覺。生命靈覺作為人之心靈之本體，其一心之明覺或陷溺，決定道德意識是否能主宰、協調、拓展諸文化意識之作用。道德意識之主宰種種文化意識，乃是回應道德價值作為一種理想之呼召或命令而來。而此理想之呼召或命令則是道德意識面對現實之處境時，以「應然」、「實然」相對立，所顯現出來的。而這個現實世界與道德理想的對立，在傳統的哲學中則以「天理」與「人欲」的分辨，或「義利之辨」的形式被討論著。〔註17〕由此可知，一個心靈明覺，能作道德反省的人，一定是一個能以憤悱惻怛之真性情真正面對現實之罪惡，更深受道德理想呼召，而心懷悲憫之人。再者，形上的本體、動力或命令，即「體」、「用」、「相」之為實有，人也可由其道德生活的反省所體證而知。

唐先生在〈中西文化精神之比較〉（1947）一文中，分辨中西傳統宗教精神的大界限，他認為中國儒者以「融宗教於道德」的文化形態，不同於西方「以道德建基於宗教」的文化形態。而且中國的道德精神在融攝宗教精神之後，更支配了中國人後世的宗教精神，並確立了中國學術文化之獨特的傳

〔註16〕 李杜，《唐君毅先生的哲學》，頁86。
〔註17〕 李杜，《唐君毅先生的哲學》，頁87。

統。孔孟的崇敬祖先、聖賢、天地與歷史文化，所包含的宗教精神亦須由道德精神所融透而入。〔註 18〕唐先生描繪儒者聖賢的道德之教，表現出不同於一般社會倫理的特殊性質：

> 中國人言道德修養不離一自字：所謂自求、自得、自誠、自明、自知、自覺、自作主宰。而中國儒者所言之道德生活，亦非如近人所論，止於一社會倫理生活。中國儒者言盡倫乃所以盡心知性，盡心知性即知天。中國儒者之道德生活，亦非止於是一個人之內心修養，其存心養性即所以事天。……中國聖賢之教，則以反求於心，知性之端，而明倫察物，爲入德之門。故特重禮敬之貫於待人接物之中。而即在此一切率性之行中，知天事天而與天合德。〔註 19〕

李震神父指出儒教中道德實踐與宗教信仰的結合關係，並肯定這種結合關係對於當代文化與社會的重要性。他說：

> 古代的中國，自有文字記載以來，有很豐富的資料指出，中國人對一神的信仰，在三代甚至之前就已很明確。此一敬事上帝的信仰非常普遍，從個人的生活到家族的活動，到國家大事，都可看到宗教信仰的臨在。此一信仰又與慎終追遠，祭拜古聖先賢和祖先的信仰結合在一起，成爲中國傳統文化的一大特色。在原始信仰中，理性思考的成份較少，多半是憑古人與生俱來的形上感和道德直覺引發出來的。及至易經、儒、道、墨各家哲學出，有關上帝和靈魂的存在、神人關係等問題的哲學論證才日益完整。
>
> 儒家不是宗教，但是承接傳統敬事上帝的宗教信仰，並藉個人的思考、反省與體驗予以進一步肯定及發揚，使之與日常生活中的道德實踐結合在一起，而成爲中國的「道德的宗教」。有學者稱儒家爲準宗教，至少說出了儒家的思想及道德體系與傳統宗教是緊密相關的。〔註 20〕

筆者認爲在唐先生的思想理論裡，最能表現中國道德精神的是宋明的心

〔註 18〕　參閱《人文精神之重建》，頁 101。

〔註 19〕　引自《人文精神之重建》，〈中西文化精神之比較〉（1947），頁 100。此時唐先生對於宗教意識，尚未有深入之體會。唐先生〈人類宗教意識之本性及其諸形態〉，〈宗教精神與現代人類〉二文之作在 1950 年。

〔註 20〕　引自李震著，《人與上帝──中西無神主義探討（卷六）》，臺北：輔仁大學出版社，1997 年，頁 354。

性之學。唐先生對於宋明心性之學的綜攝，以筆者的理解，他最主要的綜攝重心是順承著明道「一體之仁」與「天人不二」的理路，透過陽明「致良知」之教對於朱子「涵養省察」、「居敬窮理」與象山之學「發明本心」、「本心即是天理」的綜合所完成的。雖然他對於船山主張「乾坤並建」、「天人合德」，所針對陽明後學予以思想改造的成果亦有所攝取，但是基本的思想重心仍然不離明道、象山、到陽明的心學理路。筆者認為唐先生對於宋明心性之學，特別是明道、象山、陽明心學的傳承，決定了唐先生之虛設的形上天道觀，也決定了唐先生對於人性具有絕對信心的性善論。

二、哲學的思辯

唐先生指出雖然哲學最後的歸向指向實踐，但是不能否認其屬於一種「觀照的學問」。唐先生界定哲學最基本的本質在於「依據一些基本的普遍概念以從事對整個宇宙和人生的了解。」因此，哲學的理解並不像其它專門科學一樣被限定在特定的對象之內。唐先生說：

> 從觀照凌虛境的了解上說，哲學的真理並非離開現實的世界而自存，而只是超越經驗事實而被了解或被觀照。所說的超越是就其為抽象的了解對象上說，而不是說我們可以有在觀照心靈以外而獨自存在的哲學真理。〔註21〕

再者，唐先生認為哲學思辯所追求的知識是「最原初」、「最普遍」、「最高級」的知識。凡尋求設定最原初的公理，以作為形成知識系統的穩固基礎，即是哲學的工作；凡尋求概括性的知識，即追求涵蓋更為廣大的普遍概念，即是哲學的工作；凡尋求綜合性的義理，即尋求更為高層位的觀念，即是哲學的工作。因此唐先生說：

> 故人之心靈活動之求遍運，必求元序以為本，大類以為幹，大全以為歸。而求知彼足以為元序、大類、大全之概念義理，以說明宇宙與人生者，此即一切哲學者之所為。〔註22〕

再者，唐先生「性情形上學」的核心，在於肯定道德理性作為人性之本性，有其惻怛憤悱之真性情。而「超越之信心」，在由天生之真性情體會而來之外，也可由哲學思辯之啟發智慧而來。〔註23〕再者，哲學的思辨，也有助

〔註21〕 李杜，《唐君毅先生的哲學》，頁84。
〔註22〕 引自《生命存在與心靈境界（上）》，頁28。
〔註23〕 參閱《中國文化之精神價值》，頁535。

於形上之「體」、「用」、「相」三者關係之釐清：哲學審視此道德理性之理想，必然蘊含一趨向於實現的動力，此動力是一種「能力」，一種「用」。見此種「能力」、「用」之源源不斷，可推證其既有根源，即有其「體」，先儒名之爲「本心」、「本性」。此「體」、此「用」所生發出一必然趨向於實現之理想時，此理想便顯現爲一種「呼召」或「命令」的「形式」，即「相」。〔註24〕哲學的思辨作用對於這「形式」、「性質」、「意義」、「理念」或「理想」、與「智慧」的側面，〔註25〕正是可以發揮其追求普遍眞理，愛好究竟智慧的功能。

　　唐先生的儒教理論的思想質素，除了宋明心性之學在道德實踐上的體驗，與宗教精神的啓發之外，哲學智慧的開發是廣博旁涉的，但最爲主要之攝取的重心在於康德對於自律道德的證立，「超越統覺」的超越的主體性，還有所謂「道德的宗教」的觀念。再者，黑格爾精神的辯證發展體系，與中國大乘佛學，特別是天台、華嚴兩宗的「心性論」與「判教理論」，也是重要的思想質素。

（一）康德的道德哲學與黑格爾的精神哲學

1. 康德的道德哲學

　　唐先生肯定康德討論文化問題的最大貢獻，在於以「批判的」方法，釐清科學知識、道德、宗教、藝術、政治、法律之不同的領域，並且從各個領域中表現人類的理性要求的一一實現或滿足。〔註26〕這即是康德的批判哲學之所以能使各種人心的能力各別得以表現施展在人文世界之諸領域，而且不至於越位，由此以使各個人文領域，相容而並存的貢獻所在。

　　當唐先生在建立其文化哲學的體系時，他一方面承繼康德以道德爲文化之中心的觀念，但在另一方面卻不像康德一樣只以自覺與自律的依理性而立法的道德理性，及其所形成的道德生活，才是眞正的道德理性與道德生活。唐先生認爲人在自覺地實現一個文化的理想時，例如：藝術創作、學術活動等，同時具有不自覺或超自覺的道德理性之表現。也就是人一切的文化生活，在同一個意義之下都可以成爲道德生活的內容。因此，道德生活即內在於人

〔註24〕　參閱《生命存在與心靈境界（下）》，頁493。
〔註25〕　西洋哲學史對於「形式」（form）、「本質」（essence）、「理念」（idea）、「意義」（meaning）的追求，有可觀的成果。
〔註26〕　參閱《道德理性與文化意識》，自序（二），頁12。

一切的文化生活之中。〔註27〕

再者，唐先生也有所取於康德之建立「純粹理性」與「實踐理性」：前者在知識的範疇，成就科學的客觀世界；後者依據自律的道德律，以規定其意志成就道德之實踐、人文人格之世界。兩者有如「理論」與「實踐」的對比，乃是「知」與「行」之有所分而合一。〔註28〕

形上學與宗教雖然被排除於純粹理性的科學知識世界之外，卻在實踐理性的世界中被重新高舉。因此，在道德理性的建立上，康德所謂「道德的形上學」，使得形上學在道德的實踐上成為可能。他並界定道德的本質在於「意志的自律」；道德之所以可能的形上根源在於「意志的自由」。這對於唐先生的「道德理性」概念，有決定性的影響。而「道德理性」的概念正是塑造唐先生整個思想體系的核心所在。而康德之「上帝存在」與「靈魂不滅」的觀念，也就由道德理性所推演出。於是「道德的宗教」由此建立了一個穩固的理論基礎。這對於唐先生的宗教意識有決定性的影響。

唐先生指出康德之所以能在文化哲學與道德哲學上有所貢獻，正在於他能真實地自覺到人的超越性的普遍地涵蓋於各個人文活動與人文領域之上，並在根源上提契一個整個人文世界的主體自我，而加以哲學理論的建立。唐先生並且認為康德之「主體自我」的建立，才足以完成一真正道德性的人格。唐先生說：

> 康德哲學對於人之超越涵蓋各人文領域之主體自我之樹立，一方面是為提契人文世界，為人文領域之相容不悖奠立下思想的基礎。一方面即昭明了人之主體自我，是不能只以抽象的普遍者去加以規定或理解的，而客觀外在地被類化的。此自我之理性，只是內具普遍性的，故能成就科學與一切有普遍性之文化。但他又是超越的涵蓋於社會人文之各方面之上的主體自我。由此而人才有一真正的道德的個體人格。〔註29〕

總之，康德對於道德人格之主體性的建立，塑造了唐先生道德哲學建立的方向與「主體性」觀念的形成，也影響了唐先生儒教理論之宗教意識的觀念。

〔註27〕 參閱《文化意識與道德理性》（v20, 1958），頁 14～15。
〔註28〕 參閱《哲學論集》（v18, 1990），頁 606。
〔註29〕 引自《人文精神之重建》（v5, 1975），頁 465。

2. 黑格爾的精神哲學

唐先生指出黑格爾論文化的智慧，表現在運用其「辯證法」指出不同的文化領域，乃是同一精神自我的客觀表現歷程本身所依序由「主觀精神」、「客觀精神」到「絕對精神」所展現而出的精神狀態。黑格爾認爲人類的歷史，就是這同一「絕對精神」或「宇宙精神」所依序表現出其本身的客觀展現歷程。〔註30〕

唐先生也指出黑格爾論述精神自我之表現爲不同文化領域的歷程中，以哲學爲最高，宗教次之，藝術又次之，國家法律、社會道德再次之，家庭又次之。人類精神的表現爲各種文化領域，是由最底層的家庭、社會道德、國家法律、藝術、宗教、哲學一路辯證地發展而來：由前者之超越其自身的限制，以轉化出後者。這與唐先生之論文化問題的方式又有差別。唐先生改採康德批判哲學的精神，先同時肯定各種文化活動，爲同一之精神自我之分殊的表現，而不同於黑格爾先在原則上決定各種文化領域層位的高下。〔註31〕

再者，唐先生指出黑格爾的主體理論乃是承繼於康德的進一步發展。黑格爾之論主體自我，由康德所謂諸個人人格在敬意中，互相連接而相內在的意義，更進一步發展成主張：由一個公民個人的自由，可以一方面在立憲國家中自覺地客觀化其精神於家庭、社會、政府、與國家之中，而國家便是這客觀精神之實體之最高的完成；另一方面也可以自覺地以這些精神的客觀化都內在於主體的自我之中。由此主觀精神與客觀精神相互涵蓋，使「道德意識」能眞正具體地落實在「倫理生活」的實踐當中。〔註32〕再者，在黑格爾的精神哲學理，呈現於個人之超越意識中的絕對精神才是最高層次的表現。唐先生指出：

> 黑格爾之精神哲學以表現於個人之藝術活動、宗教活動、哲學活動爲絕對精神之最高表現，而「認識上帝爲人之自身之絕對理性之哲學」，又爲絕對精神之最高表現。〔註33〕

唐先生對於中國文化之精神價值的闡揚，與未來文化理想的建立，有所謂「太極」、「人極」與「皇極」三極之並立的說法。唐先生說：

> 太極爲絕對精神，人極爲人格之主觀精神，皇極爲客觀精神（此三

〔註30〕　參閱《文化意識與道德理性》（v20, 1958），頁 15。
〔註31〕　參閱《文化意識與道德理性》（v20, 1958），頁 12～13。
〔註32〕　參閱《人文精神之重建》（v5, 1975），頁 470～471。
〔註33〕　引自《哲學論集》，頁 658。

精神之意，與黑格爾所言不必同）。中國過去所謂立皇極，表面上似限於政治。然皇者大義，故吾今將立皇極之義，擴而大之，而以多方面表現客觀精神之人文世界之真實建立，或社會人文世界之充量發展，為立皇極。皇極之立，依於人格之主觀精神，亦歸宿於人格之主觀精神。皇極、人極、太極三者皆立，然後中國文化精神之發展，乃百備至盛而無憾。〔註34〕

趙德志先生探討唐先生上述「三極之道」之文化理想的建立，與黑格爾精神哲學的關聯時，指出：

唐君毅的這一文化哲學，既秉承了儒家心性之學的基本奧義，又有自己新的發揮。他實際上是儒家心性之學與黑格爾精神哲學相互融會的產物。在黑格爾哲學中，作為宇宙生命、本質的絕對精神，在其自身的辯證發展中，先後經歷了從主觀精神到客觀精神兩個階段，最終實現了自身。正是借這一思路，唐君毅提出了他的天地之德為人性之仁所內在、所體承，並表現於社會文化創造活動，在此創造中得以實現的文化哲學觀念。〔註35〕

趙德志先生指出唐先生之文化理想的建立與黑格爾精神哲學的不同有三個地方：(1)唐先生更加突出了主觀精神的作用，認為只有作為主觀精神的「本性仁心」，既是「人類文化發展的動力與歸宿」；也是「整個現實人文世界賴以建立的基礎與前提」。(2)在唐先生的觀念中，無論主觀精神、客觀精神或絕對精神，其本質的內涵是道德倫理觀念上的「仁」，即「本性仁心」，不同於黑格爾之重視哲學的理性概念。(3)唐先生所指出的「本性仁心」的呈現，乃出於性情之所自然的流露，不一定具有黑格爾所說的精神發展的辯證性。〔註36〕

再者，趙德志先生指出：唐先生在《生命存在與心靈境界》一書中所建立的「心通九境論」，是參照於黑格爾所根據「向外觀照」、「自我反省」與「超越追求」三個心靈的觀照活動，以形成「體」、「相」、「用」的不同境界，所建立起的精神哲學體系。〔註37〕趙德志先生也指出唐先生的「心通九境論」

〔註34〕 引自《中國文化之精神價值》（v4, 1953），頁495～496。
〔註35〕 引自趙德志著，《現代新儒學與西方哲學》，瀋陽：遼寧大學出版社，1994年，頁180。
〔註36〕 參閱前書，頁180。
〔註37〕 參閱前書，頁190。有關唐先生的「心通九境論」，即筆者所謂「心靈＝生命

與黑格爾的精神哲學在本質上的不同：(1)唐先生所講的是人的主觀心靈（即人的主觀仁心）自我升遷的進程，並以超越主客的「天人合一境界」（即儒教理論所代表的天德流性境）為人類心靈升遷的最高境界。黑格爾講的則是絕對理念自我開展或實現的過程，並以消融主觀精神與客觀精神的主體客體同一為絕對理念發展的最後階段。因此客觀的理性概念是最高的範疇。〔註 38〕(2)唐先生九境論所高揚的是「道德理性」，而黑格爾所最看重的是「理論理性」。〔註 39〕

（二）佛教天台宗與華嚴宗的「心性論」與「判教理論」

1.「性具義」與「性起義」的「心性論」

唐先生對於佛教天台宗與華嚴宗之思想義理的攝取，主要在於「心性論」與「判教理論」。天台宗與華嚴宗「心性論」中一個很重要的課題是關聯於「心之染淨」的「性具義」與「性起義」的區別。這也可看成是形上學中「相對論」與「絕對論」的區別。

（1）天台宗主張「性具義」的心性論

天台宗的教義歸宗於《法華經》。這是佛陀化導三乘，以同歸一乘的最後的說法。三乘之一切眾生之所以能同歸一乘以成佛，乃是在眾生所具有的染惡之性外，兼具備了密藏而待開顯的佛性。對於天台宗而言，佛性只是成佛的「因」，並非成佛的「果」。因此只能說「性具」，不能說「性起」。天台宗主張「開粗顯妙」、「開權顯實」的修養工夫，即要在破除「假有」與「性空」兩偏的種種迷惑中，以開顯佛性，而轉凡成聖。然而，天台宗不僅主張眾生在染淨之心性外皆密藏佛性；相對地，佛性於清淨善性中為要化度眾生，卻也具有了染淨善惡。〔註 40〕唐先生說明了天台宗主張「佛性兼具善惡」的理論緣由，及其注重「全性起修」的用心。筆者認為這是屬於「相對論」的心

哲學的階段」。

〔註 38〕參閱前書，頁 192。

〔註 39〕參閱前書，頁 193。

〔註 40〕天台宗「佛性兼具善惡」在中國佛學中是一種很特殊的說法。連華嚴宗的澄觀也受到天台宗湛然的影響，而有「不斷性惡」的說法。這見於相傳為智者所說、灌頂所記的《觀音玄義》，及相傳為慧思所作的《大乘止觀法門》。《大乘止觀法門》：「一一眾生心體，諸佛心體，本具二性，而無差別之相，一味平等，古今不壞，……悉具染淨二性，法界法爾，未曾不有。但依熏力起用，先後不俱。然其心體二性，實無成壞。是故就性說，故染淨並具。」轉引自《中國哲學原論——原性篇》，頁 266。

性論。唐先生說：

> 依天台性具之說，吾人眾生即具佛之心性，故六凡道中即具四聖
> 道，眾生界即攝佛界。其所以又言佛界亦攝眾生界，而佛性亦有染
> 有惡者，則亦依於法華之旨原是重在垂跡顯本，以化度在凡之眾
> 生而來。佛既垂跡以化度眾生，則佛界即澈入眾生界。……於是吾
> 人一方須謂佛性中，兼具此染淨善惡之法門而佛性有惡，一方亦須
> 謂佛之修唯是善。然此二義中，天台特重前義。而吾人眾生之修止
> 觀者，必須知佛之心性之兼具染淨善惡，方不至將佛之所修者全是
> 善，與吾人之不離染者，視如天地懸隔，誤為佛界在己之外；吾人
> 乃可即吾人之染業惡業之所在，以知佛性之亦在是，而全性以起
> 修。〔註41〕

（2）華嚴宗主張「性起義」的心性論

華嚴宗的教義則以佛陀的自證境界為根本。這佛陀的自證境界是一個自
性全然清淨的「法界性起心」。一切諸法都在一個「相攝相入的大緣起」之中，
依此「法界性起心」而起。因此，針對這第一義之佛陀所自證的真實存在境
界而言，並無所謂「染」、「惡」。眾生之所以有「染」、「惡」之性，只能在第
二義上說。這乃是眾生尚未達到這佛陀所自證境界的緣故。因此，現實世界
中的「染」「惡」並非真實的存在。〔註42〕筆者認為這是屬於「絕對論」的心
性論。唐先生說：

> 華嚴宗所謂性起之性。乃直指法界性起心之性，而此心性，乃一存
> 在之實體者。如華嚴宗或稱之為性海圓明、性海具德，即見此性唯
> 是體性之性。此體性必有其用，故能有所起。此所起者，在眾生界
> 固兼具染淨善惡，如起信論之言，一心生二門。華嚴之澄觀，固亦
> 明受天台湛然之影響，而用不斷性惡，以言性起之義。然此實仍是
> 在第二義上說。自淨能奪染上說，則第一義之性或佛性上，仍當泯

〔註41〕 引自《中國哲學原論——原性篇》，頁284～285。

〔註42〕 參閱《中國哲學原論——原性篇》，頁280。又華嚴宗法藏之《一乘教義分齊
章》：「且如圓成（即具圓成之心）雖復隨緣成於染淨，而恆不失自性清淨；
只由不失自性清淨，故能隨緣成染淨也。猶如明鏡，現於染淨，雖現染淨，
而不失鏡之明淨；只由不失鏡明淨故，方能現染淨之相。以現染淨，知鏡明
淨；以鏡明淨，知現染淨。」轉引自《中國哲學原論——原性篇》，頁273～
274。

絕此第二義上之染，以言其真淨。故謂依佛性論，唯以清淨法界為
法身。〔註43〕

唐先生以綜攝的觀點認為華嚴宗「性起義」所闡發的是第一義的「體性」；
而天台宗「性具義」所闡發的則是第二義的「法性」，只是就染淨善惡二法門
而不改，而方便言之為性，並不具有實體的究竟意義。兩者所指涉的「性」
的義涵有所不同。〔註44〕因此，兩者義理的歧異是可化解而加以融合的。

2.「判教理論」

中國佛學的「判教理論」是中國佛教宗門，用以銷化印度所傳來的眾多
不同的經論教義的結果。中國佛學獨立的判教論始於鳩摩羅什的門下慧觀之
判「五時教」。他用佛陀的說法因著「時間」和「對象」的不同，所施行的頓
教或漸教，以解釋眾多佛經教理的差異。而天台宗智顗「五時」、「化儀四教」
與「化法四教」的判教論是慧觀以來之判教論的綜合。華嚴宗法藏「五教十
宗」的判教論則是依天台的判教所修補改造而成。〔註45〕以下就唐先生所闡
發之精義所在稍加介紹。

（1）天台宗：智顗的「五時八教」的判教論

天台智顗的「五時判教」認為佛陀依學者的根器與機感而分五個時機之
教導次序講解佛法。唐先生說明「五時」與「化法四教」之劃分：

智顗五時判教，乃謂佛于華嚴時，初說滿字教，眾生無機，而約滿
開半；於阿含時說藏教；於方等時，對半明滿，說通教；於般若時，
明滿，說別教；於法華時，捨半明滿，說會三歸一之圓教。〔註46〕

智顗以(1)佛陀初成道時，最先講解高深的《華嚴經》圓頓的教義，眾生
無法理會，是為「華嚴時」。(2)於是佛陀改說淺顯的《阿含經》等小乘教義，
即為藏教，是為「阿含時」。(3)繼之廣說大乘各法門，斥小贊大，彈偏褒圓，
使小乘之「藏教」可以通於「別教」與「圓教」，故稱「通教」，是為「方等
時」。(4)再者專說「空」義，即為諸《般若經》的「別教」，是為「般若時」。
(5)最後說究竟了義，會三乘歸一乘，立圓教說真常，以明佛性，即為《涅槃
經》、《法華經》的「圓教」，是為「法華時」。

〔註43〕引自前書，頁288。
〔註44〕參閱前書，頁289～290。
〔註45〕參閱《中國哲學原論——原道篇（三）》（v16, 1973），頁272。
〔註46〕引自前書，頁140。

其中「化法四教」的分判，主要是就教義的內容，即佛法修行的理論所分判的：（1）「藏教」以「苦」、「集」、「滅」、「道」四諦為生滅的次第歷程，這生滅的次第歷程被視為真實存在的因緣生法。這屬於小乘的佛法。〔註47〕（2）「通教」為大乘教義的開始。主要指「般若三論宗」講「空」的教義。於一切因緣生滅法不視為真實存在的生滅，只是幻有之生滅。智顗以《維摩詰經》之破小嘆大、彈偏褒圓，作為通教的代表經典。通教可以超越小乘之教，而通達於別、圓二教。〔註48〕（3）「別教」：智顗所謂的「別教」意指當時之「地論宗」、「攝論宗」的教義。他們分別成佛的「修因」與「證果」相離為二，並區分佛性具有三個不同的層次：即「了因佛性」、「緣因佛性」、「正因佛性」。「了因佛性」是指人原有能在觀照的智慧上對於因緣作種種的明瞭工夫，以成就般若智慧的佛性；「緣因佛性」是指人原有能循序漸進地作種種成就解脫的修行，以作為幫助成佛之助緣的佛性；「正因佛性」則指人原有修行最後可成就之真實佛性或真如、法性的顯現，以為成佛之法身的佛性。由此可知，人的「正因佛性」是深藏在最深層的，更被「無明」所遮覆。因此，人的修行成佛必須分別有無量之觀行之「緣修」（依種種因緣而觀修行），以漸漸轉化深處之無明惑業，次第深達於深藏之佛性而開顯之，以成其「真修」（真實佛性之得清淨而顯現）。因此，不得不視「了因佛性」、「緣因佛性」，與此「正因佛性」三佛性為隔別，以次第證得「般若」、「解脫」、「法身」三果。〔註49〕（4）「圓教」：以「修因」與「證果」兩者相即而不相離。「圓教」之「圓詮三諦」，即以「一心三觀之圓觀」對「俗有」、「真空」、與「中道佛性」，三者並觀而成就三智。即觀「俗有」成就了「道種智」可以破除「塵沙惑」；觀「真空」成就了「一切智」可以破除「見思惑」；觀「中道佛性」成就了「一切種智」可以破除「無明惑」。這有賴於對無明與佛性能在當前工夫中之「雙照雙觀」。因為在圓教義之下，無明即法性，煩惱即菩提，生死即涅槃。〔註50〕「圓教」不同於「別教」，能直下頓顯中道、佛性、法性之道，不以佛性法性為無明所遮覆而深藏，而正視無明使無所逃避躲藏，正所以使無明為明所觀達貫穿，而破無明，以顯佛性法性。

智顗除了依照佛法的理論分判為「化法四教」。另外還依照佛陀說法的方

〔註47〕 參閱《中國哲學原論——原道篇（三）》（v16, 1973），頁 159。

〔註48〕 參閱前書，頁 161。

〔註49〕 參閱前書，頁 170～171。

〔註50〕 參閱《中國哲學原論——原道篇（三）》（v16, 1973），頁 175～176。

式，亦爲學者修行的實踐門徑，而分判「化儀四教」：「頓悟」、「漸修」、「不定」（指頓漸之教，隨學者之機感而定。同一說法，對不同之人有不同之意義。指學者之同聽異聞，而可相知者。）、與「祕密」（指學者之同聽異聞，而互不相知者）。〔註51〕

（2）華嚴宗：法藏「五教十宗」的判教論

法藏：「就法分教，教類有五。後以理開宗，宗乃有十」。〔註52〕其中「教」是佛法教人如何修行，並依據修行的程度而斷證其不同的五個階層等級，即「小乘教」、「大乘始教」、「終教」、「頓教」、「圓教」五教。〔註53〕「宗」則是追溯立教所根據的根本義理而劃分爲十個宗派，即「我法俱有宗」、「法有我無宗」、「法無去來宗」、「現通假實宗」、「俗妄眞實宗」、「諸法但名宗」、「一切皆空宗」、「眞德不空宗」、「相想俱絕宗」、「圓明具德宗」。〔註54〕「教」可以說是學佛的實踐，「宗」則是學佛的理論。

五教中，(1)「小乘教」即「藏教」，所依心識爲「六識」，與「十宗」中之前六宗約略相當。(2)「大乘始教」指「般若三論」的教義〔註55〕，依於阿賴耶識，約略指「一切皆空宗」的修行。(3)「大乘終教」指《大乘起信論》的教義，說一切法具眞如、如來藏的眞實德性，則指「眞德不空宗」的修行。(4)「頓教」之絕思議而無說、以一切法唯一眞心佛性，可銜接於後來的禪宗，約略等於「相想俱絕宗」的修行。(5)「圓教」直顯一佛境界之眞實相，依唯一「法界性起心」，指《華嚴經》的教義：法界緣起，無礙自在，一即一切，一切即一，主伴圓融，十德具足，約略等於「圓明具德宗」的修行。

法藏五教的判定乃就佛教教義，依據「由小而大」、「由始而終」、「由漸而頓」、「由偏而圓」的判教原則加以判定。唐先生指出「十宗」的排列，表現出一個由「假實」趨向於「空」；更由「空」趨向於眞德之「不空」的「正

〔註51〕　參閱前書，頁140。

〔註52〕　出自法藏《華嚴一乘教義章》〈卷一〉，及《華嚴探玄記》〈卷一〉，轉引自前書，頁275。

〔註53〕　參閱《中國哲學原論──原道篇（三）》（v16, 1973），頁274。

〔註54〕　參閱前書，頁276。

〔註55〕　據法藏《十二門論宗致義記卷一》、《起信論義記》、《華嚴探玄記》等書，「大乘始教」亦包含了「法相唯識宗」的教義。宗密《原人論》以「般若三論」爲「空始教」；以「法相唯識」爲「相始教」。參閱《中國哲學原論──原道篇（三）》，頁275。

反合」之辯證的思想歷程。〔註56〕

陳沛然先生在比較華嚴宗與天台宗的圓教義理時，總結地對比了兩者的不同：

> 華嚴宗以主體之入路而言「性起」，在佛之自證境界而開展真常心之自性清淨之性，由此而唯觀真心，由「真心觀」而主體起用，轉染起淨，此乃有情眾生之事。故此是「有情有性」「無情有性」。天台宗則以客觀存在之入路而言「性具」，在法之存在與各自不變之價值性上而顯示介爾一足無明法性，主體籠罩於客體，法性佛性不二，由此而立「無情有性」。〔註57〕

總之，唐先生之思想體系的開闊胸襟與綜合精神，在最具哲學思辨性的佛教「判教理論」中找到了最寬廣而縝密的思想空間與深度。唐先生說：

> 然吾亦自謂賴吾之超越的感情，使吾有種種超越的會悟。其中之會悟之一，為吾以世間除無意義之文字之集結，與自相矛盾之語，及說經驗事實而顯違事實之語之外，一切說不同義理之語，吾不可在一觀點之下成立。若分其言之種類層位，而次序對學者之問題，而當機說之，無不可使人得益，而亦皆無不可說為最勝。由此而吾乃有會於中國佛家之判教之論，於佛經之一一說為最勝之義，而似相異相反之言，莫不可會而通之，以見其義之未嘗相礙。〔註58〕

唐先生對於華嚴宗與天臺宗之性起義與性具義哲學的攝取更加增益其綜合絕對論與相對論，即綜合主觀與客觀的哲學立場。而判教理論的運用更成為唐先生綜合中西印三大哲學文化體系的思想利器，也成為他進行宗教比較與融通的主要憑藉之一，更幫助他建立了一個包含心靈主體、萬有存有與所有學問，能一一相互貫通而層次分明，又可博可約的完整思想體系。

三、宗教的嚮往

宗教之精神在於謙卑，唐先生虛懷以容納眾說異端，所以能溝通百家，會合三教。宗教的精神在於悲憫，唐先生以其怛惻悲憫之仁懷，著書立說終不離闡發此性情之教。宗教之精神在於超越向上，唐先生關建心靈九境，峰

〔註56〕 參閱《中國哲學原論——原道篇（三）》（v16, 1973），頁 278。
〔註57〕 引自陳沛然著，〈唐君毅先生論華嚴宗與天台宗之圓教義〉，《鵝湖月刊》第 23 卷第 6 期，臺北，1998 年 1 月，頁 14。
〔註58〕 參閱《生命存在與心靈境界（下）》，頁 481。

迴路轉而層層上達，足以引人思路、心靈之超越向上，終於達致三教之勝境。
唐先生對於三教的重心加以分辨與綜攝：

> 於此人欲存其大信，即須知此性、此情、此天樞、此天命，在一切
> 人之心，及其在一切人之心，亦吾心之所知；又須知此性情、天樞、
> 天命之泉原之實無窮而不息。人更當試思聖人之心之何所似，以見
> 吾人前所謂之宇宙性的神聖心體之實有，而見其有全德大能，以實
> 現一切當然之理想，以自怯其生命力之微小之感，此即一神教之宗
> 教之所重。否則人須遍觀一切不合理想者，出於生命之妄執，其本
> 性為虛幻而空，知虛幻者空，而顯隱之真實自顯，此即佛家之所重。
> 循中國之傳統之教之核心言，人若真依其內心之實感，以見一善善
> 惡惡，而至善之性命之原，能充內形外，以成其德業，即步步見有
> 不合理者之自化自空，亦步步見此至善之本原之真實，其力其能之
> 無盡，則亦非必須先說此宇宙性之神聖心體之具全德大能，亦不須
> 先遍觀一切出於生命之妄執者之虛幻而空。〔註59〕

　　儒家的人生態度真實地肯定當下的生命與現實的世界具有正面價值。儒
家之立教成德，便是基於此人生之正面肯定，以化除生命存在中的種種罪惡、
執著與痛苦煩惱的根源。〔註60〕而當我們面對生命的偶然性：即我們從生命
的外在觀看生命存在本身的可存在又可不存在，使人頓覺生命的不真實感而
顯現生命的無常性、偶然性、有限性與虛幻性。唐先生分析：提出人在對於
一存在物有了觀念的把握之後，便會反而以固定不變的觀念作為根據，反觀
生命存在的生滅存亡，則最容易感發這存在的虛幻之感。唐先生認為這是因
為人們先對固定不變的觀念產生了執著所導致的。這是根據觀念世界可以有
一普遍恆常的意義，因此常人卻也貪執其生命之恆常存在，而妄求一不死不
滅之永生，因此也就把死滅看成不善或痛苦的事。如果人們不要被固定不變
的觀念所執著，而純粹從生命存在本身看，則生命所有的一切活動皆能自然
地存在於或顯或隱，或動或靜的變化歷程之中。〔註61〕

　　唐先生特別提出他並不否認佛家所謂「俱生我執」所指出：人之自然生
命的活動中，存在著種種限制與封閉，使人不能完全自主。但是人之自然生

〔註59〕引自《生命存在與心靈境界（下）》（v24, 1976），頁497。
〔註60〕參閱《生命存在與心靈境界（下）》，頁158～160。
〔註61〕參閱前書，頁165～166。

命並非全部是一無明無知所執障的表現，唐先生肯定生命本身有其作爲第一義的超越性內在於其中。唐先生說：

> 吾人之所爭者，唯在此一切自然生命，雖有種種俱生之我執，然其所以能存在之本質或本性，仍在其內具之超越性或善性。即其生命存在之對其來處與根原之無明無知，亦有一超忘之善，以此性之善爲第一義；即見此自然生命俱生我執之不善，並不能證明其所執之生命存在之自身之本質或本性爲不善而已。〔註62〕

對於佛家所謂「分別我執」，唐先生也提出他的反省：佛家所謂「分別我執」，意指人有一個分別「我」與「非我」，且以「我」之所有者排斥「非我」之所有者的執障而言。這「分別我執」是根源於人有種種分別人我之所有的類概念，並用這些類概念來作種種判斷，以致於對於自我的生命起了貪執，並且產生排斥非我之不自覺的「俱生我執」。〔註63〕但是，唐先生也指出：人的心靈用思想概念形成判斷本身並不必然就是「分別我執」。因爲人在思想活動中選擇概念作判斷時，思想歷程可以不斷的隨著心靈的超越性，不斷的隱顯、屈伸、進退、往來，以呈現出思想活動本身的超越性。

如果從宗教精神的比較或判教的原則來省察唐先生的儒教信念，筆者認爲有時唐先生給予聖賢人格過高的崇拜地位。在唐先生完成〈人類宗教意識之本性及其諸形態〉（1950年5月）一文，論述宗教意識之包含含解脫意識、虛己意識、超我意識、與崇拜皈依意識之後不久，唐先生在另外一篇文章：〈孔子與人格世界〉（1950年9月）中分別聖賢人格爲「超越的聖賢型」，如：穆罕默德、釋迦、甘地、耶穌、武訓；與「圓滿的聖賢型」，如孔子。前者超越性的聖賢人格之所以偉大，在於表現其絕對忘我而體現一無限之超越精神〔註64〕；後者圓滿型的聖賢人格，即孔子，以其「眞誠惻怛」之仁德，一方面表現其如「天之高明」而涵蓋一切之超越精神：但另一方面更表現出其如「地之博厚」而承認一切之持載精神。唐先生極度推崇孔子的博厚精神，主要表現在孔子之能尊崇各類型之人格以持載一切之人文世界與人格世界，並能謙讓其德於古人，而表現出不自封自限的開放精神。〔註65〕因此崇敬孔子正所以體會孔子開闊的胸襟以開拓人們崇敬一切人格之心量。在此唐

〔註62〕 引自前書，頁174。
〔註63〕 參閱前書，頁175。
〔註64〕 參閱《人文精神之重建》（v5, 1975），頁229～230。
〔註65〕 參閱前書，頁237～240。

先生發揮地德之博厚精神於人格之實現，但似乎推尊人格勝於一切。唐先生之所以推尊人格勝於神聖之崇敬，源於其重視道德意識過於宗教意識。

第三節　論唐君毅之「人文宗教」的理想

一、具有宗教精神的人文主義

（一）唐君毅論「圓滿的人文主義」

1.人文主義的涵義與傳統

唐先生在比較中西人文精神之發展歷程，並觀察了西方文化已經驗了一次文化的返本開新運動之後，他憑著相信一切有價值之文化思想觀念皆當被保存與發揮的信心，指出：中國傳統之人文精神的「返本」不僅可以作為「開新」的根據，更可有所貢獻於西方文化的發展。〔註66〕

「人文」的傳統本義是「人文化成」，〔註67〕其中心精神是指人的一切文化活動。舉凡宗教、哲學、文學、藝術、倫理道德與科學等都包含在這文化的範疇之中。唐先生界定「人文」的涵意時說：

> 我們所謂人文的思想，即指對於人性、人倫、人道、人格、人之文
> 化及其歷史之存在與其價值，願意全幅加以肯定尊重，不有意加以
> 忽略，更決不加以抹殺曲解，以免人同於人以外、人以下之自然物
> 等的思想。〔註68〕

唐先生揭櫫他的人文主義的三大中心信念是：(1)人應當是人。(2)中國人應當是中國人。(3)現代世界中的中國人應當是現代世界中的中國人。〔註69〕筆者認為：

（1）「人應當是人」的信念指出：唐先生的人文主義是要建立在人性的普遍性之上。在這普遍性的人性的基礎中涵蘊著共同的本質，使得人類可以不分種族、語言、習俗、文化與宗教信仰的差異，共同努力以實現人文世界之普遍的尊嚴與價值。

〔註66〕 參閱《人文精神之重建》，頁3。
〔註67〕 《易傳》〈賁卦象傳〉：「觀乎天文，以察時變；觀乎人文，以化成天下。」引自《易經集註》，臺北：文化圖書公司，1983年，頁37。
〔註68〕 參閱《中國人文精神之發展》，頁10。
〔註69〕 參閱《人文精神之重建》，頁4。

（2）「中國人應當是中國人」的信念指出：唐先生的人文主義是要建立在具有悠久歷史文化傳統的中國文化上。因爲他相信中國傳統文化中有其特殊的質素，例如：藝術的精神、道德的心性論、宗教的寬容……等。這些特殊的質素不僅建立在普遍性的人性基礎上，更將有所貢獻於未來世界文化的建設。

（3）「現代世界中的中國人應當是現代世界中的中國人」的信念指出：唐先生的人文主義是要建立在世界文化的現代性之上。由於東西方文化的接觸的頻繁與深入，世人漸漸地覺醒而了解到「現代化」乃是最先興起於西方，隨即全世界人類都不可能迴避的命運。但是「現代化」並不就等於「西化」。西方的現代文化只是人類現代化發展的一種特殊方式而已。〔註70〕

2. 人文主義與宗教精神

唐先生指出「人文」不必然反對「宗教」。傳統儒家歷來之重「人」，並不與「天」相反對；也就是「人」不與今日之所謂「神」相反對。因此中國傳統的人文思想從來即不反「天」而只贊「天」。所以宣揚人文主義的精神，根本就不需要從反宗教信仰或反神學開始。

再者，西方自文藝復興以來所推展的人文運動，所抱持與宗教信仰相敵對的態度，主要是對治中世紀的宗教文化所矯枉過正的結果。到了現代，這種反對宗教的人文主義，已顯得過於狹隘而不符合現代人的需要。唐先生指出：

> 我們須知中世紀宗教統治文化之弊害，已經近代文化之洗滌。則此後上升求神化之宗教精神，便可專顯其對治人之下墮物化之精神效用。中國儒家人文主義，以人爲三才之中，上通天而下通地，所謂「通天地人曰儒」，誠是一大中至正之道。〔註71〕在兼通天地人的意義下，孔子是可以涵攝耶穌、釋迦、與科學之精神的。然而至少在補今日之偏，救今日之弊的意義上，我們對於耶穌與釋迦，絕不當減其敬重。〔註72〕

面對當今時代物化下墮的文化弊病，唐先生嚮往中國儒家人文主義，通

〔註70〕 參閱陳秉璋、陳信木著，《邁向現代化》，臺北：桂冠圖書公司，1988年，頁14～16。

〔註71〕 參閱《人文精神之重建》，頁27。

〔註72〕 引自前書，頁29。

天地人三才所開拓的大中至正之道。正如張灝先生所指出：傳統儒家是一種以「超越意識」作為前提的人文主義。儒家的超越意識最突出的表現便是「天人合一」的觀念。〔註73〕正是這種源自天人合一的超越意識才能開闊現代人的胸襟，以宗教精神的嚮往所引發的超越意識，來提攜人心物化下墮的文化趨勢。依此，唐先生更深切地體認出宗教精神對於時代的重要性，他說：

> 在這個時代，如果人們之宗教精神，不能主宰其科學精神；人之求向上升的意志，不能主宰其追求功利之實用的意志，人類存在之保障、最高的道德之實踐、政治經濟與社會之改造、世界人文主義之復興、與中國儒家精神之充量發展同是不可能的。〔註74〕

在唐先生這個對於宗教精神的高度肯定中，我們很清楚地看到宗教精神是作為一個獨立於生存保障、道德實踐、與政治、經濟、社會生活等範疇之外，並且具有更為基礎的根源性與重要性而呈現的。

3. 人文精神與唯物主義

唐先生指出：發揚人文主義的精神最主要目的是要對治唯物主義。人文主義所要講的人性，是異於物性的人性；並不是異於神性的人性。因此唐先生所提倡的人文主義並不反對宗教信仰，絕對不是無神論的人文主義。而唯物主義把人看成物品或者機器，也就是視人性如同物性的作法正是唐先生之人文主義所要反對的。〔註75〕

唐先生指出：人類的精神如果不在客觀宇宙中追求不朽的意義，則一切的福德畢竟只歸於虛幻。唯物主義或反宗教的人文主義者之所以抹殺這個問題，是由於他們未能真正地愛惜既有精神價值又具備福德的人格。只要真實的愛惜之情存在於人的心裡，則不朽的宗教要求將成為必要的價值要求。因此，唐先生結論式地宣告說：

> 唯肯定宗教之人文主義，乃圓滿之人文主義。〔註76〕

由此可知，唐先生勾勒出他理想中的人文世界是包含宗教這個重要的領域。因為人類人文世界的全幅開展，必然應當包含宗教、科學、藝術、文學、

〔註73〕　參閱張灝著，〈儒家的超越意識與批判意識〉，編入《儒學發展的宏觀透視》，臺北：正中書局，1997年，頁280。

〔註74〕　參閱《人文精神之重建》，頁30。

〔註75〕　參閱前書，頁26。

〔註76〕　參閱《中國文化之精神價值》，頁432。杜維明以儒家的人文主義不排斥超越層面的天，也不排斥自然。參閱《儒學第三期發展的前景問題》，頁182。

哲學等人類心靈精粹的結晶。宗教追求「神聖」，科學追求「眞實」，藝術追求「美感」，文學追求「眞誠」，哲學追求「智慧」。〔註77〕可知，唐先生的人文主義是一種包含人文世界之全幅開展的人文主義。它涵蓋了天地人三才之道，也就是涵蓋了宗教、人文與自然的廣大範圍。〔註78〕因此，唐先生自稱爲「圓滿的人文主義」。

筆者認爲唐先生的人文主義的主張，不適合稱爲「宗教的人文主義」（religious humanism）。因爲唐先生的人文主義除了「人文」的質素之外，還包含「宗教」與「自然」。因此，「宗教的人文主義」與「自然的人文主義」一樣都無法涵蓋唐先生圓滿的人文主義的廣大內涵。

（二）馬里坦（Jacques Maritain，1882～1973）論「完整的人文主義」（Integral Humanism）〔註79〕

唐先生《中國人文精神之發展》（1957）一書在追溯「西方人文主義之歷史的發展」時，介紹了馬里坦「以神爲中心的人文主義」，並肯定馬里坦結合宗教思想與人文思想，冀以重新恢復人的尊嚴的用心。〔註80〕以下筆者深入馬里坦對於人文主義的解析，辨明其深意，以作爲反省唐先生的人文主義的參考。

馬里坦區分了兩種形態的人文主義：「以神爲中心的人文主義」（Theocentric Humanism）與「以人爲中心的人文主義」（Anthropocentric Humanism）。前者以神爲人的中心，並且蘊含著基督宗教之人的「罪」與「被救贖」的觀念，還有基督宗教關於「恩典」與「自由」的觀念。相反地，後者以人作爲人與所有事物的中心，並且蘊含著有關人與自由的自然主義的

〔註77〕 參閱《人文精神之重建》，頁14。

〔註78〕 杜維明先生表達了同樣的看法：「儒家基本上是一種哲學人類學、是一種人文主義，但是，這種人文主義既不排斥超越的層面「天」，也不排斥自然。所以，它是一種涵蓋性比較大的人文主義。」引自杜維明著，《儒學第三期發展的前景問題》，臺北：聯經出版社，1989年，頁182。

〔註79〕 「完整的人文主義」的名詞爲項退結先生所翻譯。參閱項退結著，《中國哲學之路》，東大圖書公司，頁148。李震神父提倡「普遍的人文主義」或「整合的人文主義」重視人與上帝的整合，並肯定藉此整合，建立更圓滿的人學。參閱李震著，《人與上帝（卷六）》，臺北：輔仁大學出版社，1997年，頁332、336。沈清松先生則以「開放的人文主義」來描述儒家與基督宗教「內在而超越」或「超越而內在」的精神向度。參閱沈清松著，《傳統的再生》，臺北：業強出版社，1992年，頁133～134。

〔註80〕 參閱《中國人文精神之發展》（v6, 1957），頁62～63。

（naturalistic）觀念。

馬里坦認爲「以神爲中心的人文主義」才是完整的人文主義。「以人爲中心的人文主義」則造成人、文化、神的悲劇，因此而淪落爲「無人性的人文主義」（inhuman humanism）〔註81〕。馬里坦對於「以人爲中心的人文主義」所造成人的悲劇的分析，很值得我們參考。在此僅介紹他所論述關於「人」與「神」的悲劇。

1. 人的悲劇

馬里坦指出近代文藝復興與宗教改革以來，理性主義（笛卡兒、盧梭、康德）高舉著人格之高傲與壯麗的圖像，盡心維護著神聖不可侵犯的人格之內在性（immanence）與自律性（autonomy），與人性本質的善。〔註82〕但是歷經了幾次致命的打擊後，已使得人性的自我認識陷入危機。首先是達爾文主義（Darwinism）對於理性主義的衝擊。達爾文生物學上以猿猴作爲人的根源的觀念，不僅使得人被看成只是動物種類長時期進化（evolution）的結果；而且人已不再被看成是一個精神的實體（spiritual subsistence），因此也就沒有個人的靈魂與永恆生命的盼望。

馬里坦指出：雖然達爾文主義無法搖撼基督宗教的人格觀念，因爲基督宗教的人格觀念不是建立在人的理性思想上，乃是立基於啓示的教義（revealed dogma）；但是達爾文主義卻給予理性主義一個致命的打擊。〔註83〕

再者，給予理性主義另一個致命的打擊的是弗洛依德。馬里坦指出：不是弗洛依德精神分析的方法，而是弗洛依德的形上觀念，使得人不再有任何的人格，而只能是隱藏世界中的「本能」（instinct）與「欲望」（desire）的表現。因此，人的活動成爲有如變形蟲般的命定運動。在弗洛依德的觀念裡，所有人的意識之有規則的呈現，都只是欺騙人的面具而已。也就是說，人只是激烈的「性慾衝力」（a sexual libido）與「死亡本能」（an instinct for death）之相交叉與相衝突的場所而已。〔註84〕

因此，馬里坦認爲「以人爲中心的人文主義」使人性陷入，諸如：「自然」與「恩典」、「信仰」與「理性」、「愛」與「知識」、「愛」與「（情感生活的）

〔註81〕 參閱 Jacques Maritain's *Integral Humansm*, newly trans. by Joseph W. Evans (from *Humanisme Integral*, 1936), New York: Charles scribner's sons, 1968, p28。
〔註82〕 參閱 Jacques Maritain's *Integral Humansm*, p28。
〔註83〕 參閱 Jacques Maritain's *Integral Humansm*, p29。
〔註84〕 參閱前書，頁 29。

感性」相分裂與相對立的二元論的困境之中。〔註85〕

2. 神的悲劇

馬里坦對於「以人為中心的人文主義」所造成神的悲劇的描述，分成三個階段：

（1）第一個階段中，笛卡兒（Descartes，1596～1650）觀念中的神成為人支配物質的保證。「神」的觀念是科學與幾何理性的基礎。雖然其中仍然保持神性的「超越性」，但是這個「超越性」已經被接收在人的意義中而有所改變。因為藉著笛卡兒幾何理性的明確分析，神的觀念雖然是所有觀念中最清楚的觀念，但是已無法產生「類比的」理解。此時「不可知論」（agnosticism）已經有了萌芽，使得神的超越性開始陷入危機。〔註86〕

（2）第二個階段中，黑格爾（Friedrich Hegel，1770～1831）唯心主義的形上學使得「神」成為一個「觀念」（idea），神的超越性此時已被棄絕，取代神的超越性的是一種內在性（immanence）的哲學。在黑格爾，神呈現為世界與人性發展之觀念的極限。〔註87〕

（3）第三個階段中，尼采（Nietzsche，1844～1900）宣稱「上帝的死亡」。馬里坦調侃的說：上帝怎麼能仍舊生活在一個「祂的形象」已經被抹煞的世界呢？〔註88〕布伯（Martin Buber，1878～1965）在《神的隱退》（1952）一書中，援引海德格（Martin Heidegge，1889～1976）對於尼采所宣稱「上帝的死亡」的解釋指出：現代人對於神的觀念，已經從原先客觀的存有領域隱退為只是內在於人的主觀性之中，神的存在只是人的主觀心靈中的最高價值。〔註89〕布伯指出：太陽的隱退是由於烏雲遮蓋了我們的眼睛，並不是太陽真的消失了；同樣地，神的隱退也是源於種種人文主義哲學的錯誤帶領，使人無視於神的存在。這是人的自我遮蔽，屬於人自己的責任。〔註90〕

由上文所引介馬里坦對於「人文主義」的分析可知：雖然唐先生的「圓

〔註85〕 參閱前書，頁30。

〔註86〕 參閱前書，Jacques Maritain's *Integral Humansm*, p33。

〔註87〕 參閱前書，頁34。

〔註88〕 指人藉著「上帝的形象」所造，因此在人性中具有來自於神的神性或靈性。現代人的人性論既然淪落為自然主義或機械主義，而且否定人性中神性或靈性的存在，那麼自然連帶地也會否定上帝的客觀存在。

〔註89〕 參閱 Martin Buber' *Eclipse of God*, New York: Harper & Row, 1952, p21。

〔註90〕 參閱前書，Martin Buber' *Eclipse of God*, p23～24。

滿的人文主義」與馬里坦的「完整的人文主義」兩者都是融合宗教與人文，屬於涵蓋廣泛的人文主義。但是兩者仍然存在著「以神為中心」或「以人為中心」之基本精神的差別。筆者將在本文第七章第一節有較完整的討論。

二、通「天地人三才之道」的宗教理想

（一）儒教與宗教精神的融合

唐先生追究宗教之所以衝突，有三個主要的原因。即：(1)注重所信對象之不同。(2)與人的道德實踐無必然關係。(3)所信之對象本身，又沒有客觀事實可供信者與不信者之間作討論交通。(4)不信者又不能靠自己的學習得到信仰。故衝突永不能化解。

唐先生很有信心地肯定了儒教對於化解宗教紛爭的可能貢獻。他認為人類要根絕宗教上之一切不必要的紛爭，而安和天下，必須仰賴於儒學與儒教之能建立為人類文化的主要骨幹。〔註91〕而儒教之所以能協調宗教之間的衝突，主要有三個理由。茲分述於下：

1. 儒教注重人作為能信的主體，而不注重所信之不同對象

唐先生認為儒學與儒教，能協調宗教衝突的第一個理由在於：

> 儒家之學與教，注重人之能信之道德主體，注重看人之有所信後，其道德人格之是否堪敬愛，而不注重去看與人之道德實踐不必然相關之所信者之異同：亦即儒家之學與教，能協調一切注重所信者異同之宗教之衝突之第一理由所在。〔註92〕

在此筆者認為唐先生指出了儒教較重視宗教體驗中之心性的「主體性」，特別是實現在人格的道德修養上的果效，如宗教涵養中之「慈悲」、「清淨」、「寬容」、「犧牲」、「饒恕」、「博愛」等宗教情操與行為；儒教比較不計較所信仰之對象在教義或宗教理論上的差異。也就是在與宗教理論的對比之下，儒教表現出重視宗教行為中道德實踐的優先性。

2. 儒教所信之對象，與道德實踐有必然的直接關係

儒教所信之對象，與道德實踐有必然的直接關係。而且儒教之道德實踐乃依於一個無限之心量，而屬於超越的道德。〔註93〕而儒教之道德教訓的實

〔註91〕　參閱《中華人文與當今世界（下）》，頁 456。
〔註92〕　參閱前書，頁 478。
〔註93〕　參閱《中華人文與當今世界（下）》，頁 480～481。

踐之所以與一般的教訓不同，在於儒教之所崇尚的道德教訓不只是特定時空下可以被應用的個別的規範教條而已。儒教之道德實踐的超越性奠基於早在先秦儒家的道德思惟就表現出形上學的傾向。孔子的教導注重「君子不器」。道德的理想雖然必須透過具體的道德情境來實現，但是道德實踐的重心，並不執著在現實生活之道德情境中的具體事物，而注重人的主體中追求道德心性的超越體驗。因此，孔子說：「子絕四，毋意，毋必，毋故，毋我。」再者，孔子重視對「天道」的體會：「天何言哉？四時生焉『吾道一以貫之。』」因此，孔子道德心性的超越性就建立在對於「天道」之超越性的體會上。這有如基督宗教中耶穌基督親證上帝的大愛，所以勇於批判法利賽人「律法主義」的傳統一般，都表現出「道德實踐的超越性」。

儒教之道德教訓的超越性建立在對於無限形上天道的體驗，所生發出心性中「無限的心量」。〔註94〕一方面，這「無限的心量」足以涵蓋所有的道德事物，並且不被現實生活中具體的道德情境所束縛而執著於一時一地的規範，故一貫表現出其超越向上的心志；另一方面，這「無限的心量」卻有其豐富的具體內容，而被歷代儒者的形上的心性之學所繼續開拓。諸如：

> 「普遍的天理流行」、「一無畛域疆界的仁體」、「生生化化之幾」、
> 「生物成物之誠」、「惻然藹然之至性至情」、「動而無動、靜而無靜
> 之神」、「寂而恆感、感而恆寂之知」。〔註95〕

3. 儒教之「祭天」與「祭聖賢」的寬容精神

唐先生指出：儒教之祭天相對地可肯定上帝、梵天、天帝之崇拜。儒教之祭聖賢，相對地可肯定釋迦、耶穌、穆罕默德、摩西、老子之崇敬。因此儒教可以涵攝其他宗教，而有助於協調宗教之融合。唐先生認為儒教對於一切有德或有功的聖賢祖先一概為之建廟宇蓋祠堂，實行獻祭，如同祭天地鬼神，而表現出更廣大的宗教精神。因此，在儒教廣大的祭祀精神中，一切其他宗教的禮儀祭祀的價值，都可以相對地被肯定與涵蓋。又如仁愛的宗教精神，可超越種種侷限，而與慈悲、博愛的宗教精神相融通。因此，儒教提供了一個足以化解宗教衝突，融合宗教價值的廣大空間。

然而唐先生指出：儒教的宗教精神也有其不足的地方。例如重「絕對的正義」不如回教，重「長生不死的嚮往」不如道教，重「共同的罪惡感、痛

〔註94〕 參閱前書，頁480。
〔註95〕 參閱前書，頁476。

苦感」不如基督教，重「空與苦」不如佛教。因此，唐先生認爲未來的宗教之建立，儒學的精神雖然可以成爲宗教融合的基礎，但是儒教不能取代其它一切宗教。唐先生指出未來的宗教，乃是「既有宗教的共和」，而不是「宗教的統一」。

（二）三教融合以通「天地人三才之道」的終極理想

1.「天心或神」的客觀化

在《中國文化之精神價值》一書中，唐先生展望中國未來之文化創造，對於中國文化之宗教信仰的未來，勾勒出其理想的藍圖。唐先生說：

> 吾人所謂中國未來文化，則將由宋明儒所重之「道德之實現」、「整全心性之實現」以再轉出心性之分殊的表現，以成就分殊之「客觀文化精神之表現」，而將重新表現初一客觀天心與神。此即宋明儒精神之一推開，孔孟精神之一倒轉，由中國古代原始之宗教之不自覺的表現神，轉而自覺的表現神者。〔註96〕

唐先生所謂的「客觀天心與神」，是從我的心性與他人的心性的感通，及與大自然的感通之中，所呈現出我的心性與他人的心性及大自然都感通爲一體的事實，而表現出其客觀性，而呈現出一個客觀的天心與神。唐先生用仁心來描述這種感通，他說：

> 我心與自然與他心之貫通，乃仁心之所感也。客觀化此仁心之所感，即見一天心。孔子曰：我欲仁而仁至。人至即仁心至。仁心至，而客觀化此「仁心之所感」，則天心至。〔註97〕

另外唐先生也用「絕對的精神實在」來表述這仁心所客觀化的「天心或神」。唐先生說：

> 今日，吾人既當由吾人之精神之四面撐開，以客觀化爲各種之社會文化之客觀精神；則同時亦即當將吾人精神自我之統一體，即天理天心之在吾人內者，亦推舉而上以客觀化爲：統攝「分別發展之社會文化之各種客觀精神」之一客觀的「絕對精神實在」。是乃於天人合一中，再分開此天與人，亦即再分開道德與宗教，使宗教重成爲社會文化之一領域。〔註98〕

〔註96〕引自《中國文化之精神價值》（v4, 1953），頁535。
〔註97〕引自前書，頁533。
〔註98〕引自《中國文化之精神價值》（v4, 1953），頁530～531。

　　唐先生所嚮往的宗教精神，包涵了對一切的人文世界、人格世界之崇敬，也就是包含了對一切的宗教聖哲的崇敬。因此，唐先生理想中中國來日的新廟宇，可以同時供奉孔子、釋迦、耶穌、穆罕默德，與無數聖賢於一堂以相揖讓。一切包涵宗教精神的教導，都可促進人類所嚮往之宗教精神的樹立，所以應一概包容於其中。〔註99〕

2. 以儒教貫通天地人三才之道的理想

　　唐先生在〈宗教精神與現代人類〉（1950）一文中，提出了以中國儒家人文主義貫通天地人三才之道的理想。唐先生說：

> 中國儒家人文主義，以人為三才之中，上通天而下通地，所謂「通天地人曰儒」，誠是一大中至正之道。〔註100〕

> 在兼通天地人的意義下，孔子是可以涵攝耶穌釋迦與科學之精神的。然而至少在補今日之偏，救今日之弊的意義上，我們對於耶穌與釋迦，絕不當減其敬重。〔註101〕

　　唐先生在《生命存在與心靈境界（下）》一書中，在判別一神教（基督宗教）、佛教、與儒教之宗教精神時，再一次標舉出他理想中的宗教，是一個能貫通「天」、「地」、「人」三才之道的大教。儒教以其立「人極」以見「太極」，以呈現出「天人不二」之道，可在道德實踐中盡「人道」之尊嚴。而基督宗教崇拜超越上帝的高明，可配「天德」。佛教肯定眾生平等皆有內在佛性的廣大，可配「地德」。儒教、基督宗教、佛教三教融合，則足以盡天、地、人三才之道。〔註102〕

　　筆者認為：唐先生擷取了三教最核心的宗教精神，即儒教之道德實踐的「人文精神」，基督宗教之宗教嚮往的「超越精神」，與佛教之解脫智慧的「平等精神」，將三者融合在儒教固有的終極理想「天地人三才之道」之中。

　　再者，唐先生更深入地融貫三教的精神內涵而提出：儒教之「本心本性」、佛教之「佛心佛性」與基督宗教之「天心神性」，同是作為成聖的根據。這三個不同的名詞，實際上是人從三個不同的角度去看同一個形上的本體，所形成的三個不同的形相。其中，「本心本性」是「自外而內」，所見人

〔註99〕　參閱《中國文化之精神價值》（v4, 1953），頁541。
〔註100〕　參閱《人文精神之重建》，頁27。
〔註101〕　參閱前書，頁29。
〔註102〕　參閱《生命存在與心靈境界（下）》（v24, 1976），頁156。

的生命存在內部最隱密而未完全顯現的形相；「佛心佛性」是「自上而下」，所見潛隱於現實生命存在之妄執之底層的形相；「天心神性」是「自下而上」所看本體本身之無有隱潛而完美顯露之形相。人可以當下以通上下、合內外的心境，立天、地、人三極，融合三教之勝境。唐先生說：

> 實者此天心神性，本心本性，佛心佛性，皆同依於人觀「人之成聖，所根據之有體有用之同一形上實在、或神聖心體」之異相，而有之異名。自下而上，以觀其相，見其自身之無隱無潛，即為天心神體。自上而下，以觀其相，見其潛隱於現實生命存在之妄執等之底，則為佛心佛性。自外而向內，以觀其相，見其具於吾人生命存在之內部而至隱，則為本心本性。……人即可以當下合內外之心境，而通上下之天地，以成其立人極，亦貫天極與地極，而通三才；故得為大中至正之聖教，而可以一神教之接凡愚、佛教之接智者，並為其用，而亦與之並行不悖者也。〔註103〕

唐先生從成聖、成佛與成義的心性的會通融合三教的勝境，以儒教的本心融攝佛教的佛性與基督宗教的神性，並終以儒教天人一本的心性論最為圓融：

> 人之能為聖之心性，即其能化同於神，而不見其有二之心性。此即佛教之謂佛力即神力，佛智即神智，佛之生命存在之無限永恆，皆依於其原據一無限永恆之成佛之心性，而更不說其外有神性神心之故。……依儒家之義，則於人未至聖人之德處，亦許人說有人德以上之天德、上帝之德之超越於人德之上。然必兼說此天德即性德，天心神心即本心。故人盡性盡心而立命，以成聖，則聖即同於天，同於上帝，而亦視聖如天如帝。故能兼綜上述一神教與佛教之二義，其說最為圓融。〔註104〕

另外唐先生也從三教之異趣處加以融通。唐先生認為基督宗教與佛教所不同的地方在於：

1. 基督宗教以神為超越的存有，成為人與萬物所共同的憑藉；而佛教卻以其佛心佛性，作為一個內在潛隱的存在，最初為一一有情眾生所私自具有。兩個宗教一顯一隱，一公一私的對比，似乎形成了很大的差

〔註103〕參閱《生命存在與心靈境界（下）》，頁353～354。
〔註104〕參閱前書，頁352。

距。但是依照基督宗教的精神勝境，則當人與神面對面相遇時，超越的神必內在化於人的內心中，因此基督宗教也有強調內在化的神祕主義宗派。

2. 依照佛教大悲普渡的精神所在，自然其內在化的心性會化為超越而大公，因此兩個宗教的義理精神終將交會而合一。

3. 依照儒教的義理，則人當下的本心本性，在人未能充分地實現出來之前是潛隱而屬於個人之私，但是當人能盡心盡性，而全幅顯現其本心本性時，則這本心本性亦必普遍呈現在萬物之間而無私。〔註105〕

唐先生認為，如果從「內在性」與「超越性」兩個原理來看，則佛教之「佛心佛性」偏於內在；基督宗教之「天心神性」偏於超越，儒教之「本心本性」適為中道。筆者認為：唐先生會通三教的苦心與智慧誠然可佩，但是儒教理論的建立或三教的比較，實有待更進一步的反省與深思。例如：(1)儒教理論雖然抱持合天地人三才之道的宗教理想，但是理論的建構還是重視人道過於天道，甚至架空了「天道」，只開顯了天道的內在性而遺忘了天道的超越性。(2)基督宗教「三位一體」的神觀，上帝創造之慈愛同於天德，聖靈遍在護持之感動同於地德，耶穌基督道成肉身之具體人格的體現足以涵蓋人德，也是通天、地、人三才之道。(3)唐先生把「天心」或「神」看成是「人心」客觀化其德性的看法，頂多只是達致泛神論的信仰高度。這與宗教信仰中的皈依崇拜，仍有一段很大的距離。

〔註105〕參閱《生命存在與心靈境界（下）》，頁352～353。

第六章　唐君毅的天人合德論

第一節　唐君毅論人的「主體性」與「超越性」

一、唐君毅的人性論：「整體的生命＝心靈觀」

　　唐君毅先生論述人的本性，有其中西哲學文化的深厚基礎。特別是中國歷代先哲對人性的看法，唐先生有綜合而清晰的理解。《中國哲學原論——原性篇》（1968）一書之作，通論整個中國哲學論述人性的各種形態。唐先生說：

> 吾意中國文字中之有此一合「生」與「心」所成之「性」字，即象
> 徵中國思想之自始把穩一「即心靈與生命之一整體以言性」之大方
> 向；故形物之性，神靈之性，皆非其所先也。〔註1〕

　　唐先生在此對於人性的本質，有了開創性的看法。他不從自然的「物性」或宗教的「神性」；而是從人文的向度看人的本質。當他從人文的向度構思時，他不單單從人的主觀的心靈活動去界定人的本質；也不單單從人的客觀的生命呈現去界定人的本質，而是把人的本質看成一個整體。這個整體結合了人的主觀心靈活動與客觀生命呈現，兩者融合為一，成為一個心靈生命的整體；也綜攝了人類道德與文化的整體表現。

　　唐先生以這個「整體的生命＝心靈觀」通貫地詮釋了中國儒學心性論的傳統，這便是《中國哲學原論——原性篇》（1968）一書的成果。唐先生以這

〔註 1〕 引自《中國哲學原論、原性篇》（v13, 1973）〈自序〉，頁 11。

個「整體的生命＝心靈觀」建立一個文化哲學的思想體系這便是他在《文化意識與道德理性》（1958）一書中所建立的文化哲學理論。唐先生說：

> 由佛學至宋明儒以至清儒之學，與當今時賢之承中國言性之傳統，所爲之論，以及吾個人昔年由文化意識與道德理性，以論人之所以能創造人文之性雖千門萬戶，各自出入；其用意之大方向，仍是要面對生命心靈之一整體，而其全部之思想義理，皆未不可歸攝在此一「從心從生之性字」所涵之義之內，而更無一絲一毫之漏洩也。
>
> 〔註2〕

筆者認爲唐先生最後在《生命存在與心靈境界》（1975）一書中，所建構的「心通九境論」思想體系，實際上可以追溯其思想的根源到這個「整體的生命＝心靈觀」。「生命存在」源於唐先生對「性」字中的「生」字的詮解與闡揚；「心靈境界」源於唐先生對於「性」字中的「心」字的詮解與闡揚。「生命存在」與「心靈境界」兩者一一對應，層層上升地建構了心靈＝生命的整體。由此可知，在唐先生的思想中，對於人性的本質的了解，必須包含由生命存在與心靈境界所通貫的一個完整而層次分明的整體來了解。〔註3〕

二、建立人的主體性：「道德意識」、「道德理性」與「生命靈覺」

唐先生所認爲理想的世界，是以德性爲中心而全幅開展的人文世界。人的文化活動之所以多采多姿，乃由各種文化意識所共同表現。人的主體性，

〔註2〕 引自前書，〈自序〉，頁 15。

〔註3〕 羅光主教對於主體的看法與唐先生有相類似的地方。羅光主教說：「靈魂和身體結合成一個心物一體，這個合一體就是一個人，一個人是他的生命的主體，也是他的一切活動的主體。並且還是他的身體和靈魂的主人。主人和主體，字面的意義雖不相同，主人表示擁有，主體表示操作；但是在實際上則意義同一，都表示這個人是他所有的一切關係的基本。」引自羅光著，《生命哲學——續編》，臺北：台灣學生書局，1992 年，頁 73。羅光主教更論述一個主體自我的三個層面：(1)本體的我：指涉一個具有位格與眞實生命的存在整體。(2)在世的我：指涉一個由我的心靈與身體在具體的宇宙世界的關聯中，所呈現的在生活世界之中的主體。(3)求來世的我：指涉一個追求縱向的精神超越，超越世俗的生命而在永恆的生命裡，能與上主直接相遇的心靈主體。參閱前書，頁 78～81。
楊儒賓先生也重視主體的整體性。他認爲儒家的身體主體觀，綜懾了意識主體、形氣主體、自然氣化的主體、與文化社會的主體，四者互懾互入，形成一個有機的整體。參閱楊儒賓著，《儒家身體觀》，臺北：中央研究院中國文哲研究所籌備處，1996 年，頁 9。

以道德自我爲中心。人的道德生活恆以其現實生活對照道德理想而生反省，由反省而足以遷善改過。

「道德自我」是人文世界的中心。在這同一個「自我主體」的文化活動中，「精神自我」、「超越自我」與「道德自我」是同一個自我主體的不同名稱。而在道德的反省活動中，道德自我特指實現人格之道德價值的主體。〔註4〕

葉海煙先生在闡發唐先生的人文意識時，也指出唐先生的人文意識是以主體爲根本，即以主體思考爲一切文化創造活動的起點。他認爲唐先生的人文意識的發展是以具有位格的主體意識的發用爲根源、可以作爲一切價值思考與人文思考之終極文化理想的基礎。而主體意識的根據在於主體擁有自定自主的自由。這個主體的自由呈現出主體意識的兩個導向：一、以價值的實現爲人生之目的；二、以自我的超越爲人生之本質。〔註5〕筆者以下從三個向度釐清唐先生的主體意識。

（一）自我主體向內以道德意識作為文化意識的主導

1. 道德意識是道德活動的內在體驗

唐先生界定道德理性的自覺活動，不僅能以外在的事物爲對象，也可以以本身內在的意識活動爲對象。這個道德自我的反省意識是爲「道德意識」。

2. 道德意識支配文化意識

道德意識成就文化意識，是文化意識向內協調、向外開拓、前後延續的樞紐與關鍵。一切的文化活動皆由自我之各種文化意識所發出。其中，自我的道德意識，則爲支配主宰自我之自然生活、文化生活的中心意識。〔註6〕唐先生指出了道德意識的特殊性：

> 因爲道德生活的本質，吾人以爲乃反省的，而與其他文化生活之本
> 質爲表現的相對。表現只是自發的創造，反省則是批判的重造。自

〔註4〕唐先生以「道德自我」、「精神自我」、「超越自我」與其他具備某種文化意識以創造文化之「自我」都是同一自我主體的不同名稱。大概以「超越自我」相對於現實的自我或其所對應的現實情境；以「精神自我」相對於物質的、形象的或自然本能欲望；以「道德自我」指稱實現一人格自身之價值的主體。參閱《文化意識與道德理性》（v20, 1958），頁20。

〔註5〕參閱葉海煙著，〈哲學的理想與理想的哲學〉，《哲學雜誌》第17期，1996年8月，頁122。

〔註6〕參閱《文化意識與道德理性》，頁525～526。

發的創造，常本於天賦之精神力量，故從事文化活動者可恃天才。
政治、經濟、科學、哲學、文學、藝術之活動，均有天才之成分，
宗教之信仰之原始啓示或靈感者，亦若從天而降。道德活動則全賴
自己引發的精神力量。道德活動中無所謂天才或靈感，只有個人之
修養上之工夫。〔註7〕

　　另一方面，道德意識作為最高之文化意識的深義，在於它能辨別與省察
文化意識中之善或不善，善則保存，不善則改正。因為在人格的發展或文化
的活動中，某一文化意識如：政治意識、藝術意識……等，很可能會產生某
些偏差的傾向，如：偏離中心、過度發展或否定其它意識等，都需要道德意
識來調整。〔註8〕

3. 文化意識發展道德意識

　　相反的，自我的自然生活和文化生活，也會再反回來發展和完成道德意
識本身。唐先生說：

一切文化活動皆由我之自我發出，而輻輳於我之自我之內。而我之
道德意識則為支配主宰自我，使吾人之自然自我化為常有文化之活
動之自我；復使此自我之各文化活動得協調的發展，延續的完成；
而建立吾人之道德自我者。由是而言，則吾人之道德意識，並非只
所以成就吾人之文化活動，而實又為可藉文化活動之協調延續，以
發展完成其自身，達建立道德自我之目的者。〔註9〕

　　筆者認為唐先生的「文化意識」的觀念，絕不是狹窄地「僅僅表現為宗
教、哲學、和道德等觀念形態」〔註10〕，而且他並沒有「將文化狹隘地理解
為精神文化，將文化的其它內涵排除在外，從而把物質層面與制度層面的變
革視為純粹的功利之事」〔註11〕。在代表唐先生的「文化哲學的階段」之《文
化意識與道德理性》（1958）一書中，我們可以很清楚地看見唐先生之文化意
識的概念，明明包含了家庭、經濟、政治國家、哲學科學、藝術文學、宗教、
體育、軍事、法律、教育等領域，已然涵蓋了人的文化的整體。再者，唐先

〔註7〕　引自前書，頁521～522。
〔註8〕　參閱前書，頁527。
〔註9〕　引自前書，頁526～527。
〔註10〕　參閱，趙德志著，《現代新儒家與西方哲學》，瀋陽：遼寧大學出版社，1994
　　　　年，頁174。
〔註11〕　參閱前書，頁175。

生也不是一個主觀的唯心論者，他不僅強調道德意識對於文化諸意識的協調、開拓、延續與辨察作用，也指出文化諸意識對於道德意識的發展與完成一樣起著重要的影響力。在代表唐先生的「心靈＝生命哲學的階段」（即李杜先生所稱的「心通九境論」）之《心靈境界與生命存在》（1976）一書中，唐先生所建構的思想體系裡，在人的心靈諸境界與人的生命存在諸領域，兩者一一對應的關係中，已然涵蓋了人的生命的整體；也開啟人的心靈與生命層層超越上升的契機。因此，唐先生的哲學體系絕不能在簡單的唯心、唯物二分法之下，被歸納為主觀的唯心論哲學體系。

（二）自我主體向外以道德理性作為文化創造的主體

1. 道德理性是人的心性中實現自我人格之道德價值的本質或本性

唐先生對「道德理性」的界定：

> 吾人所謂理性，即能顯理順理之性，亦可說理即性。理性及中國儒家所謂性理，即吾人之道德自我、精神自我、或超越自我之所以為道德自我、精神自我、或超越自我之本質或自體。此性此理，指示吾人之活動之道路。吾人順此性此理以活動，吾人即有得於心而有一內在之慊足，並覺實現一成就我之人格之道德價值，故謂之為道德的。〔註12〕

可知，道德理性是指形上學或人性論中，對人的心性的本質或本性的界定。「道德的」指稱這種心性的本質或本性足以實現自我人格的道德價值。因此「道德理性」指稱：「人的心性中足以實現自我人格之道德價值的本質或本性。」而順著這本質或本性的精神活動，則為道德活動。〔註13〕

唐先生進一步指出，「理性」或「性理」，以「超越性」和「主宰性」為主。超越性引申出「普遍性」，主宰性引申出「必然性」。〔註14〕唐先生所指的「超越性」是指道德理性的作用使人超越了感覺形象的世界、物質身體的世界和自然本能的欲望之諸般的束縛與限制而言。理性的超越性也能超越個人所具備種種特殊的現實條件，或個人所遭遇的種種現實情境，而形成「普遍性」的理想。這裡的普遍性是對照著個人之私有的意念而呈顯的。理性的主宰性則是針對理性足以支配自我中屬於感覺形象、物質身體、與自然本

〔註12〕參閱《文化意識與道德理性》（v20, 1958），頁 19。
〔註13〕參閱前書，頁 525。
〔註14〕參閱前書，頁 20〜21。

能欲望諸層面的作用，並主導精神自我以開展文化的創造活動而言。而理性的必然性，乃是由合理性的普遍理想與個人之私的意念相對照，而自然呈現出這合理性的理想乃是理性所必然應該建立的。因為依照唐先生對理性的界定，如果理性不能建立出這個普遍性的理想，則理性便不成其為人性的本質了。

2. 道德理性是文化創造的主體

唐先生認為：作為「實現自我人格之道德價值之本性或本質」的道德理性，是自我反省活動的主體，也是文化創造活動之主體（理性、性理）。〔註15〕因為，源於道德理性的反省，能判斷、主宰、超越文化活動的善與不善，起著協調、開拓、延續文化活動的作用。道德理性的普遍性是否成立，建立在三個條件上：(1)此道德活動是否有助於其它活動之向善？(2)此道德活動是否能為人類普遍的理性所肯定？(3)此道德活動是否真能得到我良知的印證？

3. 論「理性」與「道德理性」

筆者認為：「道德理性」是自我反省活動之主體的中心，並不即是自我反省活動之主體的整體；「道德理性」只是文化創造之主體的中心，並不是文化創造之主體的整體。前文已指出：唐先生界定「理性」即是儒家心性之學所謂精神的，形上的「性理」。唐先生之所以稱之為「道德的」是因為其中之道德意識有其支配主宰，與協調開拓其他文化意識的能力，而且此性理的實現活動能充實自我的內心有一種內在的滿足，並自覺實現了道德的精神價值以成就自我的人格。〔註16〕

然而筆者要嘗試指出人的「理性」或「性理」，雖然以道德的能力與傾向為最重要，或是以道德的能力與傾向為中心，但是「性理」作為自我反省與文化創造的主體，並不只是局限於道德的傾向而已。舉凡文化創造中涵蓋知、情、意之各種意識，諸如宗教信仰、藝術涵養、科學認知與道德修養等都包含在這個理性之中。

在這一點上，其實唐先生也是很清楚的。他說：

> 故吾人之道德理性，不僅表現為實現理想之自覺，或自覺之實踐理
> 性活動。理性之最早之表現，即表現於人之日常之情感意志行為

〔註15〕參閱前書，頁29。
〔註16〕參閱前書，頁19。

中，亦表現於吾人自覺是求一非實踐性理想，如求一眞理或美之活
動中。唯如是，吾人乃得說道德理性之爲一切求一文化理想之實現
的文化活動之必然的基礎，而爲支持人類之人文世界之永久存在
者。〔註17〕

　　在此，筆者要特別指出，造成這中國人性論的發展上「差之毫釐，謬以
千里」的關鍵在於「中心觀」（或核心觀）與「整體觀」之思考方式的不同。
原本強調道德意識可以主宰支配文化意識的主體性，並沒有錯誤。但是這種
中心觀的思想方式發展到後來，便偏離爲只強調道德意識而忽略其他意識的
狹隘觀念。他們忘記了「理性」或「性理」作爲人的主體，本身是一個整體，
包含了道德，宗教，藝術等精神價值的創造活動。因此，而遭致「泛道德主
義」的批評。〔註18〕如果思想的立基，一開始便能建立在整體觀的穩固基礎
上，則不僅能避免局限於道德意識的狹隘，更能促使人類「理性」或「性理」
的實現，有其更爲完整全面的發展。

　　唐先生也指出：道德理性作爲人性的本質與心靈的主體，指導著文化活
動以追求更高的精神價值。但是德性的實踐落實，必須在透過具體化、特殊
性所形成的一一特定境中（如特定的場合、時機、對象等）表現，而受制於
個別特殊的條件。再者，具體的特殊德性之間有時存在著衝突。（如忠孝不能
兩全、大義是否可滅親？）〔註19〕所以也顯露出道德理性的有限性。既然道
德理性有其受限制的一面，那麼如果把重心都放在其中，則必然產生偏頗或
狹隘的弊端。

〔註17〕　參閱前書，頁 21。
〔註18〕　韋政通先生說：「所謂「泛道德主義」，就是將道德意識越位擴張，侵犯到其
　　　　　他文化領域（如文學、政治、經濟），去做它們的主人，而強迫其他文化領域
　　　　　的本性，降於次要又次要的地位；最終急得目的是要把各種文化的表現，統
　　　　　變爲服役於道德，和表達道德的工具。中國過去因爲道德意識太強，它瀰漫
　　　　　在傳統文化的各方面，也籠罩了其他的文化領域使各方面的思想，始終處於
　　　　　道德奴婢的地位，缺乏健全的發展。引自韋政通著，《儒家與現代化》，臺北：
　　　　　水牛出版社，1989 年，頁 85～86。
　　　　　傅偉勳先生把對於泛道德主義的批評延伸到對當代新儒家的批評：「當代新儒
　　　　　家常有混淆道德主體性（儒家本心本性或良知）與客觀性原則，而把儒家形
　　　　　上學當做又主觀又客觀的「絕對眞理」，高高在上，優越於其他思想文化系
　　　　　統。如此自我標榜的泛道德主義心態必須拋棄，否則儒家的單元簡易信念容
　　　　　易墮爲自我閉鎖的偏狹心態。」引自傅偉勳著，《「文化中國」與中國文化》，
　　　　　臺北：東大圖書公司，1988 年，頁 110～111。
〔註19〕　參閱《生命存在與心靈世界（下）》（v24, 1976），頁 198。

4. 論「道德理性」與「合理性」（resonnableness）

在此，筆者特別引用陳文團先生所論的「合理性」（resonnableness）來作對比，可以有切要的洞見：首先，陳文團先生指出「合理性」不同於「理性」（reason）和「理智」（rationnality），是屬於人類實踐生活的原則。陳文團先生說：

> 「如果理性（reason）是我們終極關懷的原則，理智（rationnality）是自然科學中工具性、合目的性的原則，則合理性（reasonableness）可以當成人類實踐生活的原則。這人類的實踐生活包含了道德、法律、藝術等等諸多不同的生活形式。」〔註20〕

> 「理性（reason）在希臘哲學中被看成「終極的原因」、「道」、或「原理的原理」，表現了人的存有學和形上學（神學）的向度。在處理科技的知識與進步，還有反省人類宰制自然，及決定人類命運的技術志趣方面，理智（rationnality）則被當成最有效率的工具。合理性（reasonableness）則可以爲人類日常生活中所發生的衝突，建立嘗試性的結論；也可建立人與人之間的關係與了解。」〔註21〕

以往我們常常被「理性」或「理智」的確切涵義所混淆。太多的爭端起因於未能事先確定基本語詞的涵義及其適用的領域或範圍。在此陳文團先生釐清了「理性」、「理智」與「合理性」的確定涵義，並規定了它們所適用的領域與範圍。

再者，陳文團先生論證孔子所提倡的「仁」（Jen）便是一種關於生活實踐的合理性。但是「仁」不能被看成西洋哲學中，作爲建立理論體系之基礎的「阿基米德點」（Archimedian point）或「原理」（the arche）。他指出「仁」確是生活世界（life-world）的原則。因爲在他的理解中，「仁」具有複雜與多樣的特性：(1)仁是人的本性（humanity）。(2)仁是一種德性（virtue）。(3)仁是完美的人（the perfect man）。(4)仁是良心的知覺（conscousness）與利他主義（altruism）〔註22〕

〔註20〕 引自 Tran Van Doan, Reason Rationality Reasonableness, Lanham - New York - London: University press of America, 1989, p3。

〔註21〕 引自前書，頁 4。

〔註22〕 參閱前書，頁 227。其中「原理」（the arche）或作「始元」，以表達出其除了具有抽象性的原則（principle）之涵義外，並且具有具體性的動力（dynamic）或質素（mater）等涵義。

最後，合理性（如「仁」）除了作爲實踐生活的原則之外，也具備了人類學、宇宙論與神學的意義：

（1）人類學方面

合理性是引導人實現人的本性的原則，也是分判人格高低與人禽之辨的標準。合理性表現出一種被眾人所接受的共同形式。這意謂著即使是符合理智的事物，如果不被眾人接受，則仍然不能成其爲合理性的。合理性是使人自求卓越的內在動力。合理性也是眾人能和諧相處於共同生活的媒介。合理性有時揭露了個人自處或待人時的內在情感。合理性也意味著順應必要法則的理智行動。

（2）宇宙論方面

合理性表示了人類順應外在自然法則的行爲。合理性也意味著人能理解或達到宇宙之道的確定原則。合理性使人與自然和諧共處。

（3）神學方面

合理性被表現在敬畏天命與順從天命的行爲中。也被表現在自學改過的成聖修養中。〔註23〕

筆者認爲以上所論述的合理性在實踐生活的原則上的運用，或者它在人類學、宇宙論和神學的意義上所具有的豐富意義，可以與唐先生所論述的道德理性的涵義作對比。兩者之間有很多相符合的地方。但是合理性在各個領域的概念分析既清晰可辨，又有豐富的學術意義。它可以幫助我們對於道德理性的涵義，進行更確切清晰的理解。

再者，筆者認爲唐先生所論述的道德理性，作爲良知的道德實踐，有其性情形上學的向度，以追溯其形上的根源。而這形上根源的追溯，與「理性」（reason）之追溯形上學「原理的原理」，雖有同樣的深度，但在方法上則不盡相同。理性之追溯「原理的原理」較屬於純粹思辨理性的構思；道德理性之追溯形上的根源，則建立在道德實踐的「合理性」基礎上，不只是純粹思辨理性的構思而已。

（三）自我主體向上以「生命靈覺」作爲人的主體性

唐先生晚期之作《生命存在與心靈境界（上、下）》，以「生命靈覺」作爲人之心靈的主體。這個心靈的主體是超越了人的思想的歷程之上，並且使

〔註23〕　參閱前書，頁 220～221。

一切的思想、知識、哲學成爲可能，而成其爲一個超越的主體。〔註24〕它的感通作用之不同呈現，開展爲心靈之三向度而層層上昇的九個心境。以涵攝人類文化創造之既有成果並推動文化之繼續創造。

1. 界定「生命靈覺」的涵義

所謂「生命靈覺」指稱人的心靈的本性，首先純粹是一個生命的自覺或靈覺，人向內體察心靈的本性，最先可以肯定的，便是這靈覺。它帶有先天的空寂性或純粹性。〔註25〕唐先生說：

> 此生命存在之自身或本性，只是一靈覺的生，或生的靈覺。剋就此
> 生的靈覺言，乃無此一切內容，而更加以超化忘卻者。唯此生的靈
> 覺，能超化忘卻此一切內容之所在，乃其所以爲生的靈覺。〔註26〕

唐先生所謂的「一切內容」是指對於生命存在的種種說法，諸如：「父母祖先的遺傳」、「自然中無數不可知的能力的聚合」、「上帝用祂的形象所創造」、「前生的業報」、「阿賴耶識中之功能種子之現行」等說法。生命存在在被賦予以上這些意義之先，可以確切肯定最初只是一個「赤裸裸的生命」，只是一個「生命的自覺」。

2. 生命靈覺的辯證特性：內外層的呈現觀

筆者認爲唐先生所舉出的生命靈覺比理性或道德理性（良知仁心）更具有人之主體的超越性。可以說是更內在、更基礎的自我之自覺。正如奧陀所說的：

> 這種推動力指向一種只爲宗教所知且其根本性質爲非理性的理想的
> 目的，這種目的是心靈在可求與預感中認識到的，心靈把它視爲那
> 隱匿在那些含糊貧乏的象徵後面的東西。這表明，在我們理性存在
> 之上與之外，還隱藏著我們天性的最後和最高部份，這一部份並不
> 能由單純減少我們感官的需求而得到滿足，無論這些需求是生理
> 的，還是理智衝動的與欲望的。神祕主義者把這個部份稱爲靈魂的
> 基礎或根基。〔註27〕

生命靈覺之所以能爲人所體察，是透過它所表現的作用或活動。但是生

〔註24〕 參閱《生命存在與心靈境界（下）》，頁472～473。
〔註25〕 參閱前書，頁309。
〔註26〕 引自前書，頁189～190。
〔註27〕 引前書，頁43。

命靈覺並非只是這些作用或活動的集合體而已，它具有其內在又超越於這些
作用或活動的辯證特性。一方面人可以從心靈活動向內體察此生命靈覺之內
在主體的存在；一方面由於心靈活動之源源不絕、隨起隨滅，因此不受人的
認識能力中抽象思惟的規定所限制。主體的超越意識更表現在其以一活動，
超越另一活動之「一進一退」、「一顯一隱」、「一伸一屈」之前後相隨的連續
活動上。〔註28〕但心靈的自覺不能同時超越一切的活動。

　　再者，生命靈覺之體用的辯證活動，不能當作「上、下層的分別觀」，而
被看成是無限本體與有限活動間之升降關係。如果這樣看，則主體之呈現為
活動，成為必然的降落、陷溺。這樣是不合理的。相反的，生命靈覺之本體
與活動之間的辯證關係，應當被看成「內、外層的呈現觀」〔註29〕，即本體
與活動是一體的。而主體乃由其前後更迭之連續活動中所呈現，而表現出其
作用。

3. 生命靈覺的可能陷溺

　　再者，生命靈覺之呈現雖非必然陷溺，但可能陷溺。如陷溺於某一特定
活動而否定其它活動，例如求知活動或審美活動等，以致成為主體之一種束
縛、局限。因此，道德自我生命靈覺之是否真誠靈明，成為心靈向上升進或
向下陷溺的主要關鍵。

　　筆者認為唐先生承認人的生命靈覺的可能陷溺，即代表著唐先生對人性
的有限性有了深切的體認。可惜在這裡的深切體認常常不能貫徹在他的思想
體系之中。即使在這裡，唐先生對於生命靈覺作為人的超越主體可能陷溺所
顯透出人的有限性有了深切的體認，但是由於他對於中國傳統儒家心性論的
信念，對於人的良知仁性的深切信任，使得他很輕易地跳躍過人的侷限，仍
然要在這有限性的人性本身尋找無限性的盼望，而表現出重視「道德意識的
主體性」過於「宗教意識的超主體性」的思想傾向。

三、開展人的超越性

（一）超越性的涵義：超越現實世界的精神要求

　　唐先生認為人的心靈具有超越現實世界的精神要求，可以作為宗教價值
更為深刻的精神基礎，這個人的心靈中之「超越現實世界之精神要求」便是

〔註28〕 參閱前書，頁329。
〔註29〕 參閱前書，頁332～333。

人的「超越性」所在。〔註30〕

再者，超越性與客觀性都是人的內心理想的一種特性。唐先生說：

> 吾人通常在正實現理想時，恆不見一理想之超越性與客觀性。然吾
> 人當有一理想欲實現於現實，而不能實現時，精神遂折回而自照此
> 理想。此理想，即顯其對現實爲超越的。又當吾人順理所之，以逐
> 步開闢此理想之內容時在如此繼續開闢之歷程中，吾人如只觀理境
> 之逐漸展現，而不反省吾人能展現此理境之心，此理境亦必被覺爲
> 超越的。〔註31〕

由此可知，唐先生所指的超越性是人的心靈對照著現實世界所表現出必
須突破外在之限制與阻礙之「可能實現而尚未實現」的理想而來的。因著
這個「超越性」的精神要求，人永遠不能把已知的現實世界或現象世界，
當成心靈寄託其全幅精神的所在、或心靈肯定其究竟實在的所在。而這超
越的精神要求是無窮無盡的，相對於現實世界的有限，而表現出其「無限
性」。〔註32〕

筆者認爲所謂「精神要求的無限性」，也就是指人所需努力追求卻尚未完
成的工作是無窮無盡的。當人面對這無窮無盡、並且終其一生未能完成的工
作時，正襯托出人本身之生命、能力與作爲的有限性。

（二）虛無的超越：精神價值的創造

人的超越性表現在精神的創造上，諸如人類的宗教、哲學、道德、藝術
等精神價值的文化創造活動，都使得人的文化生活創造了意義與價值，而超
越了「絕對的虛無」。特別是人的宗教精神的嚮往，更是一種追求圓滿與悠久
的精神價值，而表現出更高的超越精神。

筆者認爲儒教之尊崇道德良知與人格的修養，也是一種價值的創造。而
基督教之信仰創造、救贖與末世的神，更是一種超越虛無之宗教精神價值的
昇華。然而，問題之關鍵在於面對「絕對的虛無」時，我們是否尋求一切價
值與意義的根基，作爲我們絕對的信念或信仰？又怎麼樣的絕對信念或信仰
才足以做爲一切價值與意義的根基，吸引我們去嚮往追尋？

〔註30〕參閱《中國人文精神之發展》（v6, 1957），頁 337、363。
〔註31〕參閱《中國文化之精神價值》（v4, 1953），頁 500。
〔註32〕參閱《中國人文精神之發展》（v6, 1957），頁 366。

（三）苦難的超越：苦難之積極價值的肯定

1.體驗人生的艱難

筆者認為對於人性的了解，不能脫離人生而只停留在抽象的思惟，卻須透過體會具體人生的生老病死與悲歡離合，以及進行人的現實世界的觀察，以了解人生奮勉向上的艱難，始能真實體認人性的深層結構與人生價值理想的真諦。唐先生在《人生之體驗續編》（v3, 1961）一書中，描述人生的艱難與分析人心的種種偏差，使得他對人性的看法具有真實而深刻的含意：

（1）流俗的毀譽

毀譽的本性是飄忽不定的，拉扯人心於永無止息的漩渦之中而不能自拔。〔註33〕毀譽在社會上則成為制裁和控制的力量，在政治上被利用為爭權奪利的工具。〔註34〕

（2）人生的艱難

求生存（例如饑餓、失業、貧窮、疾病、戰爭、人類的毀滅），求愛情（例如孤獨、失戀、怨偶、外遇、離婚、生離死別），求名位（例如毀譽、榮辱、尊卑、爭權、階級），〔註35〕還有「真」、「善」、「美」、「神聖」之價值世界與現實人生之裂痕所引伸的痛苦（例如孤獨、誤解、殉情、殉國、殉道）。〔註36〕

（3）心靈的閉塞或流蕩

心靈自限於凝聚之一端，為過去所累積的習氣所限制，自鎖而未能開發成長，遂成心靈的閉塞，或者相反地，自限於其開發之一端，為外在環境之不斷變動之刺激所搖動，而不能凝聚貞定遂成心靈的流蕩。〔註37〕

（4）人生的迷妄

有自以為「一無所有」的迷妄，自以為擁為了一切之「自矜自滿」的迷妄，與自以為可以「逃出世間」的迷妄。

（5）死亡的困惑

人一死亡，精神或靈魂是否存在？存在在哪裡？與活人能否溝通？鬼神

〔註33〕 參閱《人生之體驗續編》（v3.1, 1961），頁 14～15。
〔註34〕 參閱前書，頁 16～18。
〔註35〕 參閱前書，頁 55～64。
〔註36〕 參閱前書，頁 67～68。
〔註37〕 參閱前書，頁 40～44。

之情、祖先、聖賢忠烈之靈魂能否感通於活人的懷念與誠敬？我一死亡是否一無所有而歸於幻滅？或是有天堂、地獄不同的去處？

（6）人生的虛妄

思想的錯誤（無意的偏離真實），說謊（故意的掩蔽我內心所知真實，繼而壓抑他人求知真實的要求，而陷自己於人格分裂）。〔註38〕

（7）人生的顛倒

人生之種種艱難的根源，追究於人心底層的一種原有的顛倒性，即佛教所謂「無明」、基督教所謂「原罪」。〔註39〕

2.論人生苦難更深刻的意義

唐先生有鑑於宗教信仰與不朽的精神要求，常常能轉化人對於痛苦、幸福、罪惡與正義的看法。它們使人體認到人們之所以在現實生活中遭受苦難，乃源於人的罪惡。人能夠自覺到因著罪惡而受苦，如此的宗教智慧和道德判斷一方面符合了正義的原則；另一方面也使得苦難具備了積極正面的意義與價值：即在忍耐煎熬中，苦難凝聚了我的精神、磨練著我的心志、幫助我超越欲望與除惡向善。而人們之所以能面對罪惡與承擔苦難的煎熬，甚至起而與邪惡戰鬥，這當中隱然預設了一個必要的前提：即對於「善」終必克服「罪惡」而主宰客觀的宇宙世界，懷抱著絕對的信念或信仰。〔註40〕

（四）罪惡的超越：超越的信心與絕對正義的要求

1.分析罪惡的根源

人生之所以有艱難痛苦，社會之所以有種種無法解決的經濟、政治、軍事、社會、環保等問題。如果能向內用心，便能洞察人的生命本身所產生的種種盲目衝動、野心、貪欲、無知、權力欲與瘋狂等偏差傾向，可以在人心的內部找到一些根源。基督宗教所謂「原罪」、佛教所謂「無明」、儒教所謂「人欲」都在這個向度裏有某些洞視。

唐先生本儒家性善論的立場，對於人性罪惡的根源，作了一番深入而獨特的分析：

〔註38〕 參閱前書，頁 114、116～117。
〔註39〕 參閱前書，頁 136～137。
〔註40〕 參閱《中國文化之精神價值》（v4, 1953），頁 425～427。

（1）無知的驕傲

人類處身毀滅的威脅之所以日益嚴重，最根本的癥結在於人們不知自己能力的限制，而常以為自己對世界真有辦法。而越自以為有辦法的人，如激進主義之欲急遽改造社會，卻越是造成世界的災難。〔註41〕

（2）生物本能的蒙蔽

生物本能，如物質欲望、男女欲望之求滿足，本身並非罪惡。罪惡之所以產生，在於人心之自蔽自限於生物本能之滿足，而自覺地違悖文化生活之要求；或更是偽善、詭詐地以種種文化活動為手段，以求生物本能之滿足為最高之目的。〔註42〕

（3）權力意志的放任

人的生物本能，歸咎到最後只是一個權力意志的表現。權力意志本身也並不是罪惡。人性之所以一往貪財好色，都源自於人的權力意志有無限發展的傾向。人的生物本能之滿足是有限的，但是未來欲望之「可能」的滿足則是無限的。更高的權力意志的表現，在於求征服支配別人的權力意志。〔註43〕

（4）價值的顛倒

權力意志之所以放任而不受節制，其原因在於價值的顛倒。人性的呈現，本來應該是全幅呈露的，應該是有價值層級而層層上昇的。但是權力意志的無限追求，若不再向上追求文化生活的實現，而恆為現實對象所拘泥，便會產生無盡的貪欲以表現其無限感。〔註44〕

（5）生命靈覺的陷溺

人性本身雖非罪惡，但一念泯沒，道德理性的靈明自覺一旦陷溺不覺，便產生價值的顛倒，放任權力意志追求無窮無盡的貪欲。但是，人性之生命靈覺為什麼會陷溺？唐先生指出人之所以犯罪，乃是為了實踐善，因不知如何實踐善而陷溺於惡。潛藏之權力意志越豐富，而尋不出正當表現管道的人，越容易犯罪。既犯了罪，必須感受一番大痛苦，大懺悔，而後真能回頭而實現於善。〔註45〕

〔註41〕　參閱《人文精神之重建》，頁38～42。
〔註42〕　參閱《道德自我之建立》，頁134～135。
〔註43〕　參閱《中華人文與當今世界補編（下）》（v10, 1986），頁107。
〔註44〕　參閱前書，頁113。又《道德自我之建立》（v1.2, 1944），頁156～159。
〔註45〕　參閱《人文精神之重建》（v5, 1975），頁32。

2. 儒教以罪惡為第二義，內在之超越性之善為第一義〔註46〕

唐先生雖然層層分析罪惡在人性中的根源，但終究還是肯定儒家的性善論。唐先生認為儒家之真實肯定人生，並不是出自自然生命的欲望，或佛家所謂的我執、法執；也不是出自一神論把自身之有限存在看成無限般的大傲慢。乃是出自對生命與世界具有一獨特的真認識。即以所謂人的罪惡、染業、無明等，都看成是第二義，而不能是第一義。罪惡、染業、無明，乃對照善、清淨、智慧之第一義而來。〔註47〕人的生命中之有「我執」、「法執」，都不為性善論所反對。但更重要的是，儒家肯定當下之生命與世界本身，必內涵一善性之形上根源，即一「無定執而自超越的原理」（道），使生命或世界足以自我超越以去除種種執著、罪惡、痛苦。〔註48〕

性善論的進一步發揮，即有「人人皆可成聖」或「東方西方皆有聖人出」之觀念的產生。唐先生指出：人人皆可成聖，乃是從人性本善此一信念所推論的必然結果。因為，聖人的心思意念滿懷仁愛而不自私，他不可能認為自己是唯一的聖人。再者，由於聖人皆具有相同之基本德性：仁愛或信愛，因此所有聖人的精神乃能相貫通而趨於合流，此一觀念致使中國人民相信不同民族之不同宗教中，皆會有聖人。這也是性善論所推論到最後必然的結果。

3. 絕對正義的要求與超越的信心

（1）絕對正義是善性的必然要求

雖然人生中充滿艱難、罪惡與痛苦，但是人性中自然的憤悱向上、好善惡惡之情，必然盼望罪惡之終必完全消除，善人終必得福，惡人終必得罰，

〔註46〕 在唐先生的看法裡，基督宗教與佛教也有第一義之善性。基本上，即使接受基督宗教之論「原罪」，或佛學之論「無明」、作為罪惡的根源，人性本善之說仍然不能被否定。因為，原罪與不純之業並非來自真實的人性，而是對於此原罪或不純之業的不安感，才是源自於吾人真實的本性。人之有此對原罪、無明之不安感，或承認吾人之軟弱而祈求於超越力量之救助，乃人性本質為善的證明。而且主張原罪之基督宗教，也以人乃照上帝的形像所造。佛教之論「無明」，仍以一充份覺醒之心靈內在於人性。兩者都有善性作為人性中的根據。只有那主張惟靠外在超越之存在的力量才能把人類從罪惡中挽救出來的觀點，才不為性善論所接受。而這卻正是原罪論之深義所在。此乃性善論與原罪論之真正衝突所在。

〔註47〕 參閱《生命存在與心靈境界（下）》（v24, 1976），頁158～159、174。

〔註48〕 參閱前書，頁161。

如此絕對正義的理想，乃出自人的善性能充份發展的必然要求。

　　絕對正義的理想，不僅是宗教信仰最後的目標之一。也是當下社會建立公義秩序的典型，爲善去惡之道德修養的根據，與一切增加人生之福德之文化事業的基礎。這乃是唐先生較少發揮，而當今社會頗爲需要的課題。

（2）超越罪惡的意志：「超越的信心」

　　唐先生從基督教與佛教對於人的罪惡之深切的自覺中，體會了一個超越罪惡的意志。唐先生說：

> 世俗的遷善改過，亦恆不能絕去此罪惡之根。因而必須要大懺悔，大謙卑，以沈抑下我們浮動掉舉之心，自內部翻出一自罪惡絕對解脫之意志。此意志直接求超化吾人之下意識境界之罪惡。故此意志，亦爲一超意識境界之超越的意志。此超越的意志，一方懺悔悲憫吾人之罪惡：一方即本身是——或能接上——一宇宙之超越罪惡之意志。此即神之意志或一超越的精神力量。而由此意志、此精神力量之呈現，吾人乃能眞拔除吾人之罪惡，而有宗教性的道德文化之實踐。〔註49〕

　　唐先生更論述對於可實現而未實現的理想，我們應該懷抱著超越的信心。對於當然的理想，不管是主觀的道德理想、客觀的社會文化的理想、以及對於自然宇宙的理想，都有實現的可能。因爲這些可實現而未實現的理想，它們越是廣大高明，便越是需要在一個無窮盡的歷程次序中實現。而我們相信在這無窮盡的理想在無窮盡的歷程中終必實現，乃根源於一個超越於現有之知識、行爲所能證實的「超越的信心」。〔註50〕

　　筆者認爲這樣的信心已經是超越道德的信念之上，而屬於宗教信仰的境界了，但問題是這個超越的信心是否建立在一個確切的穩固根基上？如果它的實踐方案不是建立在一個存有論或宗教哲學的客觀根基上，而只是個人的主觀境界之道德理想的規劃，那麼它是否會成爲一個沒有根基沒有動力，畢竟未能實踐的空洞理想而已？

　　對於以上筆者的問題，唐先生有更進一步的論述。這也是唐先生之提出

〔註49〕 參閱《人文精神之重建》（v5, 1975），頁 32。又參閱陳特著，〈心性與天道——唐君毅先生的體會與闡釋〉，《鵝湖學誌》第 17 期，臺北，1996 年 12 月，頁 94。

〔註50〕 參閱《生命存在與心靈境界》（v24, 1976），頁 492。

「性情的形上學」以貫通天人合一之道的用心所在。唐先生之界定「信心」：

　　吾人思想之安住於此實有之無窮之本原而不移動，即名爲信心。
〔註51〕

　　而對於這「實有之無窮之本原」的認識，唐先生是透過形上的本體「天命的呼召」或「人之自命」等途徑來呈現的。在這「性情的形上學」的進路中，他結合了道德的實踐、形上學的信心與宗教的嚮往情操，肯定人性中存在著「好善惡惡、憤悱惻怛」的眞性情，足以形成人的絕對的信心：在「實然的惡」與「當然的善」之相對中，「實然的惡」終將歸於「非實」；而「當然的善」終將歸於「實有」。〔註52〕

（五）死亡的超越

1. 死亡的正面意義

　　面對人類的死亡問題，唐先生有特別的見解，在中國傳統思想中，開闢了一道關於死亡之智慧的門徑。唐先生指出：自然生命的死亡可分爲兩種。一種是「橫逆之死」，另一種是「自然之命終之死」。〔註53〕所謂「橫逆之死」是指被殘害受苦而死。唐先生指出這是一個不容否認的惡。如果「橫死」要具有正面的價值，那麼就得追究到宗教層面的意義才行。筆者認爲遭遇天災人禍而死也可包含在「橫死」裡面。中國傳統思想很少在宗教的層面正視這個問題。

　　更重要的，中國儒家強調道德判斷的重要，如「義利之辨」，甚至「殺身成仁，捨生取義」等，以道德理想之堅持勝於自然生命的延續。這就是所謂「殉道」或「殉節」而死，有其積極正面的道德意義。〔註54〕在道德判斷的

〔註51〕　參閱前書，頁 494。
〔註52〕　參閱前書，頁 495～496。
〔註53〕　唐先生舉出面對死亡的不同態度：(1)科學的態度以純理性的態度認爲，自然生命必有死。生是一事實，死也是一事實。生命的生死變化是自然的事。(2)柏拉圖的觀念論以觀念具有普遍性與恆常性，因此觀念本身無所謂生滅。再者，「生」的觀念與「死」的觀念互不相容，因此，生既然是具有普遍性恆性的觀念，那麼死只是表面的現象，並非眞實的存在。(3)基督宗教以人之面對死亡原於人的「罪」。死是罪的結局。唐先生認爲如果基督宗教所指的罪是指人的生命存在之有封閉限制的一面，則也有其道理。(4)佛教十二因緣的說法則追溯人生生老病死的根源在於原始的「無明」，參閱《生命存在與心靈境界（下）》，頁 168。
〔註54〕　即使對於儒家維護宗法等級制度持批評態度的學者，仍然不得不肯定儒家在

優先考慮下，志士仁人把仁義的道德價值超過了個人生命的價值，此時道德的執守實已達到宗教信仰的境界。其中所信仰的內容雖然不是上帝的誡命或旨意，或許是執守「仁義」的道德價值本身，或許是爲了內心的平安，但總能使人置生死於度外，而表現出極高的超越精神。〔註55〕

自然命終之死，則更有其正面的意義。唐先生指出自然命終之死有其極高的道德價值：

> 然則人之自然生命之自然向於死又豈不可說爲其自然向於仁乎？人之有仁心而安於死，以待後世賢勇之人之有位而守業，此人之自覺之仁性之表現也。則人自然向於其命終而死，豈不正可說爲亦人之不自覺仁性之表現乎？由此以觀一切自然界之生命存在，有其自然之命終，豈不亦可說其有此自然之仁，以自讓其生命存在於世間所居之位，以待其他生命存在之得生於此世間乎？〔註56〕

可知人的生命，原自向於死亡以成一段生命的始終。而且前人仁心安於死，而讓位於後人，這是生命之繼起，所自然展現之善。貪生而畏死反而是不仁不智的表現。張載所言「富貴福澤，將厚吾之生也；貧賤憂戚，庸欲汝於成也。存，吾順事；沒，吾寧也。」〔註57〕正是表現出這種安於死亡的智慧。

然而常人對死者的追念之情，必不忍其所敬愛之親人或仁人之幻滅，故宜崇信鬼神之存在以慰生人之情。唐先生說：

> 因自然生命之有命終，雖見一善德善性，然有其觀念概念之常在，並有對死者之追念之情，必不忍於見其所愛敬之生者之自身之一死而無餘，故宜當依理以信鬼神之存在，方足慰人之情。推此情至乎其極，則對其他自然界之生物之死，亦不當謂其死後，其自身之生時所以成其生之功能種子，皆一死而無餘；故必當謂此一切自然生命存在，皆有死而不亡者存，……〔註58〕

歷史上能有「把『道』擺在『君』之上，有『死守善道』的一面，有不怕犧牲的精神。」參閱吳江著，《中國封建意識形態略考——儒家學說述評》，北京：中共中央黨校出版社，1992年，頁189。

〔註55〕參閱〈中國文化與世界〉編入《中華人文與當今世界（下）》（v8, 1975），附頁141。

〔註56〕參閱《生命存在與心靈存在（下）》，頁170。

〔註57〕引自張載《正蒙》，〈乾稱篇〉。

〔註58〕參閱《生命存在與心靈存在（下）》，頁171～172。

唐先生由「對死者之追念之情」來看待死亡，是採取了「慎終追遠」的涵義與荀子理性主義的態度。〔註59〕雖然這樣的看法有其人文與道德的涵義與價值，但是卻在宗教信仰的涵義上，未能有所發揮。唐先生雖然承繼橫渠、船山相信人與一切自然生命之有「死而不亡者」〔註60〕的存在，卻未能加以深入的探究。在中國的文化思想中，由於對孔子「未知生，焉知死！」〔註61〕的誤解而自我設限，成為中國文化未能正式死亡問題的一大遺憾。

2. 超越之忘德

唐先生認為佛家之言「執障」，不可輕易否認。但儒者仍然肯定，一切自然生命自具其超越性，善性，作為第一義的本性，足以化除執障者。佛家也有「真如」、「佛性」的肯定，我們應當加以貫通理會。相對於佛教以生老病死，一概歸因於「無明」；儒教肯定常人之不知其前生後世，不知其生之超越的根源，乃是一種具有超越精神的「忘」德。生命之所以能持續不斷，「忘」之所以能被稱為善，即在其對舊有者有所超越。

唐先生指出這忘其根源的善德：

> 然吾人今可更持一說，以謂此人之不知其前生後世，不知其生之超越的根源。此不知中，不只表示一無明，而亦表示對其來處與根原之一超越，其不知之，乃其忘之，其忘之，乃其超越之，超越為善，故忘為善；忘為善，故不知亦為善，而非全是無明也。〔註62〕

遺忘之所以成為一種德性，在於其對舊有的有所超越。因為對舊有的記憶有所遺忘，才能產生更新的知識；對舊有的經驗或領會有所捨棄，才能有所超越創新。因此遺忘與超越是一體的，可以成為人的德行。

〔註59〕《論語》〈學而篇〉：「曾子曰：『慎終，追遠，民德歸厚矣。』」荀子〈禮論〉：「故三月之葬，其貌以生設飾死者也，殆非直留死者以安生也，是致隆思慕之義也。」「祭者、志意思慕之情也。」引自李滌生著，《荀子集釋》，臺北：台灣學生書局，1979年，頁434、451。

〔註60〕「死而不亡」的觀念來自船山。船山《禮記章句二十四章》：「人之歿也，形歸於土，氣散於空，而神志之迫於漠者，寓於兩間之氣，以不喪其理。故從其情志專壹者，而以情志通之，則理同而類應。蓋孝子慈孫，本自祖考而來，則感召以其所本，合之氣而自通，此皆理氣之固然。」轉引自《中國哲學原論——原教篇》，頁633。

〔註61〕引自《論語》〈先進〉11章。筆者認為這是孔子曉諭季路認識生死問題的次序，以一個人如果未能先認知「生命」，便無由以認知「死亡」。並不是孔子輕視死亡問題。

〔註62〕參閱《生命存在與心靈存在（下）》，頁172。

筆者認為，如此的死亡觀有其智慧的表現。但是人類果能如此安然面對死亡？陽明指出看破這個生死念頭是一番艱難的工夫：

> 問：「夭壽不二。」先生曰：「學問功夫，於一切聲利嗜好，俱能脫落殆盡，尚有一種生死念頭，毫髮掛帶，便於全體有未融釋處。人於生死念頭，本從生身命根上帶來，故不易去。若於此處見得破，透得過，此心全體方是流行無礙，方是盡性立命之學。」〔註63〕

然而，面對死亡，情感意志何以安頓？死後的去處，是否可全不過問？死亡是否還有更深刻的意義？鄭家棟先生批評當代儒家思想中所包含的生死智慧之境界，是屬於哲學家的抽象觀念，有「曲高和寡之弊」，很難得到廣大社會的認同。〔註64〕

第二節　論天德流行的「超越性」與「內在性」

一、「超越性」與「內在性」的討論

鄭家棟先生指出：六十年代之後，兩種不同的超越意識：即「內在的超越」與「外在的超越」被用來論述中西文化之間的差別。而其中「內在的超越」的概念，早在唐君毅諸先生之〈中國文化與世界〉（1958）一文中，已明確地表述了這類思想。〔註65〕郝大維（David L. Hall，1937～2001）與安樂哲（Roger T. Ames，1947～）界定之西方哲學傳統中之嚴謹的「超越性原則」：即是以超越者以超越、決定及支配被超越者，而形成了二元世界之間的隔絕。李明輝先生重新界定「超越性」的涵義，為儒家「內在的超越」尋求理論的支持。李震神父在對比有神論與無神論的思想脈絡裡，區分「橫向的超越」與「縱向的超越」，對於內在性與超越性有更深入的分析，也使得「內在的超越性」有了形上學與存有學的基礎。筆者以唐先生對於中國傳統文化中所蘊含的「宗教性的超越感情」與「既超越又內在」的思想之論述為主軸，循序

〔註63〕 引自陳榮捷著，《王陽明傳習錄詳註集評》，〈傳習錄卷下：黃省曾錄〉（278條），臺北：台灣學生書局，1983年，頁334。

〔註64〕 參閱鄭家棟著，《當代新儒學論衡》，頁225～226。

〔註65〕 由唐君毅、牟宗三、張君勱、與徐復觀諸先生所共同署名發表的〈為中國文化敬告世界人士宣言〉（1958）一文，實由唐先生所撰寫。後來這篇文章改名為《中國文化與世界》而編入唐先生全集第四卷，或《說中華民族之花果飄零》，臺北：三民書局，1974年。

討論於下：

（一）唐君毅論「宗教性的超越感情」

唐先生在《中國文化與世界》（v4, 1958）中，指出了中國文化相對於西方具有多元性的文化根源，而表現出文化根源的「一本性」。這導致中國文化有其特殊的發展。唐先生說：

> 中國民族之宗教性的超越感情，及宗教精神，因與其所重之倫理道德，同來原於一本之文化，而與其倫理道德之精神，遂合一而不可分。〔註 66〕

再者，唐先生從中國之道德倫理文化中，舉出了他所認為的中國之宗教性的超越感情：

1. 中國民間家庭仍有「天地君親師」之神位的敬拜，還有中國人普遍的祭天地、祖宗的禮儀活動。〔註 67〕
2. 中國古代思想中，「天」的觀念明指有人格的上帝。〔註 68〕
3. 孔孟老莊的思想中，「天」的觀念縱有不同，但不能否認的，都超越了現實的個人自我，與現實的人際關係。
4. 中國儒家思想向來正視「生」與「死」的問題，志士仁人常能「捨生取義」、「殺身成仁」，以表現出超越於個人的生命價值，而對於「仁義之價值本身」、「天地正氣」、「心之所安之道」懷抱著絕對的信仰。〔註 69〕

筆者認為以上唐先生所要指出的是：中國的傳統思想或社會中包含了對於天地祖先的崇敬、甚至人格神的信仰、源於道德精神的宗教情操、與超越於現實生活的嚮往等。這些精神追求的超越涵義與筆者前面所介紹「人的超越性」的涵義較為接近。也就是這裡所指稱的超越性實際上只是包含著「超

〔註 66〕 參閱《說中華民族之花果飄零》，臺北：三民書局，1974 年，頁 142。又編入全集第四卷。
〔註 67〕 參與前書，頁 142。
〔註 68〕 參閱前書，頁 143。又唐先生：「孔孟之未嘗明白反對中國古代宗教，而否定天帝，正見中國古代之宗教精神，直接為孔孟所承。孔孟思想，進於古代宗教者，不在其不信天，而唯在其知人之仁心仁性，即天心天道之直接之顯示，由是而重在立人道，蓋立人道即所以見天道。」參閱《中國文化之精神價值》（v4, 1953），頁 448。
〔註 69〕 參閱《說中華民族之花果飄零》，頁 144～145。

現實性」與「理想性」的意涵。〔註70〕

（二）二元論的超越性與內在性

針就超越性與內在性的問題，唐先生早在他的《中國文化之精神價值》（v4, 1953）一書中，即有一番明確的論述：

> 中國人之對天，與回教、基督教對其上帝，最大之不同，即回教、基督教，皆特重上帝之超越性，而較忽其內在性。此首可由回教、基督教皆重上帝創造天地萬物之說證之。〔註71〕

> 復次，由吾人前所言，回教、基督教皆謂上帝只對救主、先知直接有所啟示，亦只對救主、先知而現身，不對一切人現身。於是他人唯有通過對救主、先知之信仰，乃能與上帝感通。此復證上帝之超越性，過於其內在性。〔註72〕

以上唐先生從回教與基督教的「創造論」與「救贖論」的基本教義，指出他們重視「上帝的超越性」過於「上帝的內在性」，而與中國的傳統思想之重視內在性有所不同。

筆者認為，這裡的「超越性」既然是就「創造論」與「救贖論」說的，則我們要注意在「創造論」的義理脈絡裡，創造者超越於受造者，意味著創造者與受造者之間存在著本質的不同。上帝作為創造者，祂的超越性是與受造物存在著本質的隔離的。其實，早在希臘時期柏拉圖的二元論哲學裡，「超越」（transcendent）這個語詞的涵義，便含有「外在」（beyond）及「分離」（separate）的意思。〔註73〕當我們說觀念界的「理型」（Idea）超越於「現象世界」時，即意味著二元世界之間的隔離與外在性。郝大維（David L. Hall，1937～2001）與安樂哲（Roger T. Ames，1947～）所界定之西方哲學傳統中之嚴謹的「超越性原則」：即是以超越者以超越、決定、及支配被超越者，而形成了二元世界之間的隔絕。例如柏拉圖哲學裡的「理型」超越了「現象」；亞里斯多德哲學的「不動的原動者」（Unmoved Mover）超越了「宇宙萬有的變化與運動」，還有創造者超越了受造者，都意味著前者決定地

〔註70〕參閱李明輝著，《當代儒學之自我轉化》，〈儒家思想中的內在性與超越性〉，中央研究院中國文哲研究所籌備處，1994年，頁142。

〔註71〕參閱《中國文化之精神價值》（v4, 1953），頁458。

〔註72〕參閱前書，頁459。

〔註73〕參閱馮耀明著，〈當代新儒家的「超越內在」說〉，《當代》第84期，1993年4月，頁94。

支配了後者。〔註 74〕因此，馮耀明先生認爲在這種嚴謹的超越性意義之下，超越性與內在性的概念是互相矛盾而對立的，絕不可能存在有所謂「內在的超越」。

（三）「既超越又內在」如何可能？

但是唐先生明確地以「既超越又內在」的觀念，來表現中國思想中的「天地之道」。唐先生說：

> 中國思想中，於天德中開出地德，而天地並稱，實表示一極高之形上學與宗教的智慧。蓋此並非使天失其統一性，而使宇宙爲二元。而唯是由一本之天之開出地，以包舉自然界而已。天包舉自然界，因而亦包舉「生於自然界之人，與人在自然界所創造之一切人文」，此所謂包舉，乃既包而覆之，一舉而升之。夫然，故天一方不失其超越性，在人與萬物之上；一方亦內在人與萬物之中，而宛在人與萬物之左右或之下（此二義在婆羅門教及西方泛神論思想中亦有之）。〔註 75〕

實者，在這裡唐先生所強調「天德」開出「地德」，並非要形成類似西方傳統哲學的二元論，只是要在一本論的前提下開出地德，來表現出天地對於宇宙中一切自然人文世界的包容與持載。其中所舉出天的「超越性」主要表現在天地能「包舉」一切的自然界與人文世界，也就是天地能包容與持載一切的自然與人文的存在與活動；並且能提升一切自然與人文之存在與活動的價值。

再者，唐先生在《人文精神之重建》（1975）一書中，對於超越性與內在性有更深入的對比。他說：

> 中國古代之天帝與西洋基督教中之神，自哲學上言之，可指同一之道體。然此中有一根本之差別，即此道體之超越性與內在性偏重之

〔註 74〕 參閱郝大維與安樂哲著，〈殊途同歸——詮釋孔子思想的三項基本預設假定〉，《大陸雜誌》第 68 卷第 5 期，1984 年 5 月，頁 227。

〔註 75〕 引自唐君毅著，《中國文化之精神價值》，頁 461。又牟宗三先生界定天道的超越性與內在性說：「天道高高在上，有超越的意義。天道貫注於人身之時，又內在於人而爲人的性，這時天道又是內在的（Immanent）。因此，我們可以康德喜用的字眼，說天道一方面是超越的（Transcendent），另一方面又是內在的（Immanent 與 Transcendent 是相反字）。天道既超越又內在，此時可謂兼具宗教與道德的意味，宗教重超越義，而道德重內在義。」參閱牟宗三著，《中國哲學的特質》，臺北：臺灣學生書局，1974 年，頁 26。

不同，與對此道體之態度之不同。西洋人以信仰祈求嚮往之態度對
此道體，將此道體推之而上，使道體人格化。由重視其超越性，而
視之爲超越吾人之一絕對之精神人格，吾人之精神人格乃皆其所造
而隸屬於其下，以求其賜恩。此爲宗教精神。中國人以存養實現之
態度對此道體，徹之而下，則此道體，唯是天命。天命即人性。人
之誠意正心、親親仁民愛物，以致贊天地之化育；及此內在的天人
合一之性命之實現而昭布於親、民、萬物之中者。〔註76〕

　　由以上引文可知在唐先生的觀念裡，「天」與一切自然、人文世界之間，
並不存在著——諸如創造者與受造者之間——二元對立的關係。因爲，就如
郝大維與安樂哲兩先生所指出：基本上儒家的傳統思想是建立在「機體性系
統」（organic system）的宇宙論的背景之上，不存在著諸如：「創造者」與「受
造者」、「存有」與「非存有」、「心靈」與「身體」等二元截然對立的思惟範
疇。〔註77〕他們把整個宇宙萬有看成是同一個有機性的整體，其中只有諸如
「天」與「地」、「陰」與「陽」、「剛」與「柔」、「明」與「幽」等「兩極性」
（polarity）的思惟模式。在這兩極性的關係中，隱然對立而相結合的兩個極
端，在同一整體中存在著互相對待且相互依存的關係。〔註78〕因此，在這不
同的思惟模式之下，唐先生所謂的既超越又內在的天道，絕不是西方傳統哲
學二元對立下嚴格意義的超越性與內在性。唐先生在早期的一篇文章〈中國
哲學中天人關係論之演變〉中，已指出了這一點：

中國哲學一向持天人合一之觀念，宇宙人生素未分爲二。客觀宇宙
與主觀人生，天道與人性素未隔絕，內界外界中國哲人從不以爲二

〔註76〕　引自《人文精神之重建》（v5, 1975），頁100。唐先生在這裡的觀念，與牟宗
　　　　三先生的觀念不謀而合。大致上都是以中國的道德精神爲內在性對比基督宗
　　　　教的宗教精神爲超越性。

〔註77〕　參閱郝大維、安樂哲著，〈殊途同歸——全是孔子思想的三項基本預設假定〉，
　　　　《大陸雜誌》第68卷第5期，1984年5月，頁228～229。林安梧先生以「斷
　　　　裂型的理性」與「連續型的理性」之對比作爲論述「基督宗教」與「儒教」
　　　　之表現爲「離教」與「圓教」之對比的理論基礎。參閱林安梧著，《儒學與中
　　　　國傳統社會之哲學省察》，臺北：幼獅文化事業公司，1996年，頁96～99、
　　　　240。

〔註78〕　參閱前文，頁229。又「兩極性」概念是田立克論述「現實理性之有限性」的
　　　　理論前提之一。田立克有精彩而深入的分析。參閱陳振崑著，《保羅·田立克
　　　　論現實理性的「有限性」研究》，臺北：輔仁大學哲學研究所碩士論文，1990
　　　　年，頁27～28。

元。〔註79〕

李明輝先生為儒家「內在的超越」尋求理論的支持。但是他所護衛的超越性是一種較寬鬆的意義，且可與「現實性」作對比的「道德主體的理想性」而已，並不具有形上學或存有論的基礎。李明輝先生說：

> 如果我們不從這種嚴格的二元論的架構來理解「超越性」底概念，則「超越性」可以以較寬鬆的意義，表示「現實性」與「理想性」或者「有限性」與「無限性」之間的張力。則「超越性」與「內在性」這兩個概念之間便未必會構成矛盾。因此，在儒家「天人合一」的思想中，天的超越性如果能透過人之道德主體性來理解，人之道德主體也可以因此取得超越意義，而同時具有超越性與內在性。〔註80〕

李震神父在對比有神論與無神論的思想脈絡裡，首先援引士林哲學的觀念，以「內在性」指稱生物之內在活動（效用留在活動者之內）的特性；「超越性」則指稱有所超越於生物之內在性之上或之外的存在。他並區分「橫向的超越」（即筆者所謂「內在於主體的超越性」）與「縱向的超越」（即筆者所謂「超越於主體的超越性」）〔註81〕，且從中西哲學的傳統中指出「既內在又超越」有其形上學與存有學的基礎。李震神父說：

> 全部希臘哲學時期和中世紀哲學時期，具有一個悠久的重視形上學與存有論的傳統。在存有論的基礎上，內在性與超越性二觀念並不互相衝突，而內在原理的成立也是以超越原理為基礎的。〔註82〕

李震神父指出：原本在西方的傳統哲學中「超越原理」與「內在原理」是相輔相成的，超越原理不僅不與內在原理相矛盾，更是內在原理的基礎。「無限的超越者」與「有限的存有者」藉著「分享」（Participation）的觀念

〔註79〕 引自《中西哲學思想之比較論文集》（v11, 1941），頁282。

〔註80〕 參閱李明輝著，《當代儒學之自我轉化》，〈儒家思想中的內在性與超越性〉，1994年，頁146。筆者認為李明輝先生所指的「無限性」也是一種內在於道德主體的「無限性」。

〔註81〕 參閱李震著，《人與上帝——中西無神主義探討》（卷五），臺北：輔仁大學出版社，1995年，頁65〜66、96。縱向的超越性又稱外在的超越性；橫向的超越性又稱內在的超越性。又傅佩榮先生在論述新儒家的宗教向度時，也區別了兩種「超越性」（transcendence）：(1)「存在於人性之外的超越性」，(2)「存在於人性之內，為人之修養所可達致的超越境界」。參閱傅佩榮著，"The Religious Dimension of Neo-Confucianism"，《台大哲學論評》第13期，1990年1月，頁233。

〔註82〕 引自前書，頁105。

結合起來。兩者存在著既超越又內在的關係，因此而實現了超越性與內在性。〔註83〕

　　沈清松先生更從中西方的傳統中分辨「超越而內在」或「內在而超越」的不同向度：儒家傳統中孟子「盡心知性知天」或《中庸》由「盡己之性、盡人之性、盡物之性、到贊天地之化育」的精神歷程是一種「由內在而超越」的向度；而基督宗教如果就強調人所承受於上帝創造的大能、救贖的恩典（恩寵）與上帝國度的實現而言，則是一種「由超越而內在」的向度，如果就強調人應該加強靈修，體現人性，如耶穌所囑咐：「你們應像天父一樣完美」而言，則是「由內在而超越」的向度。〔註84〕

　　然而，李震神父指出近代哲學內在主義的形成，逐步地揚棄了存有論與形上原理的基礎，卻擴充了自我主體（我思）的絕對性，使得內在性與超越性成為兩個互相衝突而無法並存的絕對原理。基於這個理由，把內在性當成絕對原理的內在主義者，必然要排斥外在的（縱向的）超越原理。如果講超越性也只能講內在的（橫向的）超越性。〔註85〕

二、唐君毅論天德流行的超越性與內在性

（一）界定「超越性」與「內在性」的涵義

　　筆者認為由以上對於「超越性」與「內在性」之概念的討論，我們可以知道唐先生所論述之天道的超越性與內在性，並不是二元對立之嚴謹意義的超越性與內在性。以下筆者在深入探討唐先生晚年系統之作「心通九境論」所闡揚「天德流行境」之思想意蘊前，先對天道的超越性與內在性做一個描述性的概括，可方便於唐先生之思想義理的把握：

1. 「超越性」

　　天道的「超越性」（transcendentia）是指天道的存在作為人性與宇宙萬物的形上根源，超乎人的感性與理性所能確定認知（存有學上的超越性），人仍然憑藉超越的感通與超越的信心可以肯定其獨立於人的主觀認知之外的客觀存在（認知上的超越性）。〔註86〕

〔註83〕參閱前書，頁107。
〔註84〕參閱沈清松著，《傳統的再生》，臺北：業強出版社，1992年，頁134。
〔註85〕參閱前書，李震著，《人與上帝──中西無神主義探討》（卷五），頁108。
〔註86〕參閱項退結著，〈兩種不同超越與未來中國文化〉，編入《詮釋與創造──傳統中華文化及其未來發展》，頁505。

2.「內在性」

「內在性」（immanentia）是就相對於「超越性」而言，指涉認識對象內在於認知主體的認識活動之中（認知上的內在性）。或指涉超越的絕對者存在於宇宙與人性之中（存在上的內在性）。〔註87〕

項退結先生在界定了「超越性」與「內在性」確定涵義之後，依照超越性的強度判定了五種不同的超越性：

(1) 純粹內在精神的自我超越活動：即不具存有論基礎的道德主體的理想性。

(2) 內在於宇宙，和宇宙不分彼此，本身並無自我意識的絕對者或超越者：例如超越個別而有限的形式與時空條件，而且具備普遍性的「道」、「天心」、「佛性」、「本體」、「精神」或「無限智心」。

(3) 既內在於宇宙的大自然現象，又超越於個別現象而有自我意識的天或上帝。

(4) 超越於宇宙、宰制大自然與人間世，而高居天上的上帝。

(5) 以自由意志從無中創造萬有，既超越於宇宙萬有又以持續的創造力內在於宇宙的上帝。〔註88〕

項退結先生在釐清超越性與內在性相結合的不同層次之後，論證指出：基督宗教的上帝觀是屬於第五層次的超越性。〔註89〕而中國古代原始的上帝觀除了不「創造」萬有之外非常地接近於基督宗教的上帝觀。但是後來經歷著思想典範的轉變，漸漸變形為其他各種形態之「既超越又內在」的「天道」、「天情」、「天理」、「佛性」、「體用不二的本體」等超越又內在的形態，而逐漸喪失了上帝真正的的超越性。〔註90〕

（二）從「生命靈覺」與其形上根源的關係，看天德流行的超越性與內在性

1. 生命靈覺的形上根源

生命靈覺作為人的超越主體，可以透過它所表現的活動而為人所體察，

〔註87〕 參閱前文，頁505。李震神父指出：〈約翰一書〉第四章（The New Testament，1 John，4：16）所言：「神就住在他裡面，他也住在神裡面」其中「住在」即manere in，也就是「內在的」的含意。參閱李震著，《人與上帝》〈卷五〉，頁64。

〔註88〕 參閱前文，項退結著，〈兩種不同超越與未來中國文化〉，頁506。

〔註89〕 參閱前文，頁516。

〔註90〕 參閱前文，頁507～509。

為人所肯定。然而如果再追問此心靈主體為何能夠源源不斷地表現出持續的活動，則不得不接受此生命靈覺，必有其形上的根源。唐先生寬泛地容讓儒教的「天」、基督教的「上帝」、佛教的「如來藏心」或「法界性起心」來指稱這形上根源。〔註91〕

2.「超忘隔離」與「破空而出」

生命靈覺與其形上根源有一「超忘隔離」、「破空而出」的「創生」關係。此「隔離」是由超越而忘卻其根源，而使生命靈覺表現出其先天的空寂性與純潔性。而「破空而出」則相對於「依空而出」之「無中生有」（創造）而立說。所謂「破空而出」是指：「無無而有」以更自成其有。所謂「無無而有」，是指否定的否定之後的肯定，已不同於原先的肯定。即創生出的生命靈覺之為實有，已經不再是原先具足於其根源中的實有，而與此根源若相隔離，以更自成其有。〔註92〕

可知，生命靈覺之「破空而出」創生於其形上根源，但與形上根源卻超忘隔離，故也可說是生命靈覺是自成其為生命靈覺。

3.「超忘隔離」與「相依相即」

生命靈覺與其形上根源之間，即天人之際。除了有「超忘隔離」之關係外（分說其超越性），也有一「相依相即」之關係（合說其內在性）。天人之關係，即天命與人性的關係。孟子：「盡心知性以知天」，中庸：「天命之謂性」，唐先生皆以即人性即天命的說法（明道「天人不二」）加以詮釋。更以孟子之謂順逆之外境以言天命，而言人性之自命。又以生命之無常、偶然性為人生命必然當然之命運，以肯定其啟示於人之所當為之價值的意義。

（三）從「天命」與「性命」的關係，看天德流行的超越性與內在性

「天命」有兩個意義，即超越的「天命」與內在的「性命」。超越的「天命」有如一個活的超越的上帝從外呼召我的生命靈覺。我的生命靈覺，只是順服地奉承此「天命」而求「知命」、「俟命」與「安命」。唐先生認為這是「後天而奉天時」的「坤道」。其中以「天命」為先，而人的「自命」順承於後。唐先生說：

〔註91〕參閱，《生命存在與心靈境界（下）》（v24, 1976），頁190。
〔註92〕筆者以為：如此界定創生性，不足以道盡宇宙創生勢能生生不息之根源，亦不足以顯發上帝造化的生生天德。參見本文第七章第三節。

> 對前一義之天命說，此靈覺的生或生的靈覺，若見此天命自外境而
> 來，自氣質體質而出。此中之外境與氣質體質，即若皆能發命令、
> 發聲音，以對我有所呼召者。此呼召，自客觀而說，皆如天或上帝
> 之對我發聲，而對我呼召，與我交談，而此時吾人即可真感一活的
> 上帝，活的天，而我于此靈覺的生、或生的靈覺，只是奉承之。此
> 奉承之為知命、俟命、安命，為坤道。〔註93〕

相反的，內在的「性命」，則以人之順承天命，奉承天命之呼召，有如人
性之順此天人不二之自性，受自己的本心本性的呼召，而自立己命、凝己命、
正己命。這是「先天而天弗違」的「乾道」。其中則以自命為先，而天命即存
乎其中。唐先生說：

> 自後一義之天命說，則其呈現既內在於性命，人之順其自命而行，
> 即順此天命而行，人與天之交談，奉天之呼召，皆只是與自己之深
> 心交談，受自己之深心所呼召，以自順此天人不二之命，而自立此
> 命、凝此命、正此命，是為乾道。〔註94〕

（四）從天地乾坤具高明、博厚之德，看天德流行的超越性與內在性

1.由「天地之乾道」見天德流行的超越性

天心天性作為絕對存在之日生日成於我的仁心本性。可證天心天性之超
越於我。這是天之乾道，以人之人心人性所顯於我之仁德，我皆可推讓之於
天德，而呈現天德之高明悠久。〔註95〕

2.由「天地之坤道」見天德流行的內在性

天心天性作為絕對存在，就其內在於我，而為我之仁心本性之仁德，使
我之生命、精神、人格之得日生而成，則天心、天性、天德之完成，又全屬
於我，而未嘗外溢，以成就我之特殊性與主觀性。此為地之坤道，為地之厚
載於我之人德，以呈現地德之博厚悠久。

此天地乾坤高明、博厚之德，皆由人之仁心本性之呈現而直接證明，即
天道由立人道來表現。不外乎孔子「人能弘道，非道弘人」，孟子「盡心知性
知天」，伊川「觀乎聖賢，則見天地」之意旨。〔註96〕

〔註93〕 參閱前書，頁 201～202。
〔註94〕 參閱前書，頁 202。
〔註95〕 參閱《中國文化之精神價值》（v4, 1953），頁 453。
〔註96〕 參閱前書，頁 453。

（五）從「仁心仁性不為我所私有」，看天德流行的超越性與內在性

唐先生指出當人的道德實踐，生命靈覺的自覺，到了人心本性全幅呈露的境界。自然不會以仁心仁性為我所私有。必然肯定他人甚至人人都有此人心本性。因此當此貫通於仁人之間之仁心仁性呈露於我時，就如同表現為一由天而降的命令，感召我從私欲私執之中超越而出。所以我直覺此仁心仁性既內在於我，又超越於我。於是我承認此仁心仁性非我之己力所能有，是天命之所賦予我。〔註97〕在此，唐先生對天命之內在又超越之深義，實有真實把握。

（六）從「本心即天心，人德即天德」，看天德流行的超越性與內在性

唐先生再一步推論出其關鍵基本主張。人與天地萬物實為一體，所以人能盡心知性以知天，存心養性以事天。人之盡性成德，可贊天地之化育。實者，此人心本性，即貫通於天心天性。最後更進一步地主張：以我內在靈覺之自覺，不外盡我自己之心性。外在事物之無限量，我靈明之心量亦無限量。故天地萬物之靈明，不外是我的良知靈明；天心天性之至善，不外是我的仁心仁性之全幅呈露。人性即天性，本心即天心，人德即天德。

筆者認為，唐先生在理想的天道觀上，是嚮往著「乾坤並建」、「天人合德」的境界，也就是「既超越又內在」的天道觀：天道既超越於人性之上，又內在於人性之中。但是唐先生常常不自覺地回到明道、象山、陽明、甚至陽明後學幾近於狂禪的心學傳統，以人性能充分實現天性；本心能充分實現天心；人德能充分實現天德。因此，也就沒有人心之外的天心；人德之外的天德的獨立存在。如果能承認天心天德的獨立存在，也只是人心人德謙讓其德的客觀化而已。因此，唐先生之論天道的超越性，只能成就一種內在於人的主體的超越性。如此一來，雖然（在理想上）挺立了人的孤峭的道德主體性，卻同時遺忘了天道涵藏萬有、生生不息之動力的開顯。〔註98〕

筆者認為唐先生所論生命靈覺的形上根源，其本身的形上價值與實體意義被忽視在思辨理性的運用之中。特別是即人性即天命說法，似乎太偏於人性。實者，孟子主張盡心可知性知天，並非主張盡心即盡性、盡天。「盡」與「知」的程度之所以不同，正是因為天人之有所隔離。天命人性之分與合，特別是天人之際的超忘隔離（分），實有其更深刻的意義。

〔註97〕參閱前書，頁452。
〔註98〕詳見本文第七章第三節。「論儒教理論未能開顯天道超越的豐沛動力」。

鄧小軍先生在論述天道既內在又超越於人性時指出：當我們說天賦人性根源於並同質於天道時，並不表示可以無限地擴張人的價值與地位。因此他提出三個很重要的觀點：(1)依據「天命之謂性」的觀念，天道作為人性的終極根源，必當先於人性、高於人性。(2)當我們說人性與天道同質，可以由盡人性以知天命，並不表示天道與人性完全同一、完全相等。(3)天賦人性本善，亦不等於現實的人皆是善。現實的人是否為善，取決於人性的是否能自覺地呈現。根據這三個觀點，鄧小軍先生指出：

> 人對於天，當抱有甚深的敬意；對於自己的人性，當具有自覺的工
> 夫。〔註99〕

牟宗三先生早期對於天道與人性的看法也表現出較為平實而中肯的態度。他在《中國哲學的特質》一書的一篇文章：〈作為宗教的儒教〉裡面指出：儒教在孔子時對於天的呼求之情表示出對於一個有意志的天的信仰；孔子在「理」上也肯定天道的客觀存在。但是儒教的重點與中心漸漸轉移到「如何體現天道」的道德實踐上。〔註100〕牟宗三先生說：

> 一般人常說基督教以神為本，儒家以人為本。這是不中肯的。儒家
> 並不以現實有限的人為本，而隔絕了天。他是重如何通過人的覺悟
> 而體現天道。人通過覺悟而體現天道，是盡人之性。因人以創造性
> 本身作為本體，故盡性就可知天。此即孟子所說：「盡其心者，知其
> 性也，知其性，則知天矣」。這盡性知天的前程是無止境的。它是一
> 直向那超越的天道之最高峰而趨。而同時盡性知天的過程即是成德
> 的過程，要成就一切價值，人文價值世界得以全部被肯定。〔註101〕

牟宗三先生在確立了儒教的重點與中心在於人性與天道的關聯之後，更對人性的有限性與超越性進行一番懇切的反省。他說：

> 人力有限，儒家並不是不知道。天道茫茫，天命難測，天意難知，
> 這在孔孟的教義中意識得很清楚。但雖然如此，它還是要說盡性知
> 天，要在盡性中體現天道。所謂「知天」之知也只是消極的意義，
> 而盡性踐仁則是積極的。「知天」只是在盡性踐仁之無限過程中可以

〔註99〕 鄧小軍先生的觀點與引文，具見鄧小軍著，〈人性的超越性與天道的內在性〉，第四屆當代新儒學國際學術會議論文，臺北：鵝湖雜誌社等，1996 年12 月，頁 7～8。

〔註100〕 參閱牟宗三著，《中國哲學的特質》，臺北：台灣學生書局，1974 年，頁 96。

〔註101〕 引自前書，頁 97。

遙契天。故中庸云：「肫肫其仁，淵淵其淵，浩浩其天」。並非人的意識可以確定地知之而盡掌握於手中。故孔子「五十而知天命」是極顯超越的意義的。又，所謂體現天道也只是把天道之可以透露於性中、仁中、即道德理性中者而體現之，並不是說能把天道的全幅意義或無限的神祕全部體現出來。故中庸云：「及其至也，雖聖人有所不知、有所不能」。儘管如此，還是要在盡性踐仁之無限過程中以遙契之並體現之。故孟子曰：「聖人之於天道也、命也、有性焉。君子不謂命也。」〔註102〕

筆者認為「人性即天性，人心即天心」的觀念，只有把「天心不外是人心之呈現」理解成離開人心之外，沒有天心的獨立客觀存在時，天道才只具有內在性，而沒有超越性。如此的天道是被架空的天道。實際上，此時已只有主觀的人道，而沒有客觀的天道。

第三節　論「天人合德」的理想

一、論天人合德的理論根據

「天人合一」是中國哲學的中心觀念。它有不同的表達方式，例如：天人合德、天人相與、天人合一、天人不二、天人合策、天人一氣、天人不相勝……等。〔註103〕袁信愛先生分辨先秦時期之天人關係論時，歸結出符應於

〔註102〕引自前書，頁98～99。鄭家棟先生指出牟宗三先生對於「天與人之間的距離感」的體會在後來的著作中已消失無蹤，而徹底改變為「即人性即天道」、「即道德即宗教」的心學立場。參閱鄭家棟著，《當代新儒家論衡》，〈儒家思想的宗教性問題〉，臺北：桂冠圖書股份有限公司，1995年，頁205。

〔註103〕參閱《中西哲學思想之比較論文集》（v11, 1941），頁128。
又傅佩榮先生指出：「天人合德」是儒家人性論的最高理想。我們可以由兩個相互為用的方向證明此一理想：一是橫攝系統，以人群社會之共同福祉來印證天人合德；一是縱攝系統，以個人生命之絕對要求來體現天人合德。參閱傅佩榮著，《儒家哲學新論》，臺北：業強出版社，1993年，頁147。依照這個分類，唐先生所抒發的天人合德義理主要是屬於縱攝系統的。
葛榮晉先生區分「天人合一」具有三種不同的意義：(1)「天人絕對合一」：指殷代的神權統治中「帝」或「上帝」具有絕對的權威。(2)「天人相通」：指《書經》與《詩經》所呈現周初時代在結合天命與民意之下的天人關係，天是作為人倫道德的本源而存在。特別是孟子、中庸、宋明理學所闡發人性與天性相貫通之道。(3)「天人感應」：漢代董仲舒由「同類相動」的宇宙論推論出「天人同類」、「天人感應」的天人關係。參閱葛榮晉著，《中國哲學範

人類三種主體意識之不同取向的三種基本類型：

> 一為以孔、孟為代表的天人合德型；二為以老、莊為代表的「天人
> 合一」型；三為以荀子為代表的「天生人成」型。而這三種類型也
> 正對應了人的三種本質取向，即「天人合德」型符應了人的意志（道
> 德）取向；「天人合一」型符應了人的情感（審美）取向；「天生人
> 成」型則是符應了人的理智（知識）取向。〔註104〕

唐先生提出四個基本論點，作為天人合德論所以能成立之認識論的根
據。我們先把握這四個認識論的根據，再進而探究其具體的思想內容：

（一）「心之虛靈明覺觀」（筆者由「心體本虛觀」修正而來）〔註105〕

人的心靈在欲望、意志、感情等心理現象之內，有一心靈之本體或主體，
即一虛靈的明覺（即「生命靈覺」）。心靈的虛靈明覺之所以能廣大無際地含
攝萬物，與萬物在情志上相感通為一體，是因為它能呈現出一顯一隱、一進
一退、一闢一闔，相迭繼起而不絕的心靈活動，所以能虛而應物。〔註106〕可
知這裡所謂心靈的「虛」是就心靈的「功用」講的，並不是就心靈的「本體」
或「存有」上來說心靈是虛空的。

筆者認為先秦儒家中荀子之主張：「虛壹而靜」，是儒家傳統中重視心靈
的虛靈作用的開始。很顯然的這是受到了莊子：「坐忘心齋」，「用心若鏡，不
將不迎，應而不藏。」之心學的影響。但是荀子只是在心的作用上受到莊子
心學的影響。儒家在心的本體或存有學上的肯定，基本上並未因此而改變。

疇導論》，臺北：萬卷樓圖書有限公司，1993年，頁590～595。依照這個分
類，唐先生所抒發的天人合德義理主要是指「天人相通」的意義。

〔註104〕 引自袁信愛著，〈先秦時期「天人關係」論〉，《中國哲學史季刊》，頁62。筆
者認為唐先生的「天人合德論」以其融合道德、哲學、宗教三個質素，所開闢
之性情的形上學，雖以道德意志為主，實包含了知、情、意三個意識取向。

〔註105〕 唐先生在〈如何了解中國哲學上天人合一之根本觀念〉（1940）一文中，所述
「心體本虛觀」，援引莊子、張橫渠的觀念，作出了「人心本體以虛為性」，
「心的本體是虛的」的結論。參閱《中西哲學思想之比較論文集》（v11,
1941），頁131、133。這個觀念後來由於對「天人合德之本心或良知」有了
新的體認，而做了很明確的修正。筆者揣摩唐先生這個觀念的轉變，嘗試以
「心之虛靈明覺觀」代替「心體本虛觀」作為天人合一的理論根據之一。「參
閱《中國文化之精神價值》（v4, 1951），自序，頁2。

〔註106〕 參閱《中西哲學思想之比較論文集》（v11, 1941），頁130。又參閱陳特著，〈心
性與天道──唐君毅先生的體會與闡釋〉，《鵝湖學誌》第17期，臺北，1996
年12月，頁80。

所以後儒大致上都接受了心的虛靈明覺的說法，例如朱子：「虛靈不昧……心能具眾理而應萬事。」，「心能官天地府萬物」。王陽明：「心無體，以天地萬物之感應爲體」。〔註107〕王陽明所謂的「心無體」也就是心的虛靈作用的另一種說法，他仍然強調從心靈與「天地萬物」之間的感應活動中呈現出心靈的本體，即他所謂良知的明覺。實際上，這與唐先生的「心通九境論」的思想觀念已經相當接近了。我們也由此可看出儒家之所以爲儒家，即對於心靈本體的眞實肯定，有所不同於莊子的地方。

（二）「能知所知不離觀」

因爲心靈的本體，能虛而無所蔽塞於物，因此能在感情與意志上，和天地萬物相感應爲一體。在這個感應關係上，心靈對於事物的認識，不同於認知上的認識，是一種直接認識，即「直觀的」（intuitive）認識。在直觀的認識中「能知」的主體直達「所知」的客體；而不是「能知」「所知」，先以理智的隔離，保持距離，再間接的由知覺、判斷、推理等認知活動來進行認識。

直觀的認識方式在西方歐陸哲學的傳統中，也有其源遠流長的淵源。早在柏拉圖對於「觀念界」（Idea）的本質直觀，及對於「善」與「眞」之普遍本質的分享（participation），便是一種直觀的理性能力。這樣的直觀能力其目的在於尋找意義（meanings）。〔註108〕它與中國哲學之志在創造價值有同工異曲之妙。再者，當代現象學派（Phenomenology）最基本的主張便是：人類的心靈具有直觀本質的能力。這種直觀本質的能力普遍地被運用在文學、哲學與神學等人文學科的研究中。〔註109〕即使在數學或經驗科學的認知活動中，也存在著直觀理性的成份。郎尼根（Bernal J. F. Lonergan，1904～1984）論述認知的動態結構中，存在著一而再的洞察（insight）的內在悟性作用，參與著數學或經驗科學知識的建立。筆者認爲這個洞察的悟性能力也就是一種直觀的理解活動。〔註110〕

〔註107〕轉引自，《中西哲學思想之比較論文集》，頁 132。

〔註108〕參閱 Paul Tillich's A History of Christuan Thought, ed. by Carl E.Braaten, New York: Harper & Row, 1968, p325。

〔註109〕參閱前書，頁 326。

〔註110〕郎尼根描繪了概念形成的具體過程：「圖像（Image）－線索（Clue）－洞察（Insight）－概念（Concept）－定義（Defnition）」把握事物本質之概念之前，需要通過洞察之內在悟性作用的理解以瞭悟於心。參閱關永中著，《郎尼根的認知理論──《洞察》卷一釋義》，臺北：哲學與文化月刊社，1991 年，頁 4

由此可知，雖然直觀的認識方式常常被當成中國哲學最主要的認識方式，並且以它爲開闢價值理想之源的竅門所在。〔註111〕然而，直觀的認識方式並非是儒家哲學的專利。直觀的思惟方式在不同思想脈絡的發展中所表現的不同形態，有待給予進一步的釐清與分判。

（三）「活動化之情意觀」

唐先生指出：情志活動在儒家哲學是指一種「人心活動之姿態」，「生機流動之方式」，和「生命開展之意味」。所以，情志活動在人心中無一定的部位或確定之方向。它乃是變動不居，由心靈主體之性情所引發而流露出，並與所對應之環境對象相滲透而融合。因此，情志活動是感通心靈內外、天人之間的橋樑。

筆者認爲在這裡的情志活動可以以前文所論述的「合理性」（Reasonableness）來予以進一步的釐清。在儒家的義理脈絡裡，情志之「理」主要不是作爲思辯理性中的形上原理；也不是邏輯範疇或科學認知的理智作用的對象。卻是具體的生活世界中，特別是道德實踐上的「合理性」的運用，它包含了人的意志、情感與思想，及其所相對應的人、事、物等具體情境的動態的辯證關係。所以唐先生描繪這情志活動作爲人心活動的姿態、生機流動的方式和生命開展的意味，在人的心靈中沒有固定的部位，或確定的方向。這樣的情志活動才能是感通心靈內外、天人之間的橋樑。

（四）「功用化之身體觀」

唐先生指出心靈的情志活動之發動與天地萬物相感通，必須以身體上的功能爲媒介。身體爲「氣」之所凝成，這「氣」本是可以互相滲透變化而暢通的「宇宙之氣」。因此，人的身體不只是與一個與外界宇宙相對待的一個有限的體質。身體的功用，乃可貫通於全宇宙之氣化流行，不會成爲心靈發展的阻礙。〔註112〕王陽明：「人與天地萬物原是一體。……故五穀禽獸可以養人，

〜8、11。

〔註111〕當代的中國思想家除了常常用佛教的「體悟」或「體證」來詮解這直觀理性之外，應該以牟宗三先生之論「智的直覺」作爲一種「無限的道德本心」之「創造性的知性」活動，來詮釋這個直觀理性，較具有認識論上的意義。筆者認爲這種創造性的知性活動的說法，仍然存在著有待克服的種種困難。但這已超出了筆者的學力與本文的研究範圍。參閱牟宗三著，《智的直覺與中國哲學》，臺北：台灣商務印書館，頁 153、188。

〔註112〕唐一菴：「人氣質之凝，似有住際。然神通在心，故其氣也無涯。」轉引自，

葉石可以療疾，同此一氣能相通故耳。」〔註113〕可知，儒家傳統中「天地與萬物爲一體」的體認，不只是人的心靈之主觀上的作用而已。這個心靈對於天地萬物爲一體的體認，是建立在宇宙萬物之氣化流行、貫通爲一體的宇宙論基礎上。

二、性情形上學的進路

（一）良知仁心的道德實踐

1. 良知仁心之感通的道德價值

道德理性，作爲「人的心性中足以實現自我人格之道德價值的本質或本性」。即先哲所謂之「良知」或「仁心」。人的生命心靈中原始的至性至情能超越「我執」的限制與封閉，而達至我與他人他物的同情共感。這便是「分別我執」的超越，也是心靈的感通。唐先生說：

> 吾人即可說此（世間之）現量境，乃由心靈之存在與外物之存在，
> 互相感通而致。此心靈之感通，即此心靈之自超出其限制與封閉之
> 事，而當說有一超出此，以成此感通之善在也。〔註114〕

儒家在人的生命心靈中開闢一個沒有「我」與「非我」之分別的境界。這個境界是透過「我的生命」與「非我的生命」能突破心靈自身的拘限，彼此共同以同情共感，呈現出人性本身生命心靈中之最原初的眞性情。

這良知仁心的感通也是最原初之「仁」的表現。而我之生命心靈能順此仁心，進而謙恭敬奉他人的生命心靈，此即「禮」之最原初的表現。能順此仁心，對我之心靈活動加以限制，使得他人之生命心靈有與我平等之地位，此即「義」之最原初的表現。在此同時，我自覺的從我所本已實現或身入其中的主觀心靈狀態中，超越地退屈而出，改以一客觀無人我分別的清明狀態，對於他人與我的活動或處境有了客觀的理解，這便是「智」之精神最原初的呈現。

因此，可知道德價值都可立基於良知仁心之感通。唐先生說：

> 此人之有同情共感之仁，恭敬奉承之禮，平等待人我之義，清明能
> 知之智，固亦人之心靈中原有之性情之表現而可由此以言人心與其

　　　　《中西哲學思想之比較論文集》（v11, 1941），頁139。
〔註113〕引自前書，（v11, 1941），頁139。
〔註114〕引自《生命存在與心靈境界（下）》（v24, 1976），頁178。

原始的性情之善者也。〔註115〕

2. 聖賢之德即天德流行

唐先生指出：良知仁心之感通的實現，先存在於道德心靈的主體，成就其主觀的道德意義。但如果良知仁心之感通能落實在孝悌忠信等之倫理關係中時，則人的德性就有了客觀的意義與價值。如果能發揮仁心之無限心量而立德、立功、立言於歷史文化之中，道德人格便有其更高的客觀意義與價值。

傳統儒者常常在人倫的道德實踐中，體驗其貫通於宇宙性的意義與價值。因此，把父子兄弟之間情感的融洽稱為「天倫之樂」，把夫婦的兩性結合配合「乾坤之定位」。把先賢忠烈節義之義氣的表現，視為「天地之浩然正氣」。在聖賢的心懷意念中，見「天地之和氣元氣」之表現。所以，在儒者的觀念中，人的道德實踐與宇宙的存在意義是相關連的。

聖人之有德，以其高明、博厚、廣大、悠久之心量，涵蓋持載廣宇悠宙於一切人格世界之德，皆能知之而愛之敬之，至於其極，足以與古今四海一切有德者之人格、心靈、精神相遙契感通而不見隔閡。通貫之為一純亦不已之天德流行。〔註116〕

（二）無限心量之超越的感通與超越的信心

1. 超越的感通

唐先生指出最充實圓滿的宗教精神之展現，源於人之超越性的最高表現。唐先生以「超越的感通」來表示人的這個超越向上的向度。我們可以用唐先生描繪人之仁心客觀化為天心的歷程來表示人在此的超越性。這是一種對人本身之「無限心量之具體內容」的領悟：

> 夫然，顧客觀天心之被建立與否，可唯視吾人是否能客觀的表現：吾人所直感之「我心與自然與他心之貫通而統一」，即可立天心。我心與自然與他心之貫通乃仁心之所感也。客觀化此仁心之所感，即見一天心。孔子曰：我欲仁而仁至。仁至即仁心至。仁心至，而客觀化此仁心之所感，則天心至。〔註117〕

〔註115〕 引自前書，頁178。
〔註116〕 參閱前書，頁185。
〔註117〕 引自《中國文化之精神價值》（v4, 1953），頁533。

這種無限的心量是由人的道德本性中至性至情的所自然呈現。也是透過最高之道德實踐的真切反省所深深服膺而逐漸發展出。而發展到最極限的境界時，足以「一體之仁」懷抱「民胞物與」的胸襟來仁民愛物，以融貫耶穌的博愛與釋迦之慈悲。更能貫通古今，表現出對聖賢之崇敬；通幽明之際，表現出對祖先鬼神之崇祀；更通造化之原，表現出對「天」或「上帝」（即「無盡深淵之生生化化之原」）的崇敬。〔註118〕

2. 超越的信心

唐先生指出：宋明儒家的心性之學比早期的儒家更能意識到精神生活發展的內在障礙。宋明儒家在愈深入內省其內心世界時，便愈醒覺到深植而隱藏在內心之中的所謂「不誠之意」，諸如：私欲、習性、執著、意氣、機心等對於我們精神生活發展的阻礙。〔註119〕

再者，人的思想作用的功能，雖然超越時空與具體的事物，可以抽象的、不斷的推演。但是思想作用與存在事物之間卻存在著辯證矛盾的關係。特別是超越主客觀的境界作為思想作用的對象時，雖然思想作用，即便是哲學的思惟，可以有幫助理解的助力，思想作用本身也可以不斷的超升自己以求上進。〔註120〕但最後仍然有其「不可思議」的絕對境界，非思想作用所能理解。

唐先生指出超越之道在於「超越的信心」〔註121〕：人之所以能相信道德理想未實現而終將實現；人之所以能相信超乎人的知識與感覺經驗所能證實的宗教信仰為絕對的真實，都是立基於這超越的信心。

超越的信心則來自於人性中憤悱向上的好善惡惡之性情。唐先生說：

> 此所說之好善惡惡之情，乃以惡惡成其好善，亦以好善成其惡惡之情。勃在此情之中心看，其一方惡現有之惡，一方好未有之善，即

〔註118〕唐先生信心充足地以儒家之肯定三祭，在原則上即能成就這種「超越的感通」。但唐先生也自做謙詞說：這也許只是「過於高遠，不足以取信於當今之事。」、「尚不能見諸行事，而只能託之空言」的理想而已。參閱《中華人文與當今世界（下）》（v8, p477），頁477。

〔註119〕參閱《哲學論集》（v18, 1990），頁394。

〔註120〕唐先生言：「哲學之思維之所以能開啓此信心，在人可由哲學的思想以知理想之有一必然趨向於實現之動力。此動力，乃通主觀與客觀世界之一形而上之生命存在與心靈，自求一切合理之理想之實現之動力。」參閱《生命存在與心靈境界（下）》（v24, 1976），頁493。

〔註121〕參閱前書，頁492。

> 爲憤悱之情。憤爲好善，悱即惡惡。亦爲一惻怛或惻隱之情，或肫
> 肫其仁之情。……此具憤悱、惻怛、惻隱之情之心，或具好善惡惡
> 之情之心，乃人實感「當然與一般之實然之相對，而於此相對之中
> 樞，使一般之實然，由其不合當然，而成非實，而使合當然者，由
> 似非實，而成爲實，以見此能生起當然之理想之原之爲實」之一人
> 心之活動之能。此言惻隱、惻怛、肫肫其仁之情，乃儒者言心最親
> 切之語。〔註122〕

　　天生性情的自然流露，純粹來自於人的天性、天情。有其形上的根源，以促使人對於理想價值的嚮往，生發一種「超越的信心」。這種信心，超越人現有的思惟知識與行爲實踐所能證實的範圍，而確信合理想的事物終將趨向於眞實，不合理的事物終將趨向於不眞實。更相信無窮的理想價值，在無窮的嚮往歷程當中，終能實現。在這確信中，他們所信仰的「上帝」或「天道」不再只是思辯上的理念而已，而是眞實地存在於人的心靈所愛慕嚮往的性情活動之中。唐先生說：

> 由此思想之歸於見得所生起之理想之實，與其形上之本原之性命本
> 心之實，以終成其信心，即可更本此信心，以契入其本原，更使此
> 本原，緣此信心而流行，更生起理想，以有「求不合當然之一般之
> 實然成非實」之實感。此實感中之惻怛等情，即足形成此人之合理
> 想的生命生活之擴充，至於不息而無窮，以成己而成物，使一切不
> 合當然者，皆由人之實感其當由實成不實，與此感中之有此惻怛等
> 情所導致之行爲事業，以使其成非實，而使當時者成實。〔註123〕

　　筆者認爲：唐先生這裡所論述之「超越的信心」已超出了哲學思辨或道德實踐的領域，而屬於宗教信仰的境界了。

（三）兩種形態的性情形上學：絕對論與相對論

1. 論形上學理性思惟的偏限

　　形上學的思惟，如果仍然停留在純粹思辯的思考方式，則對於「上帝」、「天道」或者世界的「無明」、「罪惡」是否存在問題，將無法擺脫循環論證或康德所謂二律背反的詰難。再者，純思辯的形上學思惟，只能成就一種觀

〔註122〕引自前書，頁494～495。
〔註123〕引自前書，頁495。

照的理智活動，無力促使形上理想能實現於現實世界之中。

2.「性情」是一種即知即行的心靈活動

因此，唐先生援引中國先哲之所謂「性情」，指出人的心靈對於有價值的對象，會自然產生愛慕之情。這種好善惡惡、憤悱向上之性情的自然流露，是一種即知即行的心靈活動。它所感知的價值理想，作為既眞實又應當的命令，先實現於內心，再求被實現於現實世界。

3. 絕對論與相對論

在東西哲學史之諸大哲學體系的形上學之中，一般都有「絕對論」與「相對論」兩種思考進路的區別。唐先生認爲兩者都是人類最高智慧的產物，可以相貫通而更迭爲用，而同爲唐先生所尊尚。唐先生在《生命存在與心靈境界（下）》中說：

> 在人之形上學之思想，又有本質上之二型之分。即以形上眞實包涵現實世界之絕對論，與以形上眞實與現實世界相對之相對論之分。
> 然在後者中，其以形上實在與現實世界相對者，乃以形上眞實爲主，現實世界爲從此主而轉者。〔註124〕

唐先生所提出之性情形上學，也有絕對論與相對論的區別：

（1）絕對論

如果順著性情的自然要求，超越的信心必然肯定一切人都有「成聖的人性」；或者一切眾生都有「成佛的佛性」；或者一切人都有「與上帝同在的神性」。確信這是「形上的至善光明本原」也是「絕對的眞實存在」。有了這個確信，便一心只見這「絕對的眞實存在」，而無視於現實世界之不合理的存在。這是屬於「絕對論」。唐先生說：

> 此不同進向之思想之根原，在吾人有上述之由先感一當然之理想與實然世界之相對，而有好善惡惡之惻怛性情之表現，更順此性情而生之願望，以形成之形上學與宗教信仰之後；則人又必須化除此相對，以歸於見一爲一切至善之光明之原之絕對眞實，更不見有其他；而此世界之一切不善者，即只爲此絕對眞實之一時之表現，而其本身爲虛幻無實者。此即歸於絕對論。〔註125〕

〔註124〕引自前書，頁510。
〔註125〕引自前書，頁511。

（2）相對論

如果把「絕對的真實存在」與現實世界的種種不合理連結起來，相對立來看，而一心以化除此現實世界之不合理，以歸向於「絕對的真實存在」，則屬於「相對論」。

實際上，這兩個進路可互相貫通而相輔相用。唐先生對於孟子、荀子心性論；明道、橫渠天人之道；象山、朱子修養論；甚至華嚴、天台有關佛性、判教理論的綜攝。即是貫通絕對論與相對論，而使之相輔相成。對唐先生而言，性情的形上學的建立，最主要的目的是要開啟一條結合宗教信仰、哲學理念與道德實踐的安身立命之道。

三、人的天路歷程：盡性立命之道

唐先生比較了三教的不同人生態度，以對比出儒教的不同。他指出：(1)佛教對於人生的態度是透視人生的煩惱與痛苦，根源於對於自我的執著（我執）與對於世界的執著（法執），啟發人追求以智慧和修證脫離煩惱與痛苦，並洞見宇宙人生的偶然與無常，以呈現一個「涅槃清淨」的精神世界。(2)基督宗教則正視世界普遍存在的罪惡，相對於必然存在的上帝，人作為偶然性的存在，無法徹底的克服世界與自己的罪惡，而不得不求之於上帝的救贖。(3)儒教則在面對這人生的煩惱、痛苦與罪惡的無常與偶然性之後，當下心思意念一轉，除了接受這現實人生的順境或逆境是一個不可否認的事實之外，更從中領受了一個有所啟示於「我」的更高意義價值之所在。這個給「我」更高意義價值的啟示，就好像給「我」的「命令」，使「我」在無常、偶然性的人生中，看見一條義所當為的大道。並且使「我」更肯定這現實人生的真實價值。

再者，唐先生把啟示的有所命令於「我」，分成「天命」與「性命」兩種表現形態。「天命」的啟示，表現出從外境如同「上天」的呼召「我」所啟示的命令。「性命」的啟示，表現出從內境之我的靈覺之自覺所啟示的命令。〔註126〕筆者認為在這裡唐先生提出了很有開創性的看法。以下分論之：

（一）「內盡性命以成己」

唐先生指出：盡性立命之道，最重要的根基在於保持這個生命靈覺的靈明。人的生命靈覺，常常在一切內境外境的上一層後面，不斷地予以覺知、

〔註126〕參閱《生命存在與心靈境界（下）》（v24, 1976），頁201。

超越與忘卻。使得生命靈覺能自見其有，自信其有，更能自加奉承涵養，故能自立「命」而盡其「性」。因此，人們要從沉沒陷溺之中超拔掙脫而出，常常先需要一番虛靜自持的工夫，以等待執障消除之後，再進而接待外物。〔註127〕再者，虛靜自持以成己的修養，如果再配合了禮樂生活來涵養性情，則可免於收攝過緊，脫離於外務，而自陷於虛空。這是儒教所重靈覺之自覺歷程以內盡性命所最不同於佛教之處。〔註128〕

（二）「外奉天命以應務成物」

人性所面對的外境，不限於當前之感覺所接觸的自然社會，更涵蓋整個自然社會所由成的歷史文化，甚至為人之想像，思惟所能及之精神世界，都為全幅外境之範圍。此人之盡性立命足以齊家、治國、平天下、參贊天地之化育，人性順應乎無限之天命，足以參與宇宙萬有之無限心量之表現。

唐先生指出人的外奉天命，如同上天對我的呼召，在「殺身成仁」，「捨生取義」的義舉中，最為關鍵。當志士仁人從事成仁取義的犧牲奉獻時，如果能自覺地奉承天命呼召的使命以就死，則表現出其超越的精神價值，以感通契合於千古聖賢之神靈。可以使自我的生命，和通貫古今而悠久無疆的精神生命相連結而永存。

四、禮樂、孝道與三祭的宗教實踐

（一）禮樂的宗教實踐

1. 界定「禮」、「樂」的涵義與其人文價值

唐先生之論禮樂教化，大致出於《禮記》之〈禮運〉和〈樂記〉兩篇。〈禮運〉專論「禮」可以表現與培養人的德性。並且運行於天地鬼神萬物與歷史文化之中。〈樂記〉則通論禮樂之道兼為人之倫理政治和序之道，與天地鬼神萬物和序之道。〔註129〕所以《禮記・樂記》說：

> 樂者為同，禮者為異。同者相親，異者相敬。樂勝則流，禮勝則
>
> 離。〔註130〕

〔註127〕參閱前書，頁 207。
〔註128〕參閱前書，頁 208。
〔註129〕參閱《哲學論集》（v18, 1990），頁 781～782。
〔註130〕引自王夢鷗註譯。《禮記今註今譯》，臺北：臺灣商務印書館公司，1980 年，
頁 494。

> 樂者，天地之和也；禮者，天地之序也。和故百物皆化；序故百物
> 皆別。樂由天作，禮以地制。明於天地，然後能興禮樂也。〔註131〕

音樂中的「宮、商、角、徵、羽」五音各不相同，若不能加以適度的調
和，便無法演奏出優美的樂曲。在人的社會裡，存在著不同的個人、種族、
階級與職業，如果不加以樂的精神的調和便無法組成家庭、團體、社會等組
織體；相反地，如果沒有禮的節制便無法使社會有秩序、上軌道。禮的精神
是要分別上下尊卑、長幼先後之序，故說別異。但是只有別異則會形成人與
人之間的隔閡和距離。因此，還要靠音樂來感發人的性情，引發人的共鳴，
使人的心靈得以溝通而達致和諧融通的效果。〔註132〕

唐先生指出：「禮」是對己對人之實際行為前的準備或態度。禮的精神在
於別異、節制，而相敬重。禮之實現注重行為的開始與終結。所以「冠」
為成人之始，「婚」為家庭生活之始，「喪」、「祭」為人之終。「樂」則出於人
心人情之動，而通達倫理者。樂的精神在於和同、暢通，而使人相親相愛。
〔註133〕禮的精神是要分別上下尊卑、長幼先後之序，故說別異。但是只有別
異則會形成人與人之間的隔閡和距離。因此，還要靠音樂來感發人的性情，
引發人的共鳴，使人的心靈得以溝通而達致和諧融通的效果。〔註134〕

如果我們延伸禮樂的精神涵義，則在歷史文化之中，凡義禮與言詞之所
以有別的，都是「禮」之有序有別的精神表現，其成就在於相敬重之德性。
凡義禮可以互相貫通，言詞可以互相涵融生成的，都是「樂」合和的精神表
現，其成就在於相親相愛之德性。這是禮樂精神之所以涵養人文教化的精神
價值所在。相反的，如果禮樂教化喪失了內在的真實內涵，而淪為虛偽的文
飾，則人文教化的精神價值涵養，終將蕩然無存。〔註135〕

2.禮樂生活之教化，乃良知仁心之客觀實現

良知仁心之真性情的自然流露，足以客觀地表現在文化活動，特別是禮
樂生活之中。反之，人之性情之所以能憤悱向善，也需要塑造陶養的環境，
並落實在具體的日常生活之中。舉凡飲食、衣服、儀表、應對禮儀、倫常之

〔註131〕引自前書，頁497。
〔註132〕參閱林安弘著，《儒家禮樂之道德思想》，臺北：文津出版社，1988年，頁60
～61。
〔註133〕參閱《中國哲學原論——原道篇（二）》（v15, 1973），頁94、126。
〔註134〕參閱林安弘著，《儒家禮樂之道德思想》，頁61。
〔註135〕參閱《中國文化之精神價值》（v4, 1953），頁498。

道，都可以陶養順乎中和的性情，足以變化氣質，引人向善。

　　禮樂生活之教化，不只在教導人要求行爲舉止之合規矩。更要培養人的氣質、儀表、顏色、態度、舉止、言語之可敬愛。這是理性生活與感性生活的結合。可以從幼年開始，使人格的陶養在不知不覺中，養成親善遠惡的習性。〔註136〕

　　唐先生進而指出禮樂生活即天地乾坤之道。如〈樂記〉言「大樂與天地同和，大禮與天地同節。」，天地萬物之「流而不息，合同而化」表現出樂道精神；天地萬物之「天高地下，萬物散殊」表現出禮制精神。可知人間禮樂之道本身，即可貫通於天地萬物與鬼神之道。

　　林安弘先生指出：〈樂記〉採取《易經繫辭傳》上「天人同德」的天道論觀點，來說明禮樂之道即是天地之道，而奠定了禮樂的天道基礎。天地之間最深奧的道理，最崇高的德性，都可以由禮樂之道所表現出；聖君賢相也可以藉此以施行教化，所以說禮樂之道便是天地之道的闡揚了。所以〈樂記〉說：

　　　　禮樂偵天地之情，達神明之德，……是故大人舉禮樂而天地將爲昭

　　　　焉。〔註137〕

　　林安弘先生指出：〈樂記〉內通人性、上達天道、外通政治的禮樂教化，有三個原則是先王制禮作樂的基礎，也是教化的最高準則：(1)基於人性的原則。〈樂記〉：「先王本之情性，稽之度數，制之禮義。」(2)符合中和之原則。樂記「合生氣之和，道五常之行，使知陽而不散，陰而不密，剛氣不怒，柔氣不攝，四暢交於中而發作於外，皆安其位而不相奪也。」(3)循序漸進之原則。〈樂記〉：「然後立之學等，廣其節奏，省其文采，以繩德厚。律小大之稱，比終始之序，以象其事行。使親疏貴賤長幼男女之理，皆形見於樂。」〔註138〕

（二）孝道的宗教實踐

1.儒教以孝道為一切仁愛慈悲的根本

　　各宗教都有教孝，但唯有儒教以孝道爲一切仁愛慈悲的根本。人之仁心最親近的對象，便是生我養我教我的父母。唐先生說這是仁心最原初最眞切

〔註136〕參閱前書，頁225～226。
〔註137〕參閱林安弘著，《儒家禮樂之道德思想》，頁119。
〔註138〕參閱前書，頁121。

的感通，是一切人與人之仁心可以同情共感的起點。唐先生說：

> 此則爲儒家能眞知父子兄弟之情爲天性，其倫爲天倫，而以孝弟爲
> 仁之本，百行萬德之本。亦唯在中國文化中，能將此父子兄弟之天
> 倫之義，推及於一切人倫關係中。故師如父，而學生如弟子，賢君
> 保民如保赤子，民仰之如父母，朋友以兄弟相稱，詩經言宴爾新
> 婚，如兄如弟，而夫婦亦兄妹也。即中國佛教徒，亦稱其師曰師
> 父，傳其道者爲弟子，爲法裔。此皆原自儒家之重孝弟之道而來。
> 〔註139〕

2.「反本報恩」的超越精神

父母之養育子女，有其出自生物延類本能之自然勢力。反之，孝之源於子女對於父母養育之恩的回報，則全不依生物延類之本能而發，而是生命心靈之先感通於父母之愛。而由內心之至性至情所自然生發的感恩念頭。這是人性反本報恩的精神表現，也是人性一切德性得以超越向上的基礎。唐先生強調這種對父母養育之恩的回報是一種人由自然生命超越，以反本上達精神生活，乃至生命根源的開始，是一切德行之所以可能的基礎。〔註140〕唐先生指出孝道表現出最原初的自我超越之精神，唐先生說：

> 人之孝父母，根本上爲返於我生命所自生之本之意識。人何以當返
> 本？因人必須超越自己之生命以觀自己之生命。（此種超越自己以
> 觀自己，乃萬善之本）而人超越自己之生命以觀自己之生命，即必
> 須認識「我如是之生命之存在，自時空中觀之，非自始即存在者。」
> 「我在未生以前，我不存在。我之存在乃父母所誕育，父母之一創
> 造。」〔註141〕

3. 仁心感恩推擴之道

有了這個起點，儒教注重推擴之道。由感恩於父母，而縱橫推擴及於兄弟敬長之倫，夫婦之倫，更及於縱向之祖父母、祖先和橫向之親戚家族。更

〔註139〕引自《生命存在與心靈境界（下）》（v24, 1976），頁180。

〔註140〕唐先生說：「此人之有孝，乃是人之有子孫之生殖，以成其自然生命之流行後，子孫之生命心靈之再溯流而上，以成此自然生命之前後代間之感通。故人之生命中之孝弟之心，乃人生命中之心靈，自超越其已有之自然生命，以反本上達，至於其生命之原之心。」引自《生命存在與心靈境界（下）》（v24, 1976），頁181。

〔註141〕引自《文化意識與道德理性》（v20, 1958），頁74。

向外成立朋友、君臣之倫理關係，再普施博愛之情義於世人。唐先生推崇此推擴之道，有勝於基督教之博愛與佛教之普度有情。唐先生說明其理由為：

> 人之廣度之情義，若不為對方所感受，更有回應，以使情義互相反映，以增其深摯與篤厚；則此情義只一往向外發射，將以無一定之感受之者而分散，亦可以無回應之者而消沈。故人之情義必先在一定之個人與個人之倫理關係中，互相反映，以成恩義，然後此情義得其養。既得其養，而至於深摯篤厚，然後可言普施博愛。〔註142〕

筆者認為「差等的愛」和「平等的愛」之間，在現實生活中所發生的果效，與中國封建家族文化的種種流弊，實有再予以反省之必要。孝道是否足以推擴出所有的德性，也是一個有待考慮的問題。筆者認為孝道只是一個可以證實人性之仁心的存在，使得人有別於禽獸的起點而已。要把孝道擴大地作為推擴仁道、人倫，甚至建立社會政治的基礎，則是具有諸多困難的。因為雖然孝道的反本報始的精神，有其人性仁心的普遍性與根本性，但是孝道在現實世界的具體實踐，即落實在家庭中之回應父母一己之私的親情之愛時，是具有侷限性的。而且社會、政治或國家之組織結構的組成，不同於家庭純粹建立在親情之上，他們另有其組成的條件，絕非單憑孝道的推擴所能致其功的。

（三）三祭的宗教實踐

1. 祭禮的意義

祭禮的意義首先在於人與神靈之間的交通。再者，則是生死隔離間顧念之情的相感通。〔註143〕最後則為人之達其誠敬，以契合於生命存在之根源。〔註144〕所以祭禮是最重大的禮儀，有其宗教與道德的意義。

2. 三祭的宗教涵義

唐先生認為諸多祭禮之中，有最能表現人的敬意的三種祭禮。這也是儒教之宗教精神的核心所在。唐先生說：

〔註142〕參閱《生命存在與心靈境界（下）》，頁184。

〔註143〕《荀子·禮論》：「故曰：祭者，志意思慕之情也，忠信愛敬之至矣，禮節文貌之盛矣，苟非聖人，莫之能知也。聖人明知之，士君子安行之，官人以為守，百姓以成俗。其在君子，以為人道也；其在百姓，以為鬼事也。」引自李滌生著，《荀子集釋》，臺北：臺灣學生書局，1979年，頁451。

〔註144〕參閱前書，《生命存在與心靈境界（下）》，頁210。

> 然依儒家之義，一切禮之大者，則為祭祖先、祭聖賢忠烈、及祭天
> 地之禮，吾嘗稱之為三祭。人之敬之大者：對其自己生命所自生之
> 本言，莫大於敬其宗族之共同之祖先；對人之道德生命、文化生命
> 之本言，莫大於敬一切聖賢忠烈之人格與德性；對人與萬物之自然
> 生命之本言，莫本於敬天地。〔註145〕

這是祭祖先〔註146〕、祭聖賢、祭天地，所謂三祭之所以成立的意義所在。三祭之理念頗能表現出儒教範圍天地人三才之道的宗教精神。如果推求這種精神的根源，乃是把孝道反本報恩的精神推乎其極的結果。再者，三祭的宗教精神之相貫通處在於祖先、聖賢與天地同是人的生命根源。

林安弘先生從四個意義肯定周公的祭天已具「報本反始」的孝道觀念。這四個意義是：(1)以祖先配享天帝的禮節日趨普遍流行於諸侯。(2)此祭祀活動中的道德意義，成為日後道德實踐的根本。(3)藉追念祖先的功德以教化子孫。(4)提升古聖先王的地位，並使孝行與祭祀結合，塑造了中國文化獨特的人文信仰。《禮記郊特牲》：「萬物本乎天，人本乎祖，此所以配上帝也。郊之祭也，大報本反始也。」《孝經‧聖治章》：「昔者，周公郊祀后稷以配天，宗祀文王於明堂，以配上帝。」可知天子郊祭之禮的意義已有「報本反始」的三個層面的含意：(1)感懷上天創生萬物之德澤。(2)反省先祖創業之艱難。(3)孝道之教化。〔註147〕

筆者認為：人之達其誠敬，以契合於其生命存在之根源，即三祭之對象，應區分為不同的三個層面：(1)從個人之自然生命，上朔血親之源，莫大於敬其祖先；(2)從人的精神生命，上朔道德文化之源，莫大於敬一切聖賢之德性與人格；(3)從人與萬物共同之生命，上朔一切生命存在價值之根源（包含了所有物質世界與精神生命），莫本於敬天地。因此，三祭雖同是對於存在根源的反本之道，但是，卻可分別為三個不同的層面：即面對著(1)自然生命(2)道德與文化生命(3)一切的存在與其價值，三個層面之不同根源。這其間所含

〔註145〕引自《文化意識與道德理性》（v20, 1976），頁210。

〔註146〕祀祖的開始，據《禮記祭法篇》及《國語》的記載，認為是有虞氏，惟當時之祭祖主要根據功德，不是血統。到了夏后氏之後「郊鯀而宗禹」才算正對祖宗而祀。殷人則有「祖契而宗湯」迄至周初，祀祖才算是真正有孝道的教化意義。林安弘著，《儒家孝道思想研究》，臺北：文津出版社，1992年，頁12～13。

〔註147〕參閱前書，《儒家孝道思想研究》，頁14～15。

差異之意義所在，卻未爲唐先生所重視。如祖先應只是人之自然生命，即血親之根源，而人的道德與文化生命則另有其不同的根源。這是我們從新探討孝道問題的一個關鍵。而天地則不只是人與萬物之自然生命的根源而已，應是人與萬物一切生命存在，舉凡物質的、精神的存在或靈性的存在之共同的根源。

　　當然至性至情的眞實呈現本身，是不分高低貴賤的。例如個人對父母的孝思與個人對於聖賢人格的崇敬，在最原初的性情的流露中，是相感通而無所分別的。但是不同的情感具體地實現在生活世界的不同領域中時，則表現出現實中不同的侷限性。因此，筆者認爲把三祭的崇拜內涵給予不同層面的區分是必要的。

　　筆者認爲能區別出三個層面的不同之處，才能給予適當的價值肯定。例如：祖先作爲我們自然生命的根源，所給予我們的精神，德行與恩情，當然足以作爲我們反本崇敬的對象。但這裡面有「血緣之親」與「個人之私」的成份，只能屬於一個家族或宗族。例如雖然對父母的「孝敬」之反本崇敬的精神內涵本身，是既具體又普遍的具備在每一個人的本性中；但是這精神內涵的具體實現，則呈現出某種「主觀性」和「個別性」。除非某個人的生命，其道德人格的具體表現，超越了其一家一族的「個人之私」的侷限性，足以感召家族之外的世人與後人，如大禹治水之忘其私。這種聖賢人格之精神價值的普遍性與超越性，才能高於祖先的崇拜。再者，對於一切人與一切生命存在價值之共同根源的「天地」的崇敬，不僅具有更高的普遍性與超越性，且具有了更基本的根源性。故它應該高於對祖先、聖賢的崇敬。

　　鄭家棟先生也認爲對自然情感的肯定和尊重是儒家思想的重要特徵。他說：

> 孔子的仁的出發點正是以血緣爲基礎的自然情感，也正是這一點決定了孔子的仁愛與基督宗教的「博愛」和佛教的「慈悲」之間的根本差異。基督宗教的博愛和佛教的慈悲都是超人倫的，儒家的仁愛則是以對現實人倫關係的肯定爲前提，因而它必然包含了某種差別性，包含了由血緣情感和現實倫常關係所決定的差別性，孟子所說「親親而仁民，仁民而愛物」，正是指謂此種差別性而言。〔註148〕

─────────────

〔註148〕引自鄭家棟著，《當代新儒家論衡》，臺北：桂冠圖書股份有限公司，1995年，頁210。

　　筆者認為儒家重視孝道的結果，雖然凝結了中國傳統堅固的家族主義，成為穩定社會倫常的一大股力量；也不可否認地感發了人性反哺報恩的不少孝心孝行。但是孟子「老吾老以及人之老；幼吾幼以及人之幼」推擴之道的倫理規劃，與〈禮運大同篇〉：「不獨親其親，不獨子其子」的大同理想，卻至今無法突破家族主義的「血緣之私」的拘陷。中國傳統文化的現實社會之所以特別重視關係網絡的聯繫，諸如：「同宗」、「同鄉」、「同窗」、「同僚」的親疏遠近關係；卻未能正視人的人格的獨立性與個體性，便是由這家族主義基於血緣之私的文化傳統所延展而出。

　　林安梧先生在進行中國傳統社會的省察時，也指出儒家傳統一直被拘陷在這個「血緣性的縱貫軸」之中。他認為整個周代的禮文教化便是在這個血緣性的縱貫軸的基礎上展開。而儒家的開創者孔子想要建立一個理想的道德教化政治，即人人能親其親、長其長而歸於天下太平的理想政治，還有孟子開拓王道仁政的理想和民貴君輕的政治理念，也都是以這個血緣性的縱貫軸作為其思考問題的基礎，再予以推擴而出。但是林安梧先生指出：

　　　然而若縱觀儒家這些理想，我們似可發現彼等於權力之問題皆未能
　　　有一恰當而合理之解決，仍然陷在血緣性縱貫軸原先的泥淖中，難
　　　以自拔。〔註149〕

　　筆者認為，我們應該從人作為人的普遍性，即平等、獨立的人格著眼：每一個人無論親疏貴賤，不分男女老幼，也不比德行學識的高低多寡，都具備了獨立自足的人格與尊嚴。如基督宗教之以所有的人都是上帝的兒女，故稱上帝為「天父」，在上帝面前人人一律平等。人與人之間的關係有如手足，所以教徒以兄弟姊妹互相稱呼，亦彼此視為連結於基督的肢體。這種看法最能表現出人格的平等和人與人之間的連結。橫渠之言「民胞物與」，更把天地看成萬民共同的「大父母」。這與基督宗教的講法已相當接近。明道之直接以「天地一體」如同「肢體」的感通來解釋「仁」，並不透過「上帝」或「天地大父母」的關連。這三者的思惟向度能立基於人的普遍性的人格，把這個普遍性的人格作為第一義的人性，都有其積極正面的意義。

　　因此，筆者認為，「孝」不宜作為發展人性諸多德性的最根本的德性。父母之疼愛子女，子女之孝敬父母，雖然是最原初、最貼近的人性經驗，其中

〔註149〕參閱林安梧著，《儒學與中國傳統社會之哲學省察》，臺北：幼獅文化事業公
　　　　司，1996 年，頁 136。

當然也具有人格的普遍性，但其中卻也必然隱含著分別親疏遠近的私心。如
果把一切的德性都寄望在由這「孝」德所引申而出，將會成為只是一個無法
實現的空洞理想。

第七章　結論：論儒教理論作爲一種人文宗教理論的局限性

引言

　　唐先生對於宗教意識的分析及與道德意識所做的對比，不可否認地具有了無比的啓發性。唐先生所勾勒出理想中的「圓滿的人文主義」，已表現出「宗教信仰」這個領域對於文化創作的重要性。唐先生對於儒家傳統義理的思想傳承，及融合「道德實踐」、「哲學思辨」與「宗教信仰」於一爐的思想體系，也表現出其不立門戶、兼容並蓄的綜攝精神。再者，唐先生對於「儒教」的界定，與其所規劃「通天地人三才之道」的人文宗教的理想，是如此廣大悉備地綜攝了基督宗教之「高明配天」、佛教之「廣大配地」與儒教之「挺立人極」的宗教精神；也就是基督宗教之天國嚮往的「超越精神」，佛教之解脫智慧的「平等精神」，與儒教之道德實踐的「人文精神」。最後，唐先生的「天人合德論」亦開啓了一條人性可以「外奉天命、內盡自命」以與天地合其德的天路歷程。

　　筆者感念於唐先生之思想理念的啓蒙，不量淺薄之學力，願就唐先生以天人關係爲主軸的儒教理論，嘗試提出三個命題予以進一步的反省：(1)「儒教理論是以道德意識爲中心的人文宗教理論」(2)「儒教理論對於『人的有限性』的認識不夠透徹」(3)「儒教理論未能開顯天道超越的豐沛動力」，由此三點俾能有所盡力於唐先生之儒教理論的發展。

第一節　儒教理論是以道德意識爲中心的人文宗教理論

一、儒教理論的道德意識與宗教意識之分辨

在本文第三章中，筆者已就道德意識與宗教意識做了一番分辨。道德意識之所以爲道德意識，在於自我對自己的道德理性懷抱著絕對的信心。相對於宗教意識的超越性，道德意識也表現了超拔於自然的欲望自我的超越性，和超越於理性自我的超越性。但是道德意識的這種超越性源於其自立自律的主體性所表現出絕對的自我肯定，是內在於其道德的主體當中。這是執守人性的主體意識而自求超越的超越性（自我超越）。宗教意識則以其虛己意識走出了自我主體的侷限，以「超越眞我」所生發的崇拜皈依意識與「絕對精神實體」相融合。這是一種超越主體性的超越性（超越自我）。可知這兩種超越性是截然不同的。道德意識以其肯定道德理性的主體性而內在於人性的主體意識之中；宗教意識則以其「超越眞我」與「絕對精神實體」之融合的超主體性超越於人性的主體意識之上。所以奧陀區分「完善」（completely good）與「神聖」（holy）的不同性質。「完善」指稱一種絕對的道德性質，是呈現道德意識的最高目標；「神聖」則有其特殊的宗教性質，屬於宗教意識的嚮往對象。

再者，唐先生在「心通九境論」中對於「超主觀客觀境界」的論述，充分表現出「天人之際」超主客觀的嚮往，即超越人類之感覺經驗或理性思辨之上之心靈內在眞切的超越精神的要求。故唐先生能會通儒教之「本心本性」、佛教之「佛心佛性」與基督宗教之「天心神性」。他認爲這三個不同的名詞，實際上是人從三個不同的角度去看同一形上的本體，所形成的三個不同的形相。它們所指涉的對象都可以作爲成聖的根據。更在三教之宗教精神與理想的闡揚上有其分疏與融合之功，以及保障一切宗教的成果。唐先生說：

> 依儒家之義，則於人未至聖人之德處，亦許人說有人德以上之天德、上帝之德之超越於人德之上。然必兼說此天德即性德，天心神心即本心。故人盡性盡心而立命，以成聖，則聖即同於天，同於上帝，而亦視聖如天如帝。故能兼綜上述一神教與佛教之二義，其說最爲圓融。……依儒家義，則人當下之本心本性，在人未盡之之時，

亦是潛隱，而屬私，然當人盡心盡性，而全幅顯現，則亦必普萬物
而無私。〔註1〕

葉海煙先生精確地指出了唐先生的終極理想與信念所在：

唐氏基於人文心靈，以精神境界宣說宗教之奧祕，故以「天德流行」
之盡性立命之境，將一切宗教之精神作最淋漓盡致的實現。表面看
來，唐氏儼然是以儒教爲最高級的宗教而取消一切之宗教；其實不
然，唐氏是以其波瀾壯闊的生之哲學，保障了一切宗教，也同時證
成了人之本然的超越性。〔註2〕

二、儒教理論是以道德意識爲中心的人文宗教理論

筆者從分辨的角度來看，唐先生之所以以儒教的義理最爲圓融，仍然是
以道德理性的肯定，即「本心本性的自覺」作爲最後的與最高的依據。唐先
生說：

吾人尚須由此信仰本身之自覺，而生一自信。即自信吾人之能發出
或承擔此信仰之當下的本心本性，即具備、或同一于、或通於此信
仰中所信之超越的存在或境界，此信仰中之一切莊嚴神聖之價值之
根原所在者。即吾人於此，不能只是一往依其心靈之無限性超越
性，以一往伸長，以形成種種宗教信仰。且必須有一心靈活動之大
回頭，以自覺此信仰，而在回頭驀見此信仰中之一切莊嚴神聖之價
值，皆根於吾人之本心本性之自身。〔註3〕

唐先生所闡發人對於本心本性的自信，即對於「超越的自我之本體」
的自信。他以一切莊嚴神聖的價值，都根源於人性的這個「超越的自我之
本體」爲最後的根據，此外別無根據。此時唐先生所謂的「本心本性的自
覺」，正是一種道德意識之內在自發的自覺。表面上看來，唐先生雖然證立
了一切的宗教向度，但是唐先生最後的肯定仍然是在這實現內在之超越性的
道德意識，卻不是源於虛己意識所生發的崇拜皈依意識。唐先生對於道德意
識的終極肯定，與馬里坦所指出的近代之「理性主義」盡心維護著人格之內
在性（immanence）與自律性（autonomy），與人性本質的善，基本上是同一
步調的。

〔註1〕 引自《生命存在與心靈境界（下）》，頁352～353。
〔註2〕 引自葉海煙著，《道德、理性與人文的向度》，頁137～138。
〔註3〕 引自《中國人文之精神》（v6, 1957），頁368。

如果我們進一步尋問為什麼有限的人足以有此「本心本性的自覺」？又人的這種自覺是人所自己生發的，別無來源？人性的不同實現是否都能夠靠著自己引發一致的自覺？如果把絕對的信心放在人的本性本心的自覺上，這種超越性除了表達出人的理想與嚮往外，當人無法生發；或者生發了這個內在的自覺，卻不能實現於現實生活中時，這個自覺的根據與支持在哪裡？筆者認為，雖然真正的宗教意識中也須透過人的內在的自覺（即超我意識）來表達出，但是在真正的宗教意識中，並不是以內在的自覺作為信心的最後根據；道德意識才是以內在的自覺作為信心的最後根據。

唐先生以道德的價值與理想作為一個具有普遍性的客觀理想，是自覺的內在於我們的道德理性之中，也就是這些作為我們實現道德生活的行為規範，是我們的道德理性本身所自己建立的。〔註4〕這道德的自律性也就更能表現出道德意識的主體性。雖然唐先生說：「唯肯定宗教之人文主義，乃圓滿之人文主義。」明確地指出了宗教信仰在文化中的重要性。並肯定宗教是一種「求價值的實現與生發之超越的圓滿與悠久之精神要求或活動」。但是在他的儒教理論中，仍然以道德意識作為最高的文化意識。道德意識不僅能省察與調整諸多文化意識中某些偏差的傾向，如：偏離中心、過度發展、或否定其它意識等，〔註5〕更是一切文化活動之必然的基礎。因此，在唐先生的觀念中，宗教意識仍然只是文化意識中的一部分，且必然接受道德意識作為根本的支配作用。唐先生說：

> 道德理性之為一切求一文化理想之實現的文化活動之必然的基礎，
> 而為支持人類之人文世界之永久存在者。〔註6〕

葉海煙先生指出「道德自我」這個觀念在唐先生的文化哲學與價值體系中的重要性。他說：

> 道德自我乃唐氏作為一人文主義者對一切有關道德之問題，所作的
> 最根本的回應。若吾人肯定儒學為一人學——一立基於人之主體性
> 的體證之學，則此一包含一切人文價值的道德自我，亦即人之主體
> 性之真實意義所係。道德自我的普遍性則預設了人類文化的一切向

〔註4〕 唐先生對自律的看法和保羅·田立克非常接近。田立克把自律的涵意擴大到整個理性。理性的自律持守其內在的理性結構，免於個人的任性或外在權威的扭曲。參閱《文化意識與道德理性》，頁521。
〔註5〕 參閱《文化意識與道德理性》，頁527。
〔註6〕 引自《文化意識與道德理性》，頁21。

度，一切價值之肯定與實現莫不由此。〔註7〕

楊祖漢先生也從康德義務論的道德哲學的角度，強調儒學之所以為儒學
的道德意識。他說：

> 儒學是由純粹的道德的意識而發之學問。而所謂道德意識，是要求
> 自己能相應於道德法則而行的意識。而道德法則，乃是無條件的律
> 令，如康德之所說。求自己能相應於無條件的律令而行，即只是為
> 著行為是應該行的而行，不是為著行為會產生為我想要的結果而
> 行。此是要求引致行為的立意、存心的合理，而不只是要求行為的
> 合理。此如董仲舒所說的「正其誼不謀其利，明其道不計其功」。人
> 能如此，才能顯發出人的真正的本性，才能挺立起人格。因此時踐
> 道德是實現人的真正的自己，成就自己的生命的事，而不是像一般
> 人所想的，是束縛人，壓抑人的事。〔註8〕

雖然唐先生擷取三教最究竟的宗教精神。即儒教之宗教的「人文精神」，
基督教之宗教的「超越精神」，與佛教之宗教的「廣大精神」盡可融合在儒教
固有的終極理想「三才之道」中。但實際上，唐先生仍然以儒教之道德實踐
的人文精神所要建立的「人極」作為最究竟的核心。儒教的道德實踐在其宗
教理論中，是佔著那麼重要的位置，可以說已經凌駕了宗教信仰之上。儒教
的這種重視道德實踐的人文精神其實是源遠流長的，李震神父評論孔孟的人
文主義時說：

> 孔孟的人文主義是完整的人文主義，它的特色是在人道與天道之
> 間，神與人之間，宗教與道德之間，心性與天命之間，內在性與超
> 越性之間，取得一平衡的，不偏不倚的，中庸的發展。但在儒家的
> 思想體系中，道德哲學的地位比宗教哲學的地位更為重要。儒家的
> 人文主義是一種實踐的，倫理及道德的人文主義。

當然，唐先生強調儒教的道德實踐乃依於一個無限的心量而發，是屬於
「超越的道德」。因為道德理想雖然必須透過具體的道德情境來實現，但是道
德實踐的重心，並不執著在現實生活之道德情境中的具體事物，而注重人的
主體中追求道德心性的超越體驗。唐先生指出孔子道德心性的超越性就建立

〔註7〕　引自葉海煙著，《道德、理性、與人文的向度》，臺北：文津出版社，頁119。
〔註8〕　引自楊祖漢著，〈新儒家的道德觀〉，編入《當代新儒學論文集·內聖篇》，臺
　　　　北：文津出版社，1991年，頁247。

在對於「天道」之超越性的體會上。這有如基督宗教中，耶穌基督親證上帝的大愛，所以勇於批判法利賽人「律法主義」的傳統一般，都表現出道德實踐的超越性。

但是筆者認為，唐先生所描素的孔子的超越精神的表現是從人的主體意識出發，由道德實踐以人道上企天道、人德合於天德，而自求超越。這是一種屬於內在於道德意識的超越性。耶穌基督則以其虛己意識，即「虛己」、「捨己」的意識，走出了自我主體的侷限，沒有個人的意志，惟上帝的旨意是聽，並以「超越真我」，即來自於上帝的「神性」，所生發的崇拜皈依意識與上帝相融合而成為上帝的化身。這是一種超越於主體之外的超越性（超越自我）。可知以上這兩種超越性是截然不同的。唐先生建立的儒教理論裡所強調的道德意識，以其肯定道德理性的主體性而內在於人性的主體意識之中；不同於基督宗教的宗教意識則以其「超越真我」與「絕對精神實體」之融合的超主體性超越於人性的主體意識之上。

可知唐先生的儒教理論是以道德意識為中心。這種以道德意識為中心所表現出的宗教意識，可以成為唐先生所批判之種種變形意識之外的另一種變形意識。難怪唐先生所批判的種種變形意識，諸如：求真意識、藝術意識、社會意識等，卻獨缺道德意識。這種以道德意識為中心所表現出的宗教意識沒有唐先生自己所界定的虛己意識，因此也就沒有真正的崇拜皈依意識。而且，這種以道德意識為中心所表現出的宗教意識，無法表現出奧陀所謂對於「神聖」或「奧祕」的「敬畏」與「神往」。再者，布伯分別宗教意識與道德意識的不同：

> 宗教意識直接面對上帝而超越於道德意識之上。道德意識的存在以「實然」和「應然」的衝突為前提，而對世界擔當義務，為他人承負責任；宗教意識則超越了責任與義務，屏除了因責任與自我要求所帶來的緊張不安，銷融了個人的意志，而誠心順從於上帝聖容的光照，並從中消除有限者的諸般衝突與痛苦，更吸取了無限者的沛然動力。〔註9〕

由布伯對於宗教意識與道德意識的分辨，可知唐先生這種「只有我沒有你（神）」的道德意識，自然無法呈現布伯所謂天人之間「充盈純全真實相遇」的關係。

〔註9〕引自布伯著，陳維剛譯，《我與你》，頁85～86。

田立克在論述「道德律的朦朧性」時，指出現實生命中的「道德律」受制於「形式主義的侷限」、「良知的侷限」、「律法主義的侷限」與「歷史的侷限」。因此人的現實生命中的道德律或良知實在無法成爲人類最終理想的依據。其中，對於「良知的侷限」的論述，特別有啓發性。田立克說：

> 若思及無數歷史底和心理學底情形，人不能否認有一個所謂「錯誤的良知（erring conscience）」存在。在傳統和革新、律法主義和自由主義、權威和自律等衝突中，使人的單純信賴「良心之聲」，成爲不可能。隨良知而行，是一個冒險；何況，不隨良知而行是更大的冒險。但是當良知是那麼不穩定時，勢必要這個更大的冒險。因此，雖然隨自己良知而行是比較安全的，但其結果可能是悲慘的，這事揭露了良知的朦朧性，導人去追求一個在短暫生命中僅被片斷地賦予以及由期望方能得到的道德底確定性。〔註10〕

再者，田立克在論述「人文主義的朦朧性（ambiguity）」時所指陳的，正道出了唐先生以道德意識爲中心的人文主義之癥結所在。他指出人文主義並非忽視宗教，而是把宗教包括在人類的潛能性之下，因而把宗教思考爲人類文化的創造，並要絕對化這自我創造的功能。這便否定了生命的眞正的超越性，也就否定了宗教最深層的性格。〔註11〕

第二節　論儒教理論對於「人的有限性」的認識不夠透徹

一、正視罪惡問題的智慧

唐先生對於人的痛苦與罪惡有其眞實的認識，諸如他對於：(1)流俗的毀譽(2)人生的艱難(3)心靈的閉塞或流蕩(4)人生的迷妄(5)死亡的困惑(6)人生的虛妄(7)人生的顚倒等的分析。唐先生也有見於人生苦難有其更深刻的意義：即他體認到人們之所以在現實生活中遭受苦難，乃源於人的罪惡。他本著儒家性善論的立場，對於人性罪惡的根源，作了一番深入而獨特的分析。唐先生以人的罪惡源於：(1)無知的驕傲(2)生物本能的蒙蔽(3)權力意志的放

〔註10〕　參閱保羅・田立克著，盧恩盛譯，《系統神學（三）》，臺南：東南亞神學院協
　　　　　會，1988 年，頁 62。
〔註11〕　參閱前書，頁 111。

任(4)價值的顛倒(5)生命靈覺的陷溺等原因。人能自覺到人本身是因著罪惡而受苦，是一種宗教智慧的呈現，也是一種道德判斷的表達。唐先生肯定這樣的宗教智慧和道德判斷一方面符合了正義的原則；另一方面也使得苦難具備了積極正面的意義與價值。

唐先生的儒教理論能以悲憫與憤悱的性情正視罪惡的存在與勢力，並且憑著「超越的信心」相信罪惡終有被消除的一天，誠屬難能可貴。然而問題是人性之生命靈覺為什麼會陷溺？〔註 12〕唐先生指出人之所以犯罪，乃是為了實踐善，因不知如何實踐善而陷溺於惡。因此，潛藏的權力意志越豐富，卻尋不出正當表現管道的人，便越容易犯罪。這仍然無法解決罪惡的深刻問題。

張灝先生在追溯西方文化的民主傳統時，指出基督教人性論的兩項貢獻之一，即是對於人性具有較完整的看法：

> 基督教人性論正視人性的正負兩面，一方面肯定人性中的「神靈」
> （devine spark）和「理性」，故能進而肯定個人的尊嚴，與人性共同
> 的價值，可以遵守共同的法則，共營政治社會生活。另一方面能洞
> 視人性中根深柢固的墮落趨勢與罪惡潛能。〔註 13〕

張灝先生用「幽暗意識」來稱呼這「人性中根深柢固的墮落趨勢與罪惡潛能」。正是因為這些黑暗勢力的深根柢固，這個世界才有缺陷，才不能圓滿，而人的生命才有種種的醜惡和種種的遺憾。〔註 14〕

張灝先生指出：在中國文化的發展中，幽暗意識雖然不為一般學者所重視，卻仍然作為「樂觀的人性論」的附屬側面而有所呈現。例如：《論語》中「天下無道」的觀念，表現出周初的憂患意識已有內轉的趨勢。而內轉的關鍵在於孔子之主張「人能弘道，非道弘人」。孔子已經把外在的憂患意識歸源於內在人格的昏闇之幽暗意識。孟子以「大體」「小體」的分辨，代表一種「生命的二元論」。宋明理學受了大乘佛學的影響，主張「復性觀」。而「本性之失落與復原、生命之沈淪與提升」的基本前提便是正視生命的兩個層面：生

〔註 12〕例如陷溺於情慾、或純粹知性的活動而否定其它活動，以致成為主體向上超越發展的束縛與局限。

〔註 13〕引自張灝著，《幽暗意識與民主傳統》，臺北：聯經出版事業公司，1989 年 7月，頁 233。基督教人性論的第二項貢獻是造成基督教傳統重視客觀法律制度的傾向。這極有助於民主法律制度的落實。

〔註 14〕參閱前書，頁 4、232。

命的本質和生命的現實。〔註 15〕再者，朱子在人性論上洞視「人欲」在現實上勝過「天理」，與在歷史觀上判定三代以來「堯舜三王周公所傳之道未嘗一日得行於天地之間也」，便是正視人性之幽暗意識的代表。〔註 16〕最後，即使是高舉「良知之教」的陽明亦不得不表露其「學絕道喪」的感受。〔註 17〕而陽明後學中最富樂觀精神的王畿，亦有所體認於潛藏在人性之深層結構中的陷溺與罪咎。〔註 18〕

　　筆者認爲，挖掘中國人性論的發展中對於幽暗意識的省視，更用它來對照基督宗教的傳統所對於人性的洞察，可以幫助我們突破一些關鍵性的盲點，是反省與重建中國人性論的一個很好的契機。

二、論「罪」與「惡」的分別，以及「罪」更深刻的意義

　　當我們探討罪惡問題時，首先要區別「罪」（sin, guilt）與「惡」（evil）的不同。田立克指出聖保羅常用單數論述「罪」（Sin），表達出一種轄制世界的擬人的力量。而眾罪（sins）就是「罪」的各種表現。〔註 19〕前者屬於存有論的概念；後者則屬於倫理學的概念。我們往往用「作惡」或「犯罪」來指稱偏離各種道德律的行爲，這是屬於倫理學的範圍。「罪」則有其在存有論或神學上更進一步的涵義。

〔註 15〕　參閱前書，頁 21～23、57～67。朱子：「以理言，則正之勝邪，天理之勝人欲，甚易。而邪之勝正，人欲之勝天理，甚難。以事言，則正之勝邪，天理之勝人欲，甚難。而邪之勝正，人欲之勝天理，卻甚易。正如人身正氣稍不足，邪便得以干之。」轉引自錢穆著，《朱子新學案》（卷一），臺北：三民書局，1971 年，頁 412。

〔註 16〕　參閱前書，頁 68～69。朱子引文轉引自錢穆著，《朱子新學案》（卷一），頁414。

〔註 17〕　參閱前書，頁 69～70。陽明：「賴天之靈，偶有悟於良知之學，然後悔其向之所爲者。故包藏禍機，作僞於外，而勞心日絀者也。十餘年來，雖疼自洗別創艾，而病根深痼，萌蘖時生，所幸良知在我，操得其要，譬猶舟之得舵，雖驚風巨浪，顛沛不無，尚猶得免於傾覆者也。夫舊習之溺人，雖已覺悔悟，而其克治之功，尚且其難若此，又沈溺而不悟，日益以深者，亦將何所底極乎。」轉引自黃宗羲著，《明儒學案》，臺北：世界書局，1965 年，頁81。

〔註 18〕　參閱前書，頁 71。王畿：「吾人包裹障重，世情窠臼，不易出頭。以世界論之，是千百年習染；以人身論之，是半身依靠。」轉引自錢穆著，《宋明理學概述》，臺北：學生書局，1984 年，頁 323。

〔註 19〕　參閱保羅・田立克著，鄭華志譯，《系統神學（二）》，臺南：東南亞神學院協會，（1971），1988 年，頁 56。

　　周克勤神父援引聖奧古斯丁（Aurelius Augustinus，354～430）的觀念，區分人的「原罪」（original sin）與「本罪」（personal sin）：「原罪」指稱人生來就具有的，一種不再是上帝兒女之身分之人性的特質；「本罪」則指稱人源於自覺自決所犯的種種違反道德律的罪行。〔註20〕

　　依據保羅・呂格爾（Paul Ricoeur，1913～2005）的看法，宗教信仰上的「罪」，是當人面對「上帝」時才會產生的意識。呂格爾追溯「罪」的觀念在猶太民族中的起源，是從上帝與人立約的關係被破壞而來。呂格爾說：

> 罪是倫理之前的宗教情景；它不是一種抽象法則、一種價值的踰越，
> 而是一種位格關連的違犯。……因此罪從頭到尾都是一種宗教情景
> 而不是道德向度。〔註21〕

　　呂格爾指出猶太民族是在體驗被上帝所棄絕的苦難中，才認識到是自己先離棄了上帝，因此產生了罪的意識。此時「罪」作爲「虛無」，象徵著一種否定的力量，而上帝的憤怒所帶來的懲罰或苦難，則象徵著虛無之否定的再否定。再者，罪超越了人的主觀罪咎意識，是人類在上帝面前的集體處境，有其人的主觀意識所無法窮盡的實在性。〔註22〕由此，我們可以理解陸達誠神父所指出人與神之間原先存在著「互爲主體性」之「愛」的連結，卻由於人性的軟弱而被破壞了，這便是罪。因此，「罪」的意識對照著「愛」的意識，並且結合成一個更爲完整的信仰理念。〔註23〕

　　田立克在存有論中對於人在現實存在〔註24〕的「疏離」（alienation）處

〔註20〕參閱周克勤著，《道德觀要義（下）》，臺北：臺灣商務印書館，1970年，頁77、81。「不再是」指出人原先是，後來因人類祖先犯罪而喪失。也就是指人起初與上帝的和好關係被破壞了。周克勤神父指出：人因著原罪，造成「超性道德」（神性道德）與「本性道德」的無能，終致永恆的「超性生命」（神性生命）與現世的「本性生命」的死亡。參閱前書，頁79、89～91。

〔註21〕轉引自柯志明著，《論惡、自我與自由的辯證關係：呂格爾前期主體存有學之研究》，文化大學哲學研究所，博士論文，1997年，頁79。又參閱呂格爾著，翁紹軍譯，《惡的象徵》，久大，桂冠圖書有限公司，1992年，頁54、56。

〔註22〕參閱柯志明著，《論惡、自我與自由的辯證關係：呂格爾前期主體存有學之研究》，頁80～81。呂格爾指出：「囚禁」最能象徵人被捆綁於罪的處境。

〔註23〕參閱〈「儒學與宗教之對話」學術座談會記錄〉，《中國文哲研究通訊》，第七卷第三期，臺北：中央研究院中國文哲研究所，1997年9月，頁56。

〔註24〕田立克以人作爲一個有限的存有者，其現實存在的生命，源於存有論的兩極性的對立，諸如：「自由與命定」、「力動與形式」、「個別與參與」等諸相對要素之動態的平衡中，存在著種種的生命的朦朧性。參閱保羅・田立克著，龔書深等譯，《系統神學（一）》，臺南：東南亞神學院協會，1980年，頁233

境〔註 25〕所作的描述，可以幫助我們理解人性存在的眞實處境。人具有了「有限的自由」：即人有各種與自由相類似的性質，但卻非自由的本身。因爲人已被從他原來從屬的無限性中分離出來。因此，「自然」是「有限的必然性」，「上帝」作爲本質的存有，是「無限的自由」，「人」則是介於兩者之間之「有限的自由」。就是這種「有限的自由」才使人「從本質到存在的轉移」（即墮落）成爲可能。〔註 26〕田立克指出人墮落之後三種最主要的「疏離」處境：

（一）表現爲「不信」（unbelief）的疏離

所謂「不信」是指人在他的存有之整體中，轉身離開上帝的作爲或狀態。在他的存在的自我實現中，他轉向了他自己和他的世界，而喪失他與他的存有及其世界之根源在本質上的合一。〔註 27〕

（二）表現爲「自我高舉」（Hubris）的疏離

「自我高舉」並非罪的各種形式之一，而是罪的整體形式。它使人轉身趨向自我，以自我作爲其本身及其世界的中心。也就是人不承認他的有限性，並且將部份的眞理當作終極的眞理；例如，黑格爾宣稱他已創立了一個包括一切可能的眞理之整體的終極體系，就是他在形上學方面的「自我高舉」。或

〔註 25〕 田立克借用了黑格爾所首創的名詞：「疏離」來描素人類存在的處境。拉內（Karl Rahner，1904～1984），一方面把人看成神的肖像所造；一方面把原罪看成人必須處身於世界、歷史、與人群中的境遇（Situation）。在人從事自由抉擇之前，必然受到種種條件與素材的限制。因此人的本性是具有有限性的自由。參閱傅佩榮著，〈從詮釋原罪到了解人性〉，編入《國際學術研討會論文集：基督教與中國本色化》，臺北：宇宙光出版社，1990 年，頁 56～58。

〔註 26〕 參閱前書，《系統神學（二）》，頁 36。又田立克指出：「墮落的可能性，決之於人類自由一切性質之整體。按表徵的觀點而論，在人裡面的上帝的形象使墮落成爲可能。唯有是上帝的形象之人，才有使他自己與上帝分離的能力。他的偉大與軟弱是合一的。」引自前書，頁 38。又田立克用「潛能」與「實現」的觀念，詮釋「墮落」的象徵意義：「從本質到存在的轉移，並非發生於時間和空間中之事，而是在世間和空間中的一切事蹟的超歷史性質。這一點無論對人或自然來說都是眞確的。「墮落前的亞當」和「被咒詛前的自然」都是處於潛勢的狀態中。它們都不是實際的狀態。實際的狀態就是人在其中發現了自己及整個宇宙那存在，而從來未曾有過一段時間不是如此。認爲人和自然在時間中的一個片刻從良善變成邪惡，乃是一種荒謬的觀念，無論在經驗或啓示中，這種觀念都是沒有根據的」。引自前書，頁 48。

〔註 27〕 參閱，《系統神學（二）》，頁 57。

者有人以同樣的方式，將他們的「有限的善」當作「絕對的善」，如像法利賽人及其在基督宗教和世俗主義中的後繼者一般，隨著這種「自我高舉」以俱來的，將是悲劇性的自我毀滅。如果有人將他有限的文化創作，自我抬舉成屬於終極之事，而看成與上帝的創造性同屬一體。這都屬於「自我高舉」的疏離。〔註28〕

（三）表現為「邪慾」（Concupisentia）的疏離

「邪慾」是就人與他自己及其世界的所有關係而言，它指稱一種「吸引實在之整體來歸向自己的無限企求」。舉凡肉體的饑渴、性的饑渴、知識的饑渴、權力的饑渴、物質財富的饑渴、與屬靈價值的饑渴等都包含在「邪慾」的範圍裡。〔註29〕

總之，人從與絕對的存有的聯結中分離而出，不僅喪失了與其無限之根源的聯結，更遺忘了他本身的有限的自由之本性，轉身以有限的自我為世界的中心，並絕對化自我或其他的有限存有為偶像崇拜。這就是人類的「罪」，也就是人類的存在處境。

第三節　論儒教理論未能開顯天道超越的豐沛動力

一、論唐君毅「天命」與「自命」並存的天道觀

（一）「天命」與「自命」並存的天道觀

從本文第六章第二節中，我們了解到唐先生主張一個「既超越又內在」的天道觀。即我們一方面可以由「天地之乾道」顯現其天道的超越性；而另一方面可以由「天地之坤道」顯現其天道的內在性。前者有時唐先生用天命對人的呼召與人對天命的回應來形容。在這其中，人是被動地為天命所推動；而天命是主動的推動者。相反的，後者唐先生有時又以天命之呼召人，實是人之自性在呼召自己或命令自己。此時人的道德實踐才是真正的主體與主動者。因此，這個「天命」與「自命」並存的天道觀，在唐先生的觀念裡，實在是以「自命」義的天道觀才是第一義的天道觀；「天命」義的天道觀只是第二義的天道觀。以致於唐先生常常表現其承傳自明道、象

〔註28〕　參閱前書，頁 61～62。
〔註29〕　參閱，《系統神學（二）》，頁 62～63。

山、陽明心學之主張「人道即天道」、「人德即天德」的觀念。也就是天道的超越性與內在性之所以能呈現出天地乾坤之道的「高明」、「博厚」與「悠久」的德性，最後是由人的仁心本性的呈現而來直接證明的。因此在唐先生的眞正觀念裡，不是由天道來呈現人道；只有由人道來表現天道。

（二）「天地人三才之道」的理想

再者，《易傳》之「天地合德」、「乾坤並建」與「天地人三才之道」等的觀念，不僅在唐先生的思想中，使得人文道德的開展有其形上的超越嚮往；更在宗教思想的融合上，足以匯聚三教的宗教精神，規劃其三教融合的理想。

唐先生在《中國哲學原論──原性篇》（v13, 1968）中，對於《易傳》之「天地」、「乾坤」、「陰陽」的涵義的界定。「天地」指具有形象的自然義的天體。「陰陽」指稱這具有形象的自然義的天體之「一顯一隱」、「一來一往」的作用。「乾坤」則是「天地」所表現出的德性，與「陰陽」之隱顯往來之作用之道。從此可看出唐先生所界定的「天地」、「陰陽」、「乾坤」三者的意義，主要著重在宇宙論的自然涵義，與其所表現出的德性意義。雖然唐先生在申論儒家的形上學觀點時，亦援用《易傳》「生生」的義理。〔註30〕在唐先生以「人道」的道德修養爲中心的人文主義立場之下，不僅沒有人格神的含意，有時連形上的實體意義都會被遺忘。

（三）生命靈覺的形上根源

唐先生主張生命靈覺作爲人的主體，可以透過它所表現的活動而爲人所體察，爲人所肯定，如果再追問此心靈主體能夠源源不斷表現出繼續的活動，則不得不接受此生命靈覺，必有其形上根源。唐先生寬泛地容讓儒教的「天」、基督教的「上帝」、佛教的「如來藏心」或「法界性起心」來指稱這形上根源。

但是唐先生論述生命靈覺與其形上根源的關係卻是一種「超忘隔離」與「破空而出」的「創生」關係。在這種關係中，生命靈覺之「破空而出」創生於其形上根源，但與形上根源卻超忘隔離，故也可說是生命靈覺是自成其爲生命靈覺。因此，唐先生認爲當人的道德實踐，生命靈覺的自覺，到了人心本性全幅呈露的境界。自然不會以仁心仁性爲我所私有。必然肯定他人甚

〔註30〕參閱《哲學概論（下）》（v22, 1961），頁718～719。

至人人都有此人心本性。因此當此貫通於仁人之間之仁心仁性呈露於我時，就如同表現為一由天而降的命令，感召我從私欲私執之中超越而出。所以我直覺此仁心仁性既內在於我，又超越於我。於是我承認此仁心仁性非我之己力所能有，是天命之所賦予我。在此，唐先生對天命之內在又超越之深義，實有真實把握，而可貫通於基督宗教之「上帝之呼召」。但唐先生卻是以如此之天道是由於人道之謙讓其德而成。彷如只是虛設一番而已。在這樣的虛設之中，目的是要彰顯人道的謙讓之德，不在開顯天道本身的豐富性與無限性。在此唐先生再次受限於「人道即天道」、「人德即天德」的心學思想，對於天道的主動性一直未能加以重視而予以顯揚。

（四）「天」、「上帝」、「佛」只是精神價值的客觀化與外在化

再者，雖然唐先生追溯生命靈覺的形上根源，有所會通於儒教的「天」、基督教的「上帝」、佛教的「如來藏心」或「法界性起心」以指稱這形上根源。但是在唐先生的儒教理論中，對於人的道德理性，也就是「本性仁心」才真正充滿了絕對的信心。在這其中，人的道德理性所表現出最核心的主體性與其內在的（即道德的）超越性，才是唐先生的終極關懷所在。因此，從最根本的層次來看，在這當中如果有對於「天」、「上帝」、「佛」的崇拜或對於聖賢的崇敬意識，則都只是這道德主體之精神價值的客觀化與外在化〔註31〕而已，並未具備真正的實體性或重要性。唐先生描繪人之仁心客觀化為天心的歷程時說：

> 夫然，顧客觀天心之被建立與否，可唯視吾人是否能客觀的表現：吾人所直感之「我心與自然與他心之貫通而統一」，即可立天心。我心與自然與他心之貫通乃仁心之所感也。客觀化此仁心之所感，即見一天心。孔子曰：我欲仁而仁至。仁至即仁心至。仁心至，而客觀化此仁心之所感，則天心至。」〔註32〕

神只是人的主觀觀念之客觀化而已。筆者認為這裡有一個重要的差別：所謂的仁心的「客觀化」為天心，是一種「認知次序」的意義，還是「存有次序」的意義？如果是主張我的仁心因著與自然或別人的仁心互相的感通，由此以領悟天道天心就呈現於其中，也就是由人道的的呈現處來發現天道的存在。這是就「認知次序」上講的。這也正是孔子「人能弘道，非道弘人」

〔註31〕 唐先生即是以神為超越的主觀精神之客觀化。
〔註32〕 引自《中國文化之精神價值》，頁533。

的深義。這是筆者可以理解和接受的講法。

如果認爲天地間最高的精神表現就在於這人心的實現，天地間只有此人心之呈現，「天心」的存在只是人心的客觀化的表現，別無所謂「天心」的獨立的存在。這種說法有兩種可能性：在「存在次序」上說人心就是天心，或人心（良知）生天生地，是造化的精靈；也可能是在「道德的價值次序」上說，天地萬物的價值全是由人的道德理性所賦予的，別無所謂價值的存在。這後兩種說法都是筆者所不能理解和接受的：

1. 就「存在次序」言，如同海德格所已指出：人作爲一個「此有」，其存在性的最初呈現是一個「被投擲於世界」的存有。〔註 33〕試問我們哪一個人自己的存在是可由自己決定的？一個有限的人連自己的出生與死亡都無所置啄，如何能在「存在次序」上生天生地，成爲造化的精靈？

2. 就「道德的價值次序」言，人的道德理性雖然可以作道德判斷，建立種種道德的價值，如「仁」、「義」、「禮」、「智」或「正義」等。但是道德理性的呈現，及良知仁心的發用，有其天命、天道的形上根源，或上帝的意旨。人能自覺的更深入地發現這個道德理性，能憤悱向善地發揮這個道德理性。但是人的對於道德理性的自覺和發用不能違反天命的界定或上帝的意旨。因此人此時此刻的道德自覺或價值標準並不就是一切價值最後的標準。〔註 34〕

總之，筆者認爲唐先生的儒教理論雖然有意要建立一個「乾坤並建」，「天命」與「自命」並存之「既超越又內在」的天道觀，以規劃其天地人三才之道的理想。但是由於受限於明道、象山、陽明之心學傳統的侷限，與來自於佛學神觀的影響，〔註 35〕以致只能挺立人的道德主體性（立人極），卻未能眞正開顯天道超越的豐沛動力。

〔註 33〕參閱項退結著，《海德格》，臺北：東大圖書公司，1989 年，頁 113～114。

〔註 34〕李震神父從形上的限制、時空的限制、知識的限制、道德的限制各方面論述人的有限性，但是他也肯定人性存在著不朽的成分，支持人能挣脫種種限制、免於沈淪與墮落。追求無限與永恆。參閱李震著，《人與上帝──中西無神主義探討》（卷五），臺北：輔仁大學出版社，1995 年，頁 190～193。

〔註 35〕唐先生的神觀與印順法師的神觀若合符節。唐先生思想體系與佛學的關連非常重要，是筆者爾後要進一步探討的課題，在此筆者限於學力與論文範圍無法加以詳論。

二、論「易道」「生生之德」的開顯與老子之論「玄德之慈」

（一）論「易道」「生生之德」的開顯

方東美先生對於《易傳》「生生之德」的闡揚，用「原始的創造力」來指稱「健動創化之宇宙秩序」的所以發生和運行。方東美先生說：

> 天道者，乾元也，即原始之創造力，謂之「創始原理」，創始萬物，復涵該萬物，一舉而統攝於健動創化之宇宙秩序中，俾「充其量，盡其類」、「致中和」，完成「繼善成性」，「止於至善」之使命，（易曰：「大哉乾元！萬物資始，乃統天。」）〔註36〕

方東美先生對於天道的慧解，表現出其超邁於象外的氣魄。但為了和基督宗教「創造論」所論上帝「無中生有」的創造活動有所區分，〔註37〕我們可以用「化生」代替「創化」來描述易道之生生之德。羅光主教在這「易道生生之德」方面的闡發不遺餘力。羅光主教認為：易道的生生變化包含了「天」「地」「人」三才之道廣大悉備的範圍。這也是唐先生所標舉的天地人三才之道。但羅光主教認為其中最先應闡發「天地之道」而表現出「天地之心」、「天地之情」。這「天地」不只是宇宙論的涵義，而有其形上的涵義。《易傳》說：

> 一陰一陽之謂道，繼之者善也，成之者性也。（《繫辭上·第五章》）

> 生生之謂易。（《繫辭上·第五章》）

> 天地之大德曰生。（《繫辭下·第一章》）〔註38〕

羅光主教指出宇宙萬物之陰陽、靜動、進退的變化是繼續不斷的。這種宇宙萬物繼續不斷的生生變化，是發生在每一個物體之內在與外在的活動，他稱之為「生命」〔註39〕。他用朱子的理氣論來說明陰陽變化的結合、萬物

〔註36〕引自方東美著，《生生之德》，臺北：黎明文化事業公司，（1979）1987年，頁291。

〔註37〕羅光主教認為：「周易沒有講上天創造宇宙萬物，沒有創造的觀念，然而為生生，則講「天意」、「天道」、「天命」，生生是遵照上天的旨意而進行。這一點，在後代易學和理學都有討論。」引自羅光著，《儒家生命哲學》，頁108。

〔註38〕轉引自羅光著《儒家哲學的體系》，頁94～95。

〔註39〕參閱前書，頁95。筆者認為羅光主教的生命哲學中，「生命」一詞，實包含兩個相通而有別的涵義：(1)「生命力」：指涉一個化生、孕育並流行於宇宙萬有的生命能力。(2)「生命體」：指涉宇宙萬有中被生命力所化生孕育的眾多個生命個體。

之具體的「形」（氣）與抽象的「性」（理）的結合。因此變化是生命的變化。所以變化之理也就是生命之理。生命因著表現的程度的差別，即以有變易、有發育、有知覺、有意識，而有生命的等級。生命的最高表現，便是人心之有意識作用，能主宰的生命，也就是可以與「天地之心」相感通的精神的生命。

我們可以把天道的變化應用到人的心靈生命，於是便構成人的倫理生命，以講求君子生活之道。因此「元、亨、利、貞」等形上原理成爲了「仁、義、禮、智」等倫理原理的基礎。《易傳乾卦文言》說：

> 元者，善之長也，亨者，嘉之會也，利者，義之和也，貞者，事之幹也。君子體仁足以長人，嘉會足以合禮，利物足以和義，貞固足以幹事，君子行此四德者，故曰：乾，元亨利貞。〔註40〕

「元、亨、利、貞」作爲形上原理，指稱生生變化的過程。「元」是生命的發育；「亨」是生命的茂盛；「利」是生命的成熟；「貞」是生命的收藏。這四個形上原理落實在人倫道德中，即成爲君子生活修身的四個德性。

羅光主教雖然明確指出《易傳》中的「天地」之「生生」是一種「化生」，與「創造論」中的「創造」不同。但是其中，「天」除了表示自然義之外，也有神性義的涵義。「神」或「神明」除了表示神妙莫測之情狀之外，也有實體的意義。例如：

> 以體天地之撰，以通神明之德。（《繫辭下・第六章》）
>
> 昔者聖人之作易也，幽贊於神明而生蓍。（《說卦傳・第一章》）
>
> 易曰：自天佑之，吉無不利。子曰：祐者助也。天之所助者順也。
> （《繫辭傳上・第十二章》）〔註41〕

李震神父也指出：天地人三才之道中的「天道」，應該是超越宇宙萬物的神性義天道，才更符合道本身之廣大悉備、包羅萬象的特徵。「地道」則指稱物道或自然之道，「人道」包括了人文、人性、人倫、人生的豐富內容，上能體會超越的「絕對存有」，以升舉人的生命與精神的高度，下可修養好生愛物的德行，使得人與超越的絕對存有並與大自然能建立相和諧而共融的關係。〔註42〕而筆者認爲，這樣的天地人三才之道之所以能真正涵括廣大悉備的存

〔註40〕引自羅光著，《儒家生命哲學》，臺北：台灣學生書局，1995年，頁118。

〔註41〕轉引自羅光著，《儒家生命哲學》，頁108。

〔註42〕參閱李震著，《人與上帝──中西無神主義探討》（卷五），臺北：輔仁大學出

在整體，而建立和諧共融的關係，其中最根本的基礎在於對於天道的超越性的開顯。

（二）老子之論「玄德之慈」

唐先生對於老子的「慈」教雖亦有所領會，但卻未能發揮其精義於其儒教理論，筆者認爲這是一個很大的遺憾。唐先生說：

> 老子以慈爲教，而母之育子，爲慈之至。老子又以母言道，乃亦以「生之、育之」言道。〔註43〕

當代最能發揮《老子》論「慈」與「玄德」之義理與精神的，首推高懷民先生的《大易哲學論》（1978）。茲先引述《老子》論述「慈」爲其「三寶」之一如下：

> 我有三寶，持而保之：一曰慈，二曰儉，三曰不敢爲天下先。慈，故能勇；儉，故能廣；不敢爲天下先，故能成器長。今舍慈且勇，舍儉且廣，舍後且先，死矣。夫慈，以戰則勝；以守則固，天將救之，以慈衛之。（六十七章）〔註44〕

高懷民先生強調「慈」在《老子》一書中是一個意義重大的字，代表了老子哲學的大精神。他認爲如果沒有「慈」的精神，「老子的哲學將超然高舉，脫離人間物界而架空了。」〔註45〕他依據「慈」這個字在甲骨文與小篆的字義上，表現出草木之生生不息的意思，以形容「天地大愛萬物之心」。〔註46〕他更引用俄國屠格涅夫的小說《麻雀》，以母麻雀能奮不顧身地保護小

版社，1995 年，頁 109。

〔註43〕 引自《中國哲學原論——原道篇（二）》（v15, 1973），頁 82。

〔註44〕 筆者引用《老子》出自嚴靈峰著，《老子達解》，臺北：華正書局，1983 年。又筆者以《老子》一書的作者爲老子，在此不深究老子是誰的歷史考據問題。

〔註45〕 參閱高懷民著，《大易哲學論》，臺北：成文出版社，1978 年，頁 544。由於後人未能體會老子的「慈」教，與誤解了「天地不仁」的涵義，因此導致了種種批評。例如宋代朱子《語類》〈卷一二五〉：「老子之學最忍，開時似個虛無卑弱底人，莫教緊要處，發出來，更教你支梧不住。張子房（良）是也……與項羽講和了，忽回軍殺之。這個便是他柔弱之處，可畏可畏。」王煜先生指出朱子之所以把老子之學之「不仁」與陰謀家之殘忍等而視之，便是忽略了老子的慈悲爲懷。參閱王煜著，《老莊思想論集》，臺北：聯經出版事業公司，1979 年，頁 67。

〔註46〕 參閱《大易哲學論》，頁 544。又「慈」《說文解字》訓爲「愛也」、「惠也」。「仁也」。河上公注：「愛百姓若赤子」，參閱嚴靈峰著，《老子達解》，頁 357。

麻雀，乃是被比死更爲強而有力的熱愛所推動。當人感受到這種熱愛的自然迸發時，不得不從內心引發敬虔的心情。〔註47〕可知，萬物中母愛的犧牲與包容的心懷最能表現天道的慈愛的力量。這也就是唐先生之有所見於老子之「以慈爲教」、「以母爲道」的慧解。

　　既然天道有其像母愛般的慈愛，爲什麼老子又說：「天地不仁，以萬物爲芻狗」（五章）呢？高懷民先生比較了儒家的「仁愛」與老子「慈愛」的差異：孔子的仁愛是站在人道的立場，以忠恕之道求其推己及人，在孔子對於天命有所體會之後，更上通於天地之道。相反地，老子的慈愛一開始即立身於天道，即從天地化生萬物的大德處著眼。因此，老子不自局限於起於人道仁愛的範圍，以保全天道「絕仁棄義」與「無名之樸」的全體大用。〔註48〕

　　筆者認爲老子對於儒家「仁義」之教的批判，在今天看來實仍有無比的價值。老子說：

　　　「天地不仁以萬物爲芻狗，聖人不仁以百姓爲芻狗。」（五章）

　　　「上德不德，是以有德。下德不失德，是以無德。上德無爲，而無以爲。……故失道而後德，失德而後仁，失仁而後義，失義而後禮。夫禮者，忠信之薄，而亂之首。」（三十八章）

　　　「天道無親，常與善人。」（七十九章）〔註49〕

　　高懷民先生指出：老子以「惟道是從」的精神，在天道形上學上開闊了中國人的思想視野，也鼓舞了中國哲學超越向上的精神。這乃源於老子的思想一開始就立基於「道」的體認與契合。他以「以道觀物」的立場，滌除一切拘限滯礙（玄覽）；泯除區別對待，一切歸於大道之大用流行（玄同）；並且效法天地生長養育萬物，卻不擁爲私有、亦不橫加宰制、更不爲小仁小義所限制（玄德）。當然儒家也有其「天人合德」的上趨精神，但是儒家在人道中經營其「仁」、「義」、「禮」諸道德修養與政治事務的結果，還是造成了拘泥與狹隘。

　　沈清松先生在比較儒家的性善論與基督宗教的原罪論時，指出了道家對

　　　河上公以「慈」訓聖人（聖王）愛百姓之德。而聖人之德實由效法天道而來。

〔註47〕　參閱《大易哲學論》，頁 544～546。
〔註48〕　參閱《大易哲學論》，頁 548。
〔註49〕　引自嚴靈峰著，《老子達解》，頁 29、203～205、404。

於儒家之忽視創造力泉源的批判：

> 儒家所言的先驗善性，一旦忽視掉其創造力的泉源，也可以趨於墮落和變質。儒家所言的善性，也具有這種墮落和變質的傾向，此一危機就如同在基督信仰當中「原罪」的道理所顯示的；人受誘惑和墮落的可能性。而儒家所言人性的此種可能性，主要是經由道家的批判而顯豁出來的，正如老子所指出：……如果失去了「道」作為宇宙間生生不息的力量，以及「德」——內在於人和萬物的創造力，則儒家的仁、義、禮、智的系統會逐步走向墮落和變質，就是「失道而後德，失德而後仁，失仁而後義，失義而後禮」的過程，亦即一不斷墮落和變質的過程。〔註50〕

再者，沈清松先生指出：老子之所以批判儒家的高舉「仁義之教」乃是因為老子認識到「道的遺忘」才是人、社會與自然關係惡化的真正根源。儒家的仁義之教所表現出「以人為主體」與「以人為中心」的思想傾向不僅無補於亂世，更造成人的自我封閉，以及以自我為中心的排他性。〔註51〕

因此，老子所表現出其「超脫上趨」於天道的精神，剛好可以與儒家的「天人合德」的上趨精神相融合，使得人性與天道重新能相貫通，以確保人的善性免於墮落與變質。這種上趨精神的融合更可彌補這人道經營中所產生的種種流弊，以使文化的發展能「落實而又超越、細密而又博大」。〔註52〕

再者，老子所論「玄德」的涵義可以與「慈」的精神相貫通的理解。而聖人「惟道是從」、效法天道的精神涵養亦由此而產生。老子說：

> 道生之，德蓄之，物形之，勢成之，是以萬物莫不尊道而貴德。道之尊，德之貴，夫莫之命而常自然。故道生之，德蓄之，長之，育之，亭（定）之，毒（厚）之，養之，覆（護）之，生而不有，為而不恃，長而不宰，是謂玄德。（五十一章）〔註53〕

> 聖人無常心，以百姓心為心。善者吾善之，不善者吾亦善之，德善。

〔註50〕 引自沈清松著，《傳統的再生》，〈儒學與基督宗教的會通〉，臺北：業強出版社，1992 年，頁 138。

〔註51〕 參閱沈清松著，〈三層存在關係與充量和諧論〉，《國立政治大學哲學學報》第 3 期，1996 年 12 月，頁 11～13。

〔註52〕 參閱《大易哲學論》，頁 512～513。

〔註53〕 引自嚴靈峰著，《老子達解》，頁 270～271。

> 信者吾信之，不信者吾亦信之，德信。聖人在天下，歙歙爲天下渾
> 其心，聖人皆孩之。（四十九章）〔註54〕

老子體會天道的智慧在於他指出天道不僅表現出其生養萬物、化育萬有的廣大無匹般的大能，老子更論述天道之玄德的尊貴，在對於所生養化育的萬物萬有卻不加以佔有與主宰，以任萬物之自適其性，自成其德，而表現出其超越的大德。

筆者認爲，我們若能以自己的「誠心」順著老子所體會的天道的大能與大德，必當深信天道亦有其「慈心」。如此人心與天道之慈心之相印照、相感通，一定可以重新恢復中國周初與先秦時代信仰「天」的信心；也可以成爲認識基督宗教中所論「上帝的大愛」的一個契機。

三、上帝的大愛

（一）「愛」裡的「天人合一」

在基督宗教的信仰中，上帝首先是作爲愛的本體而呈現的。理性的認識上帝只是居於輔助的位置。因此史萊馬赫（Friedrich Schleiermacher，1768～1834）認爲宗教信仰的核心不在理性的思惟，也不在道德的實踐，而在於「愛」、「喜樂」、「謙卑」等宗教情操。謝勒（Max Scheler，1874～1928）指出：

> 愛優先於認識這條定律屬於基督教的宗教意識的本質，而且它本身
> 構成了教會理念和一切基督教倫理的基礎（與希臘的倫理相反，對
> 於基督教，倫理崇高的愛的行動在價值上始終高於純粹的認識行
> 動，摯愛的德性高於思辨的德性。〔註55〕

因此，謝勒認爲宗教信仰中的神是「神聖人格」和民眾的神，並不是受過教養者的「知識神」。因爲「形上學的思惟」與「宗教信仰」作爲人的意向，兩者的本質並不相同：「形上學的思惟」是以作爲知識的需要、問題、對象與方法而呈現的；「宗教信仰」則建立在上帝的愛，以及對於人類本身與萬物之救濟之道的要求上。雖然謝勒區別上述兩者的不同，但是他從「歸屬的合致性」（Konformität）的觀念，認爲宗教信仰中的「神」和形上學思惟的「世界

〔註54〕引自嚴靈峰著，《老子達解》，頁260～261。
〔註55〕參閱馬克思・謝勒著，林克等譯，《愛的秩序》，北京：三聯書店，1995年，頁21。

根源」可以是真實的合一。這也就是「所信」與「所知」的合而為一。因為兩者同出於人類之終極行動對於終極根源之實在性的把握。〔註56〕唐先生雖然能體會展現在宗教徒身上的種種宗教情操，自己也常常流露出宗教般的情操，然而他在理性上卻只能承認人作為道德主體之內在超越性的實現（即以人展現其宗教情操）；未能在理性上真正肯定一個獨立存在於人之上的具有位格的神，（即促使人之所以能展現其宗教情操的超越力量）。

布伯認為人只有以「人格」本身才能接近上帝，直接與具有「絕對位格」的上帝相遇。〔註57〕而宗教意識之所以超越於道德意識。正是因為在道德意識中，我們只能明辨善惡，加以賞罰；在宗教意識中，我們則為惡人承擔更多的責任，施予更多的「愛」。因此在人與上帝之真正充盈純全的關係中，最主要的聯結在於上帝的「愛」的恩賜與對其之仰望；還有上帝「旨意」的命令與對其之聆聽。〔註58〕項退結先生把雅士培（Karl Jaspers，1883～1969）的話：「本身為位格的上帝纔使人成為人。」詮釋為「人與上帝的關係纔使人的尊嚴成為神聖不可侵犯。」〔註59〕再者，謝勒的「神聖」概念，指出人的宗教嚮往傾向於存有的最高的「價值之終極的圓滿實現」。這終極之價值的圓滿實現即是一種在「愛中之人格交融」的具體實現。〔註60〕

再者，布伯區別「愛」與「情感」的不同，非常具有啟發性：「情感」存在於人的心懷中，因對象而有所不同；「愛」則自在地呈現於「我」與「你」之間，在不同的對象之間卻始終如一。〔註61〕布伯說：

> 愛本為每一「我」對每一「你」的責任。從愛中萌生出任何情感也無從促成的無差別，一切施愛者的無差別，從最卑微者到最顯貴者，從終生蒙承寵愛的幸運兒到這樣的受難者──他整個一生都被釘在世界的十字架上，他置生死於度外，跨越了不可逾越之極點：愛一

〔註56〕 參閱江日新著，《馬克斯‧謝勒》，東大圖書公司，1990年，頁187～188。

〔註57〕 參閱布伯著，《我與你》，頁89。布伯把上帝看成「絕對的位格」（即沒有相對的位格）。參閱前書，頁110。

〔註58〕 參閱布伯著，《我與你》，頁69。筆者由布伯所論聖父與聖子的關係所推演出。上帝以愛恩賜於人，人則以仰望回應；上帝以旨意（即真理、智慧）給予人命令，人則以聆聽回應。

〔註59〕 參閱項退結著，〈兩種不同超越與未來中國文化〉，編入《詮釋與創造──傳統中華文化及其未來發展》，頁522。

〔註60〕 參閱江日新著，《馬克斯‧謝勒》，頁192～193。

〔註61〕 參閱布伯著，《我與你》，頁12。

切人！〔註62〕

　　筆者認爲依據布伯對於「感情」與「愛」的區別，我們重新審視儒教的以「孝」作爲一個基本的德性，可以發現「孝」以特殊的「感情」存在於人的心懷中，多於人與人之間普遍之「愛」的呈現。在存在著種種差別的現實世界中，儒教著眼於把最親近的親人之間的「感情」，作爲推擴仁愛的起點。但是這個有待推擴的起點，一開始就被拘限在以特殊「感情」爲主的親情中，這個起點如何能在現實處境中突破種種差別相的藩籬，諸如親疏、貧富、貴賤、智愚、種族差異、文化差異等，而推擴爲普遍的仁愛？如果能從普遍的博愛立基，先能在態度上無差別地尊重每一個人獨立自足的人格，（如在上帝面前人人平等），即一開始就把立足點安置在超越種種現實藩籬之上的「愛」的層次，並時時從超越的根源處汲取力量。那麼人與人之間「愛」的流露，才不會被差別相的「感情」差異所蒙蔽。

　　正因爲在天人之間之眞實純全的聯結，是一種「愛」的恩賜與仰望的結合，因此我們可以理解奧陀之所以用「令人畏懼又神往的神祕」來描述神聖的本質。其中「神往」的要素，便準確地描繪出神聖經驗中所呈現出，諸如：「愛」、「慈悲」、「憐憫」、「慰藉」等獨特的吸引力能激動著仰望者的心靈。然而「愛」作爲諸多令人神往的吸引力之一，是否有其獨特的含意？

（二）「愛」的存有論

　　田立克區別不同類型的愛：(1)libido 指「情慾」的愛，是「爲滿足缺欠而趨向於缺欠的運動。」(2)philia 指「友愛」，是「平等的志同道合者朝向互相結合」的愛。(3)eros 指「在力量與意義上由低者移向高者的運動」。三者的性質有所不同，但都同樣存在著欲求的傾向。可是另一種愛：(4)agape 指「神性之愛」，則超越了欲求的傾向，表現出無限制的接納與給予的愛。〔註63〕謝勒稱這種「神性之愛」的迥異於前者的愛（特別是 eros），爲一種基督宗教所體驗之「愛的運動轉向」。原本在希臘哲學中從低級趨向於高級，從具體物質到理念，從被吸引的人到本身不施愛的神，現在轉變爲由上而下之「充滿愛意的俯就」與「無止盡的接納」，從上帝到人，從聖人到罪人。〔註64〕

〔註62〕引自布伯著，《我與你》，頁 13。引文中兩個「差」字，由筆者隨文意所補上。

〔註63〕參閱田立克著，《系統神學（一）》，頁379。

〔註64〕參閱馬克斯・謝勒著，林克等譯，《愛的秩序》，北京：三聯書店，1995 年，

　　田立克認為「神性之愛」具有存有論的涵義，對於有限者的理解而言，它是一種「奧祕」。因此我們必須透過一方面肯定一方面否定的「類比方法」，或者種種「象徵」才能加以理解。當我們說「上帝是愛。」時，我們可以從「上帝的創造萬物」、「無差別的救贖」、「無限制的成全」與「無條件的饒恕」等，來認識「上帝是愛」。故《新約全書》〈約翰一書〉第四章說：

> 親愛的弟兄阿！我們應當彼此相愛。因為愛是從神來的。凡有愛心的，都是由神而生，並且認識神。沒有愛心的就不認識神。因為神就是愛。神差他獨生子到世間來，使我們藉著他得生，神愛我們的心，在此就顯明了。不是我們愛神；乃是神愛我們，差他的兒子，為我們的罪作了挽回祭，這就是愛了。親愛的弟兄阿！神既是這樣愛我們、我們也當彼此相愛。從來沒有人見過神。我們若彼此相愛，神就住在我們裡面、愛他的心在我們裡面得以完全了。（4：1～12）

> 愛裡沒有懼怕。愛既完全，就把懼怕除去。因為懼怕裡含著刑罰。懼怕的人在愛裡未得完全。我們愛，因為神先愛我們。人若說我愛神卻恨他的弟兄，就是說謊話的。不愛他所看見的弟兄，就不能愛沒有看見的神。愛神的也當愛弟兄，這是我們從神所受的命令。（4：18～21）〔註65〕

　　頁 17。

〔註65〕 引自《新約全書》，〈約翰一書〉第四章，（The New Testament，1 John，4：1～12、18～21）香港聖經公會本，頁 348～349。

參考資料

一、唐君毅的著作

《唐君毅全集》，臺北：臺灣學生書局，全集校訂版三十卷，1986 年。

（以下按照初版年份排列筆者主要參考之書目，並附註於全集中之卷數及初版年份）

1. 《中西哲學思想比較論文集》（v11, 1941）。
2. 《人生之體驗》（v1, 1944）。
3. 《道德自我之建立》（v1, 1944）。
4. 《中國文化之精神價值》（v4, 1951）。
5. 《心物與人生》（v2, 1954）。
6. 《中國人文精神之發展》（v6, 1957）。
7. 《文化意識與道德理性》（v20, 1958）。
8. 《中國文化與世界》（v4, 1958）。
9. 《人生之體驗續編》（v3, 1961）。
10. 《哲學概論（上、下）》（v21, 22, 1961）。
11. 《中國哲學原論——導論篇》（v12, 1966）。
12. 《中國哲學原論——原性篇》（v13, 1968）。
13. 《中國哲學原論——原道篇（一、二、三）》（v14, 15, 16, 1973）。
14. 《人文精神之重建》（v5, 1975）。
15. 《中華人文與當今世界（上、下）》（v7, 8, 1975）。
16. 《中國哲學原論——原教篇》（v17, 1975）。
17. 《生命存在與心靈境界（上、下）》（v23, 24, 1976）。

18. 《中華人文與當今世界補編（上、下）》（v9, 10, 1986）。

19. 《年譜，著述年表，先人著述》（v29, 1986）。

20. 《英文論文彙編》（v19, 1986）。

21. 《病裡乾坤》（v3, 1990）。

22. 《哲學論集》（v18, 1990）。

二、中文著作（按作者姓名之筆劃排列）

1. 方東美著，《生生之德》，臺北：黎明書局，1979 年。

2. 方東美著，《原始儒家道家哲學》，臺北：黎明書局，1983 年。

3. 王治心著，《中國宗教思想史大綱》，臺北：中華書局，1950 年。

4. 王友三主編，《中國宗教史（上、下）》，濟南：齊魯書社，1991 年。

5. 王祥齡著，《中國古代崇祖敬天思想》，臺北：臺灣學生書局，1992 年。

6. 王陽明著，《王陽明全集》，臺北：正中書局，1970 年。

7. 孔穎達著，《禮記注疏》，臺北：中華書局，1970 年。

8. 皮錫瑞著，《孝經鄭注疏》，臺北：中華書局，1970 年。

9. 印順著，《妙雲集（下編之六）·我之宗教觀》，臺北：正聞出版社，1987 年。

10. 江日新著，《馬克斯·謝勒》，臺北：東大圖書公司，1990 年。

11. 朱熹著，《朱子大全》，臺北：中華書局，1970 年。

12. 朱熹著，《朱子語錄》，臺北：文津書局，1986 年。

13. 朱熹錄，《二程全書》，臺北：中華書局，1970 年。

14. 牟宗三著，《心體與性體（三）》，臺北：正中書局，1969 年。

15. 牟宗三著，《智的直覺與中國哲學》，臺北：臺灣商務印書館，1971 年。

16. 牟宗三著，《中國哲學的特質》，臺北：臺灣學生書局，1974 年。

17. 牟宗三著，《圓善論》，臺北：臺灣學生書局，1985 年。

18. 李杜著，《中西哲學思想中的天道與上帝》，臺北：聯經出版社，1978 年。

19. 李杜著，《唐君毅先生的哲學》，臺北：臺灣學生書局，1982 年。

20. 李杜著，《中國古代天道思想論》，臺北：藍燈文化出版社，1992 年。

21. 李杜著，《二十世紀的中國哲學》，臺北：藍燈文化出版社，1995 年。

22. 李明輝著，《儒學與現代意識》，臺北：文津出版社，1991 年。

23. 李明輝著，《康德倫理學與孟子道德思考之重建》臺北：中央研究院文哲研究所籌備處，1995 年。

24. 李明輝著，《當代儒學之自我轉化》，臺北：中央研究院中國文哲研究所籌備處，1996 年。

25. 李明輝主編，《儒家思想的現代詮釋》，臺北：中央研究院中國文哲研究所籌備處，1997 年。

26. 李震著，《基本哲學》，臺北：臺灣學生書局，1978 年。

27. 李震著，《人與上帝——中西無神主義探討（卷三）》，臺北：輔仁大學出版社，1986 年。

28. 李震著，《人與上帝——中西無神主義探討（卷五）》，臺北：輔仁大學出版社，1995 年。

29. 李震著，《人與上帝——中西無神主義探討（卷六）》，臺北：輔仁大學出版社，1997 年。

30. 李賓漢著，《中國思想與宗教》，北京：中國社會科學出版社，1995 年。

31. 杜維明著，《儒學第三期發展的前景問題》，臺北：聯經出版事業公司，1989 年。

32. 沈清松著，《傳統的再生》，臺北：業強出版社，1992 年。

33. 林安梧著，《儒學與中國傳統社會之哲學省察》，臺北：幼獅文化事業公司，1996 年。

34. 周克勤著，《道德觀要義（三卷)》，臺北：安道出版社，1970 年。

35. 周燮藩等著，《中國宗教縱覽》，無錫：文藝出版社，1992 年。

36. 韋政通著，《儒家與現代中國》，臺北：東大圖書有限公司，1984 年。

37. 柯志明著，《論惡、自我與自由辯證關係》臺北：中國文化大學哲學研究所博士論文，1997 年。

38. 胡偉希，《傳統與人文——對港台新儒家的考察》，北京：中華書局，1992 年。

39. 徐復觀著，《中國人性論史先秦篇》，臺北：臺灣商務印書館，1969 年。

40. 高懷民著，《大易哲學論》，臺北：成文出版社，1978 年。

41. 陸象山著，《象山全集》，臺北：中華書局，1997 年。

42. 陳榮捷著，《王陽明傳習錄詳註集評》，臺北：臺灣學生書局，1983 年。

43. 陳榮捷著，《中國哲學論集》，臺北：中央研究院中國文哲研究所籌備處，1994 年。

44. 陳榮捷著，《宋明理學之概念與歷史》，臺北：中央研究院中國文哲研究所籌備處，1996 年。

45. 陳來著，《古代宗教與倫理——儒家思想的根源》，北京：三聯書店，1996 年。

46. 陳明著，《儒學的歷史文化功能——士族：特殊形態的知識分子研究》，

　　　上海：學林出版社，1997 年。

47. 陳振崑著，《保羅・田立克論「現實理性之有限性」研究》，臺北：輔仁大學哲學研究所碩士論文，1990 年。

48. 陸達誠著，《馬塞爾》，臺北：東大圖書公司，1992 年。

49. 張祥浩著，《唐君毅思想研究》，天津：天津人民出版社，1994 年。

50. 張曼濤主編，《華嚴宗之判教及其發展》，臺北：大乘文化出版社，1978 年。

51. 張曼濤主編，《天臺宗之判教與發展》，臺北：大乘文化出版社，1979 年。

52. 張載著，朱熹注《張子全書》，臺北：中華書局，1970 年。

53. 張灝著，《幽暗意識與民主傳統》，臺北：聯經出版事業公司，1989 年。

54. 項退結著，《中國哲學之路》，臺北：東大圖書公司，1986 年。

55. 馮禹著，《天與人——中國歷史上的天人關係》，重慶：重慶出版社，1990 年。

56. 黃藿著，《雅斯培的超越思想研究》，臺北：輔仁大學哲學研究所碩士論文，1986 年。

57. 黃克劍、周勤著，《寂寞中的復興——論當代新儒家》，江西：人民出版社，1993 年。

58. 曾仰如著，《宗教哲學》，臺北：台灣商務印書館，1986 年。

59. 曾春海著，《陸象山》，臺北：東大圖書公司，1988 年。

60. 葉海煙著，《道德理性與人文的向度》，臺北：文津出版社，1996 年。

61. 傅佩榮著，《儒道天道發微》，臺北：臺灣學生書局，1985 年。

62. 傅佩榮著，《儒家哲學新論》，臺北：業強出版社，1993 年。

63. 湯一介主編，《中國宗教：過去與現在》（北京國際宗教會議論文集），北京：北京大學，1992 年。

64. 楊祖漢著，《儒家的心學傳統》，臺北：文津出版社，1992 年。

65. 楊惠南著，《當代佛教思想展望》，臺北：東大圖書公司，1991 年。

66. 楊儒賓著，《儒家身體觀》，臺北：中央研究院中國文哲研究所籌備處，1996 年。

67. 楊慧傑著，《天人關係論——中國文化一個基本特徵的探討》，臺北：大林出版社，1981 年。

68. 趙賓實著，《儒道思想與天主教》，臺中：光啓出版社，1960 年。

69. 趙德志著，《現代新儒家與西方哲學》，瀋陽：遼寧大學，1994 年。

70. 鄭志明著，《中國意識與宗教》，臺北：台灣學生書局，1993 年。

71. 鄭家棟著，《當代新儒學論衡》，臺北：桂冠圖書股份有限公司，1995年。

72. 黎建球著，《先秦天道思想》，臺北：箴言出版社，1974年。

73. 錢穆著，《靈魂與心》，臺北：聯經圖書出版公司，1976年。

74. 盧升法著，《佛學與現代新儒學》，瀋陽：遼寧大學，1994年。

75. 賴永海著，《佛學與儒教》，杭州：人民出版社，1993年。

76. 賴永海著，《中國佛性論》，高雄：佛光出版社，1990年。

77. 蕭宏恩著，《孔子之言「天」之問題——超驗方法與「天」》，輔仁大學哲學研究所博士論文，1994年。

78. 謝扶雅著，《宗教哲學》，香港英皇道：圖鴻印刷公司，1955年。

79. 韓強著，《現代新儒家心性理論評述》，瀋陽：遼寧大學，1992年。

80. 羅光著，《中西宗教哲學比較研究》，臺北：臺灣學生書局，1992年。

81. 羅光著，《王船山形上學思想》，臺北：輔仁大學出版社，1993年。

82. 羅光著，《儒家生命哲學》，臺北：臺灣學生書局，1995年。

83. 羅光著，《儒家形上學》，臺北：輔仁大學出版社，1980年。

84. 羅義俊著，《評新儒家》，上海：人民出版社，1989年。

85. 龔道運著，《中國宗教論集》，臺北：文史哲出版社，1993年。

三、翻譯著作（按原作者英文姓氏字母序排列）

1. Armstrong, Karen 著，蔡昌雄譯，《神的歷史》，臺北：立緒出版社，1996年。

2. Augustine, St 著，湯清等譯，《奧古斯丁選集》，香港九龍：基督教文藝出版社，1989年。

3. Buber, Martin 著，陳維剛譯，《我與你》，臺北：久大、桂冠圖書有限公司，1991年。

4. Chan, Wing-tsit（陳榮捷）著，廖世德譯，《現代中國的宗教趨勢》，臺北：文殊出版社，1987年。

5. Dupre, Louis 著，傅佩榮譯，《人的宗教向度》，臺北：幼獅圖書公司，1986年。

6. Hegel, G. W. F 著，賀自昭譯，《精神現象學》，臺北：里仁書局，1984年。

7. Hick, John 著，錢永祥譯，《宗教哲學》，臺北：三民書局，1991年。

8. James. L. Steward 著，閱甲等譯，《中國的文化與宗教》，吉林：文史出版社，1991年。

9. Kierkeggard, S. A 著，孟祥森譯，《死病》，臺北：水牛出版社，1984 年。

10. Kolakowski, Leszek 著，楊德友譯，《宗教》，紐約：牛津出版社，1995 年。

11. Macquarrie, John 著，鍾慶譯，《神學的語言與邏輯》，重慶：人民出版社，1992 年。

12. Metzger, Thomas A（墨子刻）著，顏世安等譯，《擺脫困境——新儒學與中國政治文化的演進》，南京：江蘇人民出版社，1995 年。

13. Otto, Rudolf 著，成窮、周邦憲譯，《論「神聖」》重慶：人民出版社，1995 年。

14. Rader, M 編，傅佩榮譯，《宗教哲學初探》，臺北：黎明文化事業公司，1984 年。

15. Ricoeur, Paul 著，翁紹軍譯，《惡的象徵》，臺北，桂冠圖書有限公司，1992 年。

16. Ricoeur, Paul 著，林宏濤譯，《詮釋的衝突》，臺北：桂冠圖書有限公司，1995 年。

17. Scheler, Max 著，林克等譯，《愛的秩序》，北京：三聯書店，1995 年。

18. Rahner, K 著，朱雁冰譯，《聖言傾聽者》，北京：三聯書店，1994 年。

19. Tillich, Paul 著，魯燕萍譯，《信仰的動力》，臺北：桂冠圖書公司，1984 年。

20. Tillich, Paul 著，鄭華志譯，《系統神學（二）》，臺南：東南亞神學院協會，1988 年。

21. Weber, Max 著，簡惠美譯，《中國的宗教；儒教與道教》，臺北：遠流出版社，1989 年。

四、英文著作（按作者英文姓氏字母序排列）

1. Chih, Andrew, *Chinese Humanism: A Religion Beyond Religion*, Taipei: Fu Jen University, 1981.

2. Ching, Julia, *Confucianism and Christianity: A Comparative Study*, The Institute of Oriental Religions, Tokyo: Sophia University, 1977.

3. Hick, John (ed.), *Classical and Contemporary Readings in the Philosophy of Religion*, University of Birmingham.

4. Hartshorne, Charles, *Beyond Humanism: Essays in the Philosophy of Nature*, Willett: Clark and Company, 1937, 1975.

5. Kant, I, *Religion within the Limits of Reason alone*, translated by Theodore M. Greene & Hoyt H. Hudson, New York: Harper & Row, 1960.

6. Pals, Daniel L., *Seven Theories of Religion*, New York: Oxford University,

1996.

7. Schleiermacher, Friedrich, *On Religion*, translated and edited by Richard Crouter, New York: Cambridge University, 1996.

8. Tillich, Paul, *What is Religion*, ed.by James Luther Adams, New York: Harper & Row, 1969.

9. Tillich, Paul, *Systematic Theology*, Chicago: Chicago University, 1971.

10. Tillich, Paul, *Morality and Beyond*, New York: Harper & Row, 1963.

11. Tran Van Doan, *Reason Rationality Reasonableness*, Lanham - New York - London: University Press of America, 1989.

12. Wu, John C. S., *Chinese Humanism and Christian Spirituality*, N.Y.: St. John's University Press, 1965.

五、單篇論文 (按作者姓名之筆劃排列)

1. 子安宣邦著，〈從當今日本質問「儒教」〉，《第一屆台灣儒學研究國際學術研討會論文集（上）》，臺南：國立成功大學中國文學系主編，1997 年 6 月，頁 393～402。

2. 王欽賢著，〈施萊馬赫論宗教〉，《鵝湖月刊》第 22 卷第 12 期，臺北，1997 年 6 月，頁 16～19。

3. 牟鐘鑒著，〈儒家宗教觀與新人文精神〉，《宗教哲學》第 2 卷第 4 期，1996 年，頁 9～31。

4. 江日新著，〈《「牟宗三哲學」與「唐君毅哲學」論》導言（上）〉，《鵝湖月刊》第 23 卷第 10 期，1998 年 4 月，頁 18～26。

5. 安樂哲（Roger T. Ames）與郝大維（David L. Hall）著，〈殊途同歸——詮釋孔子思想的三項基本預設假定〉，《大陸雜誌》第 68 卷第 5 期，1984 年 5 月，頁 33～39。

6. 李杜著，〈儒學與儒教〉，第四屆當代新儒學國際學術會議論文，臺北，1996 年 12 月。

7. 李杜著，〈唐君毅先生與台灣儒學〉，《哲學與文化》第 24 卷第 8 期，臺北，1997 年 8 月，頁 710～724。

8. 沈清松著，〈三層存在關係與充量和諧論〉，《國立政治大學哲學學報》第 3 期，臺北，1996 年 12 月，頁 1～31。

9. 吳有能著，〈唐君毅先生論超越界的介述及反思——以歸向一神境為中心〉，第四屆當代新儒學國際學術會議論文，臺北，1996 年 12 月。

10. 金聖基著，〈再論儒家思想與現代基督教思想的會通〉，《鵝湖月刊》第 18 卷第 9 期，頁 45～55。

11. 馮耀明著，〈當代新儒家的「超越內在」說〉，《當代》第 84 期，1993 年，頁 92～105。

12. 陳沛然著，〈唐君毅先生論華嚴宗與天台宗之圓教義〉，《鵝湖月刊》第
23 卷第 6 期，臺北，1998 年 1 月，頁 11～19。

13. 陳特著，〈心性與天道——唐君毅先生的體會與闡釋〉，《鵝湖學誌》第
17 期，臺北，1996 年 12 月。

14. 項退結著，〈兩種不同超越與未來中國文化〉，編入《詮釋與創造——傳
統中華文化及其未來發展》，臺北：聯合報系文化基金會，1995 年，頁
503～522。

15. 葉海煙著，〈哲學的理想與理想的哲學——論唐君毅人文意識的根源性與
終極性〉，《哲學雜誌》第 17 期，臺北，1996 年 8 月，頁 120～135。

16. 傅佩榮著，〈從詮釋原罪到理解人性——評析泰能特、拉內、與呂格爾的
詮釋〉，《國際學術研討會論文集：基督教與中國本色化》，臺北：宇宙光
出版社，1990 年 3 月，頁 53～64。

17. 楊祖漢著，〈儒家形上學與意志自由——與馮耀明先生商榷〉，《鵝湖學
誌》第 17 期，臺北，1996 年 12 月，頁 177～202。

18. 鄭志明著，〈唐君毅先生的「儒家宗教精神」說〉，第四屆當代新儒學國
際學術會議論文，臺北，1996 年 12 月。

19. 趙吉惠著，〈本世紀學者關於「儒」的考證與辯析〉，《哲學與文化》第
21 卷第 10 期，臺北，1994 年 10 月，頁 924～933。

20. 劉述先著，〈論孔子思想中隱涵的「天人合一」一貫之道——一個當代新
儒家的闡釋〉，第四屆當代新儒學國際學術會議論文，臺北，1996 年 12
月。

21. 鄧小軍著，〈人性的超越性與天道的內在性〉，第四屆當代新儒學國際學
術會議論文，臺北，1996 年 12 月。

22. 賴賢宗著，〈唐君毅早期哲學與德意志觀念論〉，《鵝湖學誌》第 18 期，
臺北，1997 年 6 月。